Bildung für nachhaltige
Entwicklung

Eine Aufgabe für alle Fächer und Lernbereiche

Zum 40-jährigen Jubiläum des Projektes „Eine Welt in der Schule"
Zum 50-jährigen Jubiläum des Grundschulverbandes e.V.

Beiträge zur Reform der Grundschule – Band 147
Herausgeber: Der Vorstand des Grundschulverbandes e.V.
Verantwortlich für diesen Band: Maresi Lassek

Herausgegeben von Rudolf Schmitt

Bildung für nachhaltige Entwicklung

Eine Aufgabe für alle Fächer und Lernbereiche

Zum 40-jährigen Jubiläum des Projektes „Eine Welt in der Schule“
Zum 50-jährigen Jubiläum des Grundschulverbandes e.V.

Grundschulverband e.V.
Frankfurt am Main

Gestaltung und Redaktion:	Green Media Verlag oHg, Hamburg
Bildnachweis:	Sämtliche Unterrichtsbeispiele wurden in der Zeitschrift „Eine Welt in der Schule" erstveröffentlicht. Die Rechte an den Fotos liegen, sofern nicht anders angegeben, bei den Autorinnen und Autoren der Unterrichtsbeispiele.
Druck und Bindung:	Strube Druck & Medien GmbH, 34587 Felsberg
ISBN	978-3-941649-25-5 / Best.-Nr. 1110 (Beiträge zur Reform der Grundschule, Band 147)
Bestelladresse:	info@grundschulverband.de bzw. direkt online unter www.grundschulverband.de → Shop → Buchreihe

INHALT

5. Sport

6. Sachunterricht

Schwerpunkt Politische Bildung

Schwerpunkt Geografie

Schwerpunkt Geschichte

Schwerpunkt Wirtschaft

Schwerpunkt Naturwissenschaften

7. Religion/Ethik

8. Mathematik

Bildung für nachhaltige Entwicklung

Eine Aufgabe für alle Fächer und Lernbereiche

Auf der Plenarsitzung der Kultusministerkonferenz (KMK) am 4. März 2004 in Berlin vereinbarten die Kultusminister mit dem Bundesministerium für wirtschaftliche Zusammenarbeit und Entwicklung (BMZ) ein gemeinsames „KMK-BMZ-Projekt".

Dieses Projekt erhielt den Auftrag, die Empfehlung der KMK aus dem Jahr 1997 mit dem Titel „Eine Welt/Dritte Welt in Schule und Unterricht" zu überarbeiten und vor allem zu aktualisieren. Der Lernbereich Globale Entwicklung sollte in allen seinen Facetten umfassend und differenziert für die schulische Umsetzung in Grundschule und Sekundarstufe I (Klasse 1–10) aufbereitet werden. Der angepeilte Orientierungsrahmen sollte für Lehrerinnen und Lehrer, für Schulprogramme, für die Lehrplangestaltung, für Schulbuchverlage, für die Lehrerinnen- und Lehrerbildung, aber auch für Nichtregierungsorganisationen, die sich an der schulischen Bildung beteiligen wollen, konkrete Hilfen und Anregungen bieten.

Um dieser anspruchsvollen Zielsetzung genügen zu können, kooperierte im Rahmen dieses Projektes der Schulbereich mit dem staatlichen Entwicklungsbereich sowie mit Fachleuten aus Erziehungswissenschaft, Fachwissenschaften bzw. deren Didaktik und mit Nichtregierungsorganisationen.

2007 entstand so nach mehrjähriger Arbeit in vielen Arbeitsgruppen und auf mehreren Fachtagungen ein umfangreiches Werk, der „Orientierungsrahmen für den Lernbereich Globale Entwicklung" (233 Seiten). Neben der Grundschule mit dem Schwerpunkt auf dem Sachunterricht bezog er sich auf die Fächer der Sekundarstufe I, die auf den ersten Blick die engste Beziehung zum Lernbereich Globale Entwicklung haben: Biologie, Geographie, Politische Bildung, Religion – Ethik und Wirtschaft. Einbezogen wurde auch die Berufliche Bildung.

Wichtig war von Anfang an, dass der Lernbereich Globale Bildung nicht wie ein eigenständiges, schulisches Fach behandelt wird. Als „Bildung für nachhaltige Entwicklung" – wie wir heute sagen – durchzieht er alle schulischen Fächer.

Unter diesem Aspekt war es nur folgerichtig, dass das „KMK-BMZ-Projekt" seine Arbeit fortsetzte und die übrigen Fächer der Sekundarstufe I auf ihren genuinen Beitrag zur „Bildung für nachhaltige Entwicklung" untersuchte und entsprechend empfahl: Deutsch, Neue Fremdsprachen, Bildende Kunst, Musik, Geschichte, Mathematik, Naturwissenschaftlicher Unterricht (Biologie, Chemie, Physik) und Sport.

Neu war auch, dass für jedes der neu aufgenommenen Fächer ein umfangreiches Unterrichtsbeispiel vorgestellt wurde, so dass der Bezug zum konkreten Unterrichtsgeschehen deutlicher wurde.

Als Frucht dieser Arbeit wurde im Jahr 2015 die aktualisierte und erweiterte Fassung des „Orientierungsrahmens für den Lernbereich Globale Entwicklung" verabschiedet und veröffentlicht. Das Werk umfasste nun 464 Seiten, eine Verdoppelung gegenüber der Erstausgabe.

Das Übergewicht der Sekundarstufe I im Vergleich zur Grundschule war nun immens. Eigentlich hätten auch alle Fächer der Grundschule bearbeitet werden müssen, um der Grundschule als eigener Schulstufe ein angemessenes Gewicht im Vergleich zur Sekundarstufe I zu verleihen. Dieses Manko hat selbstverständlich Folgen für die Akzeptanz des Gesamtwerkes durch die jeweilige Lehrerschaft.

Da der Orientierungsrahmen in seiner Neufassung mit attraktiven Unterrichtsbeispielen gerade auch die aktiven Lehrinnen und Lehrer als Zielgruppe hat, d.h. unmittelbar das Unterrichtsgeschehen beeinflussen soll, ist er attraktiv für die Lehrenden der Sekundarstufe I, weniger aber für jene der Grundschule.

Dies ist der Hauptgrund für die Veröffentlichung des vorliegenden Bandes, in dem für jedes Fach und jeden Lernbereich der Grundschule ein bis zwei praxiserprobte Unterrichtsbeispiele unter dem Aspekt „Bildung für nachhaltige Entwicklung" vorgestellt werden. Dabei wird der Lernbereich Sachunterricht in seinen vielen Facetten ausführlich berücksichtigt. Die Unterrichtsbeispiele werden verschiedenen Schwerpunkten zugeordnet, die sich an den entsprechenden Fächern der weiterführenden Schulen orientieren: Politische Bildung, Geografie, Geschichte, Wirtschaft, Naturwissenschaften.

Alle in diesen Band aufgenommenen Unterrichtsbeispiele wurden schon einmal in der Zeitschrift „Eine Welt in der Schule" veröffentlicht. Viele sind aus der gemeinsamen Projektarbeit hervorgegangen. An dieser Stelle möchte ich noch einmal den vielen Lehrerinnen und Lehrern danken, die seit vielen Jahren mit uns zusammenarbeiten. Sie tragen als Autorinnen und Autoren der einzelnen Beiträge zum Gelingen des Gesamtwerkes bei.

Mit der Veröffentlichung im Jahr 2019 feiern wir mit diesem Band gleich zwei Jubiläen.

Seit der Gründung des Grundschulverbandes im Jahr 1969 sind inzwischen 50 erfolgreiche Jahre vergangen, seit Beginn des Projektes „Eine Welt in der Schule" im Jahr 1979 sind es immerhin 40 Jahre.

Es gibt sogar noch ein drittes Jubiläum, das man mit diesem Band feiern könnte: 100 Jahre seit der Einführung der Grundschule für alle Kinder in Deutschland.

Wir wollen nicht nur feiern, sondern hoffen, dass dieser Band dazu beiträgt, dass „Bildung für nachhaltige Entwicklung" ganz selbstverständlich den schulischen Alltag in der Grundschule mitbestimmt. ■

Teil A: Der Orientierungsrahmen für den Lernbereich Globale Entwicklung

Die folgende Kurzfassung des theoretischen Teils des Orientierungsrahmens bezieht sich auf die ersten drei Kapitel und den Grundschul-Teil im 4. Kapitel der 2. aktualisierten und erweiterten Auflage aus dem Jahr 2016.

1. Die inhaltlich-didaktischen Grundlagen des Orientierungsrahmens

Es muss in aller Deutlichkeit gesagt werden: Der Lernbereich Globale Entwicklung ist kein neues Schulfach, das neben den anderen Fächern in die Schule eingeführt werden soll. Globale Entwicklung hat vielmehr in jedem Schulfach und jedem Lernbereich einen substantiellen Platz. Verständlicher wird das Gemeinte, wenn man stattdessen von „Bildung für nachhaltige Entwicklung" spricht, die in jedem schulischen Fach bzw. Lernbereich verankert ist. Es ist die Aufgabe dieses Bandes, diese inhaltlich-didaktische Verankerung in jedem Fach bzw. Lernbereich der Grundschule herauszuarbeiten.

Um das möglichst umfassend tun zu können, muss zunächst „Globale Entwicklung" bzw. „Bildung für nachhaltige Entwicklung" beschrieben werden. Analysiert werden müssen auch die schulischen Rahmenbedingungen, die die Verankerung des Orientierungsrahmens ermöglichen bzw. verbessern sollen. Schließlich lautet die Frage, welche Kompetenzen benötigen die Schülerinnen und Schüler, um diesen Ansprüchen gerecht zu werden und mit Hilfe welcher Themenbereiche lassen sich diese Ziele erreichen.

1.1 Globale Entwicklung als Gegenstand des Orientierungsrahmens

Das Leitbild nachhaltiger Entwicklung hat sich seit der „Erklärung von Rio zu Umwelt und Entwicklung" (1992) über die nachfolgenden Welt-Konferenzen im internationalen Verständnis Stück für Stück aufgebaut und konkretisiert.

Rio-Deklaration 1992

Grundsatz 4: „Eine nachhaltige Entwicklung erfordert, dass der Umweltschutz Bestandteil des Entwicklungsprozesses ist und nicht von diesem getrennt betrachtet werden darf." (United Nations 1992)

Weltgipfel von Johannesburg 2002

Nachhaltige Entwicklung „führt wirtschaftliches Wachstum, sozialen Fortschritt und Schutz der Umwelt als sich wechselseitig unterstützende Elemente langfristiger Entwicklung zusammen." (United Nations 2002)

Weltgipfel Rio+20, 2012

„§ 3 Daher erkennen wir die Notwendigkeit an, nachhaltige Entwicklung in alle Ebenen einzubeziehen, ökonomische, soziale und ökologische Aspekte zu integrieren und ihre Verknüpfung anzuerkennen, um so nachhaltige Entwicklung in jedweder Hinsicht zu erreichen." (United Nations 2012)

Hinzu kommt die politische Dimension, die im Grunde erst das Zusammenspiel der drei anderen Dimensionen ermöglicht.

Für die unterrichtliche Erschließung der nachhaltigen Entwicklung wurden die vier Zieldimensionen in sieben Handlungsebenen (vom Individuum bis zum Internationalen) übertragen und in einem Modell (Abbildung oben) sehr anschaulich dargestellt:

Bei allem Optimismus in positive Ergebnisse einer künftigen nachhaltigen Entwicklung werden Konflikte zwischen den Zielsetzungen der vier Entwicklungsdimensionen nicht ausbleiben. Sie müssen sogar im Unterricht je nach Alter der Schülerinnen und Schüler eine existentielle Rolle spielen.

Die folgende Abbildung zeigt die Entwicklungsdimensionen mit ihren wichtigsten Aufgaben und Zielen. Die Pfeile deuten die Spannungsfelder bzw. Zielkonflikte zwischen je zwei Entwicklungsdimensionen an:

INFO **Das Modell**

Die Handlungsebenen der Entwicklungsdimensionen

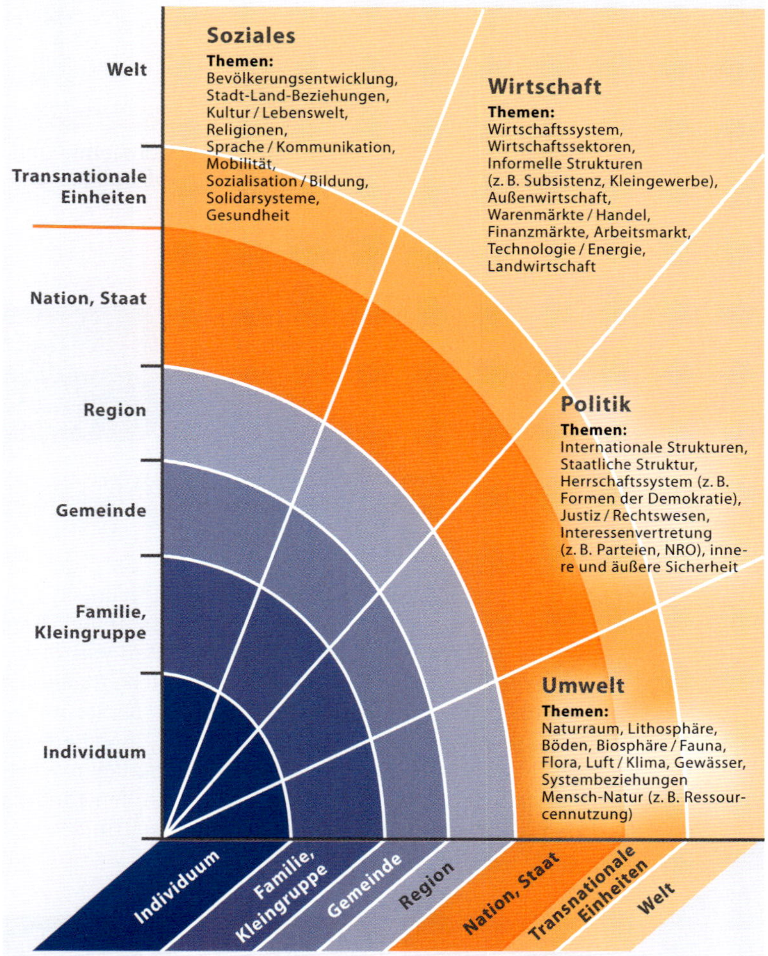

Die Viertelkreise deuten die einzelnen Ebenen quer durch die Dimensionen an. Je nach analytischem Zweck und aktueller Entwicklung kann es zweckmäßig sein, die Ebenen und Elemente anders auszuwählen.

Vgl. Orientierungsrahmen für den Lernbereich Globale Entwicklung, S. 36

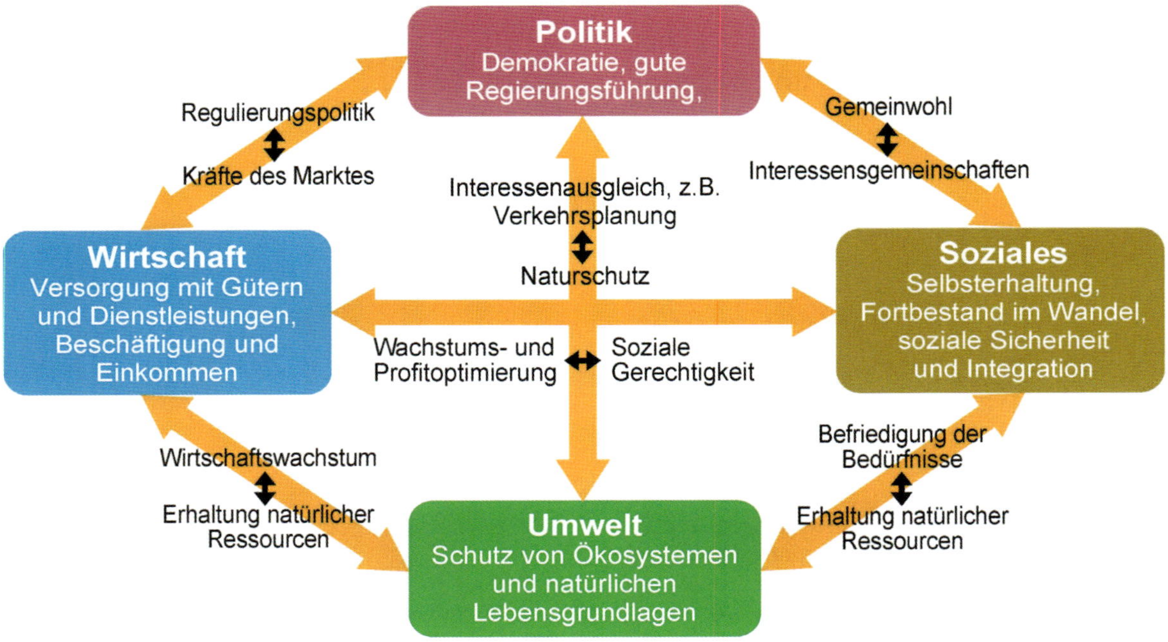

Zielkonflikte zwischen den Dimensionen des Leitbilds der nachhaltigen Entwicklung.
Vgl. Orientierungsrahmen für den Lernbereich Globale Entwicklung, S. 41

Seit 2015 lässt sich das Wesen der nachhaltigen Entwicklung in die 17 Ziele der Agenda 30 zusammenfassen, die die Vereinten Nationen für den Zeitraum von 2015 – 2030 für alle Länder beschlossen haben (siehe Abbildung unten). Im Blick auf diese Agenda hat das Bundesministerium für wirtschaftliche Zusammenarbeit und Entwicklung einen Prozess in Gang gesetzt, der deutlich machen soll, dass Entwicklungspolitik nicht nur in den Ländern des Südens, sondern auch in Deutschland stattfindet:

„Bürgerinnen und Bürger, die Bundesregierung und der Deutsche Bundestag, Länder und Kommunen, Wirtschaft, Zivilgesellschaft und Wissenschaft, sie alle sind im Rahmen ihrer Möglichkeiten, ihrer Kompetenzen und ihrer Verantwortlichkeit aufgerufen, wirksame Beiträge für eine nachhaltige Entwicklung bei uns und weltweit zu leisten. Denn zukunftsfähige Politik fängt bei uns in Deutschland an, reicht aber weit über uns hinaus.“

Agenda 2030 - 17 Ziele für eine nachhaltige Entwicklung

1.2 Schulische Rahmenbedingungen für den Lernbereich Globale Entwicklung

Im Bildungs- und Erziehungsauftrag von Schule, wie er in den ersten Artikeln der Schulgesetze der Länder formuliert ist, werden allgemeine Bildungsziele genannt, die mit den Zielsetzungen einer „Bildung für nachhaltige Entwicklung" identisch sind. Schulische Bildung und Erziehung soll zur Entfaltung der Persönlichkeit der Schülerinnen und Schüler beitragen und sie dazu befähigen, sich mit sozialen, politischen, ökonomischen und ökologischen Entwicklungen auseinander zu setzen. Sie sollen lernen, Handlungsspielräume in einer von Globalisierung geprägten Welt einzuschätzen und wahrzunehmen, um durch einen entsprechenden Kompetenzerwerb künftige Herausforderungen im Alltags- und Berufsleben erfolgreich bewältigen zu können.

In den letzen Jahren gibt es eine Reihe von Veränderungen in den schulischen Rahmenbedingungen, die die Umsetzung dieser grundlegenden Ziele begünstigen.

Stärkere Öffnung von Schule

Im Rahmen der bundesweiten Diskussion um Qualitätsentwicklung spielt die Öffnung von Schule eine immer größere Rolle. Es wird davon ausgegangen, dass Lehr- und Lernprozesse ihre Wirksamkeit im Kontext eines vielfältigen Schullebens und im Zusammenhang mit der Öffnung der Schule zu ihrem gesellschaftlichen Umfeld optimal entfalten. Wie es Schule dabei gelingt, relevante gesellschaftliche Kooperationspartner einzubinden und aktuelle sowie zukunftsorientierte Themenfelder und weltweite Perspektiven mit fachlicher Qualifikation zu verbinden, wird als wichtiges Qualitätsmerkmal der Lernprozesse bewertet.

Trend zur Ganztagsschule

Die anhaltende Förderung und Neueinrichtung von Ganztagsschulen begünstigt die Umsetzung der Ziele einer „Bildung für nachhaltige Entwicklung" im und über den Kernunterricht hinaus. Die Verbindung von Kernunterricht und Aktionsangeboten, wie Schulpartnerschaften, Schülerinnen- und Schüler-Firmen, Umweltgruppen usw. erhöhen die Wirksamkeit einer „Bildung für nachhaltige Entwicklung". Die Einbindung von außerschulischen Kooperationspersonen (aus NGOs oder aus Ländern des Südens) in die Gegebenheiten des strukturierten Lernorts Schule erhöht die Erfolgsaussichten einer solchen Zusammenarbeit.

Tendenz zu Fächer-Verbünden

Die in einigen Ländern der Bundesrepublik zunehmende Tendenz, Fächer zu Verbünden zusammenzufassen, erleichtert die unterrichtliche Behandlung von Inhalten des Lernbereichs Globale Entwicklung, die ja selten nur einem Schulfach zuzuordnen sind. Diese Tendenz kommt vor allem der Sekundarstufe I zugute, denn in der Grundschule hat die strukturelle Verbindung von Fachinhalten eine lange Tradition. Bestes Beispiel ist der Lernbereich Sachunterricht, der grundsätzlich gesellschaftswissenschaftliche (Politik, Geographie, Geschichte, Wirtschaft) und naturwissenschaftliche (Biologie, Chemie, Physik) Fachinhalte integriert. Aber auch der sogenannte Anfangsunterricht bzw. Grundlegende Unterricht (Bayern) in den ersten beiden Schuljahren, ebenso wie das durchgehende Klassenlehrerinnen-Prinzip in der Grundschule erleichtern das fachübergreifende bzw. fächerverbindende Unterrichten.

Minderung von Bildungsungleichheit

Die Bundesrepublik Deutschland hat als einer der ersten Staaten die UN-Konvention über die Rechte von Menschen mit Behinderung von 2008 unterschrieben und sich damit verpflichtet, alle Bildungssysteme inklusiv zu gestalten. Inklusive Bildung bedeutet, dass alle Menschen unabhängig von Geschlecht, Religion, kultureller und sozialer Herkunft, kognitiven, physischen sowie psychologischen Voraussetzungen das Recht auf gleichberechtigten Zugang zu hochwertiger Bildung haben. Zumindest in Grundschulen, die alle Kinder besuchen müssen, versucht man zunehmend, diesem Anspruch gerecht zu werden. Die Anforderungen an die Lehrkräfte sind immens, die Bedingungen oft ungenügend. Trotzdem ist dieser Anspruch genuines Ziel einer Bildung für nachhaltige Entwicklung.

Die „Digitale Schule"

Nun ist es so weit: Der Bund unterstützt die Länder mit 5 Milliarden Euro bei der Versorgung der Schulen mit digitalen Medien. Bildung für nachhaltige Entwicklung wird davon profitieren, weil Lehrende und Lernende dann grundsätzlich einen schnelleren und breiteren Zugang zu Informationen haben, die für eine differenzierte Auseinandersetzung mit den Inhalten des Lernbereichs Globale Entwicklung unerlässlich sind, wobei jedem klar ist, dass der verbesserte Zugang allein für die Qualität dieser Auseinandersetzung nicht ausreicht.

1.3 Kompetenzen und Themenbereiche einer „Bildung für nachhaltige Entwicklung"

Bildung für nachhaltige Entwicklung soll Schülerinnen und Schüler eine zukunftsoffene Orientierung in der zunehmend globalisierten Welt ermöglichen, die sie im Rahmen lebenslangen Lernens weiter ausbauen können. Unter dem Leitbild nachhaltiger Entwicklung zielt sie insbesondere auf grundlegende Kompetenzen für eine entsprechende

- Gestaltung des persönlichen und beruflichen Lebens,
- Mitwirkung in der eigenen Gesellschaft und
- Mitverantwortung im globalen Rahmen

Diese grundlegenden Kompetenzen werden im Orientierungsrahmen als Kernkompetenzen im Sinne der Definition von Franz E. Weinert definiert: Kompetenzen sind „die bei Individuen verfügbaren oder von ihnen erlernbaren kognitiven Fähigkeiten und Fertigkeiten, um bestimmte Probleme zu lösen, sowie die damit verbundenen motivationalen, volitionalen und sozialen Bereitschaften und Fertigkeiten, um die Problemlösungen in variablen Situationen erfolgreich und verantwortungsvoll nutzen zu können" (Weinert 2001, S. 27 f.)

Kernkompetenzen des Lernbereichs Globale Entwicklung

Die Schülerinnen und Schüler können …

Erkennen

1. **Informationsbeschaffung und -verarbeitung**
   … Informationen zu Fragen der Globalisierung und Entwicklung beschaffen und themenbezogen verarbeiten.

2. **Erkennen von Vielfalt**
   … die soziokulturelle und natürliche Vielfalt in der Einen Welt erkennen.

3. **Analyse des globalen Wandels**
   … Globalisierungs- und Entwicklungsprozesse mit Hilfe des Leitbildes der nachhaltigen Entwicklung fachlich analysieren

4. **Unterscheidung von Handlungsebenen**
   … Handlungsebenen vom Individuum bis zur Weltebene in ihrer jeweiligen Funktion für Entwicklungsprozesse erkennen.

Bewerten

5. **Perspektivwechsel und Empathie**
   …sich eigene und fremde Wertorientierungen in ihrer Bedeutung für die Lebensgestaltung bewusst machen, würdigen und reflektieren.

6. **Kritische Reflexion und Stellungnahme**
   … durch kritische Reflexion zu Globalisierungs- und Entwicklungsfragen Stellung beziehen und sich dabei an der internationalen Konsensbildung, am Leitbild nachhaltiger Entwicklung und an den Menschenrechten orientieren.

7. **Beurteilen von Entwicklungsmaßnahmen**
   … Ansätze zur Beurteilung von Entwicklungsmaßnahmen (bei uns und in anderen Teilen der Welt) unter Berücksichtigung unterschiedlicher Interessen und Rahmenbedingungen erarbeiten und zu eigenständigen Bewertungen kommen.

Handeln

8. **Solidarität und Mitverantwortung**
   … Bereiche persönlicher Mitverantwortung für Mensch und Umwelt erkennen und als Herausforderung annehmen.

9. **Verständigung und Konfliktlösung**
   … zur Überwindung soziokultureller und interessenbestimmter Barrieren in Kommunikation und Zusammenarbeit sowie zu Konfliktlösungen beitragen.

10. **Handlungsfähigkeit im globalen Wandel**
    … die gesellschaftliche Handlungsfähigkeit im globalen Wandel vor allem im persönlichen und beruflichen Bereich durch Offenheit und Innovationsbereitschaft sowie durch eine angemessene Reduktion von Komplexität sichern und die Ungewissheit offener Situationen ertragen.

11. **Partizipation und Mitgestaltung**
    … Die Schülerinnen und Schüler können und sind aufgrund ihrer mündigen Entscheidung bereit, Ziele der nachhaltigen Entwicklung im privaten, schulischen und beruflichen Bereich zu verfolgen und sich an ihrer Umsetzung auf gesellschaftlicher und politischer Ebene zu beteiligen.

Vgl. Orientierungsrahmen für den Lernbereich Globale Entwicklung, S. 95

Entsprechend dieser Reihenfolge werden drei Kompetenzbereiche unterschieden:

- Erkennen
- Bewerten
- Handeln

Der Aufbau dieses Kompetenz-Modells ist rein analytisch zu verstehen, d.h. es ist keine didaktische-methodische Handhabe für die Gestaltung von Unterricht. Das Modell dient lediglich der systematischen Leistungsüberprüfung nach Abschluss der im Unterricht angeregten Lernprozesse. Ein kluges Unterrichts-Arrangement ist immer eine fortschreitende Mischung aus Handlungsanregungen, Bewertungsprozessen und erforderlichem Wissenserwerb. Prüfungen und Tests lassen sich so aufbauen, dass man bevorzugt einzelne Kompetenzbereiche abfragt bzw. in Aufgaben kleidet.

Die ausformulierten Kernkompetenzen sind alle unter diesem Vorbehalt zu sehen. (Siehe Grafik links)

Ähnlich wie im Falle der Kompetenzen stellt die Auswahl von Themenbereichen einen von Kriterien geleiteten Kompromiss dar.

Themenbereiche

1. Vielfalt der Werte, Kulturen und Lebensverhältnisse: Diversität und Inklusion
2. Globalisierung religiöser und ethischer Leitbilder
3. Geschichte der Globalisierung: Vom Kolonialismus zum „Global Village"
4. Waren aus aller Welt: Produktion, Handel und Konsum
5. Landwirtschaft und Ernährung
6. Gesundheit und Krankheit
7. Bildung
8. Globalisierte Freizeit
9. Schutz und Nutzung natürlicher Ressourcen und Energiegewinnung
10. Chancen und Gefahren des technologischen Fortschritts
11. Globale Umweltveränderungen
12. Mobilität, Stadtentwicklung und Verkehr
13. Globalisierung von Wirtschaft und Arbeit
14. Demographische Strukturen und Entwicklungen
15. Armut und soziale Sicherheit
16. Frieden und Konflikt
17. Migration und Integration
18. Politische Herrschaft, Demokratie und Menschenrechte (Good Governance)
19. Entwicklungszusammenarbeit und ihre Institutionen
20. Global Governance – Weltordnungspolitik
21. Kommunikation im globalen Kontext

Vgl. Orientierungsrahmen für den Lernbereich Globale Entwicklung, S. 97

Themenbereiche sollen

- das für Globale Entwicklung relevante Orientierungswissen repräsentieren,
- die Mehrdimensionalität des Leitbildes der nachhaltigen Entwicklung abbilden,
- der Entwicklungsperspektive des Lernbereichs gerecht werden,
- zugleich einen lebensweltlichen Bezug und eine globale Weltsicht ermöglichen,
- einer im wissenschaftlichen Diskurs üblichen Bündelung entsprechen
- unterrichtliche Praxiserfahrungen berücksichtigen

Die Liste der Themenbereiche ist nicht abgeschlossen und kann entlang der genannten Kriterien weiterentwickelt werden.

2. Die Umsetzung in der Grundschule

Langjährige Erfahrungen sowie empirische Untersuchungen (Schmitt 1979, Brünjes 2007) haben gezeigt, dass Inhalte des Lernbereichs Globale Entwicklung so früh wie möglich in die Allgemeinbildung einbezogen werden sollten. Einstellungen gegenüber Menschen aus anderen Ländern bzw. Kulturen entstehen und verfestigen sich spätestens ab dem 5. Lebensjahr, und zwar eher in negativer als in positiver Richtung. Dies ist kein deutsches, sondern ein weltweites Phänomen, wie internationale Vergleiche zeigen. Bestätigt wird dieses Ergebnis in einer Untersuchung aus der neuesten Zeit (Buttelmann/Böhm 2014), in der nachgewiesen wird, dass 6 – 8-jährige Mädchen und Jungen eine Eigengruppenpräferenz zeigen, während sie sogenannten Fremdgruppen eher negative Eigenschaften zuschreiben.

In diesen Vorbehalten der Kinder gegenüber dem weniger Vertrauten spiegeln sich einerseits die von den Kindern beiläufig aufgenommenen normativen Vorstellungen der sie umgebenden Erwachsenenwelt (Eltern, Verwandte, Fernsehen usw.), andererseits entsprechen sie auch dem Sicherheitsbedürfnis des Kindes in der eigenen Bezugsgruppe und der entwicklungsbedingten Befangenheit des Kindes im eigenen Standpunkt (Egozentrik). Verstärkt werden diese Vorbehalte gegenüber Fremdgruppen, wenn Kinder restriktiv und autoritär erzogen werden. In einschlägigen Untersuchungen (Sir Peter Ustinov Institut 2007) wurde aber auch nachgewiesen, dass sich diese Vorbehalte ins Positive wenden lassen, wenn Kinder schon frühzeitig in Verbindung mit dem Erwerb einer angemessenen Wissensbasis in lebensnahen Handlungskontexten zu Toleranz, Kooperation und Solidarität angehalten werden.

2.1 „Bildung für nachhaltige Entwicklung" in der Grundschule

Die institutionellen Rahmenbedingungen der Grundschule begünstigen die Realisierung des Lernbereichs globale Entwicklung im Rahmen einer Bildung für nachhaltige Entwicklung. Der Lernbereich Sachunterricht mit seinem breiten Spektrum, die Möglichkeit des Anfangsunterrichts und das Klassenlehrerinnen-Prinzip bieten vielfältige Möglichkeiten des fachübergreifenden, fächerverbindenden und projekteorientierten Unterrichts, wie es eine angemessene Behandlung der Themen der globalen Entwicklung nahe legt. Dabei kann außer dem Sachunterricht jedes Grundschulfach zum Ausgangspunkt für die Behandlung eines globalen Themas gewählt werden.

Die Themen der „Bildung für nachhaltige Entwicklung", die sich in den Grundschullehrplänen finden, lassen sich drei Bereichen zuordnen:

- soziokulturelle und natürliche Vielfalt in der eigenen Gesellschaft,
- soziokulturelle und natürliche Vielfalt in anderen Gesellschaften,
- Vernetzung von eigener Gesellschaft und anderen Gesellschaften.

Beispielhaft kann man diesen Bereichen folgende Themen zuordnen, die selbstverständlich noch ergänzt werden können:

Zusammenleben in unserer Gesellschaft

Hierher gehören alle thematischen Aussagen in den Grundschullehrplänen, die sich auf das Zusammenleben in Schule, Familie und Nachbarschaft beziehen: Kinder und Familien aus allen Lebensbereichen, Konkurrenzsituationen und Konflikte, faires Verhalten, Verhältnis Jungen – Mädchen, Sprachen, Religionen, Feste, Spiele, Lieder, Tänze, Ernährung, Einkaufen, Gesundheit usw. Hierher gehören aber auch alle Fragen, die das alltägliche Verhalten im Verhältnis zur Umwelt betreffen: Recycling, Energie sparen, Luftverschmutzung usw.

Leben in anderen Ländern. Alltag anderswo

- Orientierung auf Globus und Weltkarte,
- wie Menschen in anderen Ländern leben und arbeiten,
- wie Kinder in andern Ländern spielen, lernen und arbeiten,
- Religion, Sitten und Gebräuche in anderen Ländern,
- Verteilung von Armut und Reichtum,
- Natur und Umwelt in anderen Ländern usw.

Vernetzungen zwischen hier und anderswo

Dieser Ansatz der thematischen Behandlung nimmt in neueren Grundschullehrplänen einen immer breiteren Raum ein. In dieser Entwicklung spiegelt sich die zunehmende Verantwortung für die gemeinsame Zukunft.

- Wohlstand und Armut in der Welt,
- Menschen- und Kinderrechte sowie deren Verletzung,
- Schulen hier und anderswo,
- Kinderarbeit bei uns und weltweit,
- Gesundheitspflege sowie gesunde Ernährung,
- Trinkwasser und Abwasser bei uns und in anderen Ländern,
- alternative Möglichkeiten der Energiegewinnung,
- Abfallverwertung und -entsorgung,
- Zusammenhang zwischen Klima und Lebensgestaltung,
- Waren aus aller Welt zu jeder Zeit,
- erste Einblicke in die globalisierte Produktion, usw.

In Ansätzen werden in neueren Grundschullehrplänen alle Themen des Lernbereichs Globale Entwicklung unter dem Aspekt der Nachhaltigkeit angesprochen.

2.2 Prinzipien für die unterrichtliche Behandlung im Kindesalter

Wie bereits einleitend begründet, ist die Notwendigkeit eines frühen Beginns der „Bildung für nachhaltige Entwicklung" – in Ansätzen bereits im Vorschulalter – heute unbestritten. Trotzdem sollte man einige Grundsätze beachten, die der spezifischen Situation des Kindseins geschuldet sind.

Bei der Auswahl von angemessenen Themen für diese Altersstufe muss eine enge Verzahnung von Nähe und Ferne, von Vertrautem und Fremden, gewährleistet sein. Nach dem Prinzip der „sozialen Nähe" (Schmitt 1979, S. 215 – 220) sollen alle Bemühungen um ein Verständnis von anderen Lebensverhältnissen bzw. um ein partnerschaftliches Verhältnis zu Menschen in anderen Ländern mit anderem kulturellem Hintergrund eingebettet sein in eine umfassende Sozialerziehung in der eigenen Gruppe oder Klasse, d.h. stets anknüpfend an vorhandene soziale Erfahrungen: Familienleben, Nachbarschaft, Spielplatz, Schulleben usw.

Wichtige Kompetenzen der Sozialerziehung wie Selbständigkeit, Kritikfähigkeit, kooperatives oder sogar solidarisches Verhalten können auch Kinder nur entwickeln in der Auseinandersetzung mit wirklichen sozialen Problemen. Kinder leben in keinem Schonraum. Leben in Gruppen, in der Familie, in der Klasse, auf dem Spielplatz kann schön, aber auch spannungsgeladen sein. Geholfen wird Kindern nur, wenn sie diese Wirklichkeit besser durchschauen und bewältigen lernen, auch am Beispiel anderer Kinder, die es eventuell noch schwerer haben. So sind ärmliche Wohnverhältnisse, Kinderarbeit, Wassermangel und Ähnliches keine Tabuthemen, wenn sie nicht übertrieben, einseitig und als ausweglos vermittelt werden:

- Die Darstellung von Lebensverhältnissen in der fernen Welt sollte nicht allzu sehr von der vertrauten Vorstellungs- und Erlebniswelt der Kinder abweichen. Zu vermeiden sind krasse Darstellungen von Krankheit und Elend.
- Kinder dürfen nicht mit unlösbaren Problemen allein gelassen werden. Zumindest eine simulierte, realutopische Problemlösung (z.B. in Rollenspielen, Geschichten oder Bildern) sollte immer versucht werden.

Bewährt hat sich die Einführung von Identifikationsfiguren, um die sich alle Geschehnisse und Informationen ranken. Ein empfehlenswertes Beispiel ist das Kinderbuch „Aminatas Entdeckung" (zu beziehen über den Grundschulverband), in dem das senegalesische Mädchen Aminata ganz beiläufig die Lebensverhältnisse in seiner Heimat vermittelt.

Teilkompetenzen der Grundschule am Ende der 4. Jahrgangsstufe bezogen auf die Kernkompetenzen des Orientierungsrahmens

Die Schülerinnen und Schüler können …

	KERNKOMPETENZEN	TEILKOMPETENZEN 4. JAHRGANGSSTUFE
Erkennen	**1. Informationsbeschaffung und -verarbeitung** … Informationen zu Fragen der Globalisierung und Entwicklung beschaffen und themenbezogen verarbeiten.	1.1 … Informationen über die Lebensverhältnisse von Kindern und ihren Familien in Deutschland und anderen Ländern aus bereitgestellten Informationsquellen entnehmen und verarbeiten. 1.2 … Meldungen und Bildmaterial zu aktuellen Ereignissen in Deutschland und anderen Ländern aus den Tagesmedien mit entsprechender Hilfestellung entnehmen. 1.3 … einfache Tabellen und Grafiken zu Entwicklungsfragen anfertigen und Vergleiche anstellen.
	2. Erkennen von Vielfalt … die soziokulturelle und natürliche Vielfalt in der Einen Welt erkennen.	2.1 …unterschiedliche und ähnliche Lebensverhältnisse von Kindern und ihren Familien in verschiedenen Ländern in Abhängigkeit von den soziokulturellen Bedingungen erkennen und beschreiben. 2.2 … unterschiedliche und ähnliche Lebensverhältnisse von Kindern und ihren Familien in verschiedenen Ländern in Abhängigkeit von den natürlichen Voraussetzungen erkennen und beschreiben.
	3. Analyse des globalen Wandels … Globalisierungs- und Entwicklungsprozesse mit Hilfe des Leitbildes der nachhaltigen Entwicklung fachlich analysieren	3.1 … an Beispielen den Wandel der Lebensverhältnisse von Kindern unter Berücksichtigung der sozialen und wirtschaftlichen Gegebenheiten analysieren. 3.2 … an Beispielen den Wandel der Lebensverhältnisse von Kindern unter Berücksichtigung der natürlichen Gegebenheiten analysieren.
	4. Unterscheidung von Handlungsebenen … Handlungsebenen vom Individuum bis zur Weltebene in ihrer jeweiligen Funktion für Entwicklungsprozesse erkennen.	4.1 …Wünsche und deren Realisierungsmöglichkeiten in Abhängigkeit von den jeweiligen Lebensverhältnissen erkennen. 4.2. … Kinderwünsche und deren Realisierungsmöglichkeiten in unterschiedlichen Ländern vergleichen. 4.3 … beispielhaft für einen altersgemäßen Konsumartikel den Verlauf von der Herstellung bis zum Kauf untersuchen und darstellen.

	KERNKOMPETENZEN	TEILKOMPETENZEN 4. JAHRGANGSSTUFE
Bewerten	**5. Perspektivwechsel und Empathie** ...sich eigene und fremde Wertorientierungen in ihrer Bedeutung für die Lebensgestaltung bewusst machen, würdigen und reflektieren.	5.1 ... in der Auseinandersetzung mit nicht vertrauten Wertorientierungen eigene Wertvorstellungen herausarbeiten und sich dazu äußern. 5.2 ... die geschichtlichen Wurzeln der eigenen und einer bisher nicht vertrauten Wertorientierung erkunden und vergleichen. 5.3 ... bei Lösungsvorschlägen zu problematischen Lebensverhältnissen die zugrunde liegenden Rahmenbedingungen und Wertvorstellungen berücksichtigen.
	6. Kritische Reflexion und Stellungnahme ... durch kritische Reflexion zu Globalisierungs- und Entwicklungsfragen Stellung beziehen und sich dabei an der internationalen Konsensbildung, am Leitbild nachhaltiger Entwicklung und an den Menschenrechten orientieren.	6.1 ... sich eine eigene Meinung zu Konfliktfällen bilden: Was sind die Ursachen? Wer denkt nur an sich? Was ist ungerecht? Was wäre fair? 6.2 ... anhand von Fallbeispielen untersuchen, gegen welche Kinderrechte verstoßen wird und dazu Stellung nehmen.
	7. Beurteilen von Entwicklungsmaßnahmen ... Ansätze zur Beurteilung von Entwicklungsmaßnahmen (bei uns und in anderen Teilen der Welt) unter Berücksichtigung unterschiedlicher Interessen und Rahmenbedingungen erarbeiten und zu eigenständigen Bewertungen kommen.	7.1 ... eine leicht überschaubare Entwicklungsmaßnahme als eher nachhaltig bzw. eher nicht nachhaltig beurteilen. 7.2 ... Beispiele naturräumlicher Nutzung als eher nachhaltig bzw. eher nicht nachhaltig einstufen. 7.3 ... bei Entwicklungsmaßnahmen und der Nutzung von Naturräumen unterschiedliche Interessen erkennen und diese beurteilen.

	KERNKOMPETENZEN	TEILKOMPETENZEN 4. JAHRGANGSSTUFE
Handeln	**8. Solidarität und Mitverantwortung** ... Bereiche persönlicher Mitverantwortung für Mensch und Umwelt erkennen und als Herausforderung annehmen.	8.1 ... aus der Kenntnis schwieriger Lebensverhältnisse von Kindern bei uns und in anderen Teilen der Welt ein Gefühl der Solidarität entwickeln. 8.2 ... umweltbewusstes Verhalten im eigenen Umfeld als wichtig und sinnvoll darstellen.
	9. Verständigung und Konfliktlösung ... zur Überwindung soziokultureller und interessenbestimmter Barrieren in Kommunikation und Zusammenarbeit sowie zu Konfliktlösungen beitragen.	9.1 ... mit anderen Kindern eine gemeinsame Aktion planen und durchführen. 9.2 ... sich um Kontakte und Verständigung mit anderssprachigen Kindern bemühen. 9.3 ... sich am Austausch im Rahmen von Schul- bzw. Klassenpartnerschaften mit eigenen Beiträgen beteiligen.
	10. Handlungsfähigkeit im globalen Wandel ... die gesellschaftliche Handlungsfähigkeit im globalen Wandel vor allem im persönlichen und beruflichen Bereich durch Offenheit und Innovationsbereitschaft sowie durch eine angemessene Reduktion von Komplexität sichern und die Ungewissheit offener Situationen ertragen.	10.1 ... Lösungsmöglichkeiten zu problematischen Lebenssituationen entwickeln und z.B. im Rollenspiel kritisch überprüfen. 10.2 ... Ansätze für eigenes umweltgerechtes Verhalten entwickeln und begründen.
	11. Partizipation und Mitgestaltung ... Die Schülerinnen und Schüler können und sind aufgrund ihrer mündigen Entscheidung bereit, Ziele der nachhaltigen Entwicklung im privaten, schulischen und beruflichen Bereich zu verfolgen und sich an ihrer Umsetzung auf gesellschaftlicher und politischer Ebene zu beteiligen.	11.1 ... Aktionen zu erkannten sozialen Missständen vorschlagen und begründen. 11.2 ... Beiträge zur Lösung von Umweltproblemen vorschlagen und begründen.

vgl. Orientierungsrahmen für den Lernbereich Globale Entwicklung, S. 117 ff.

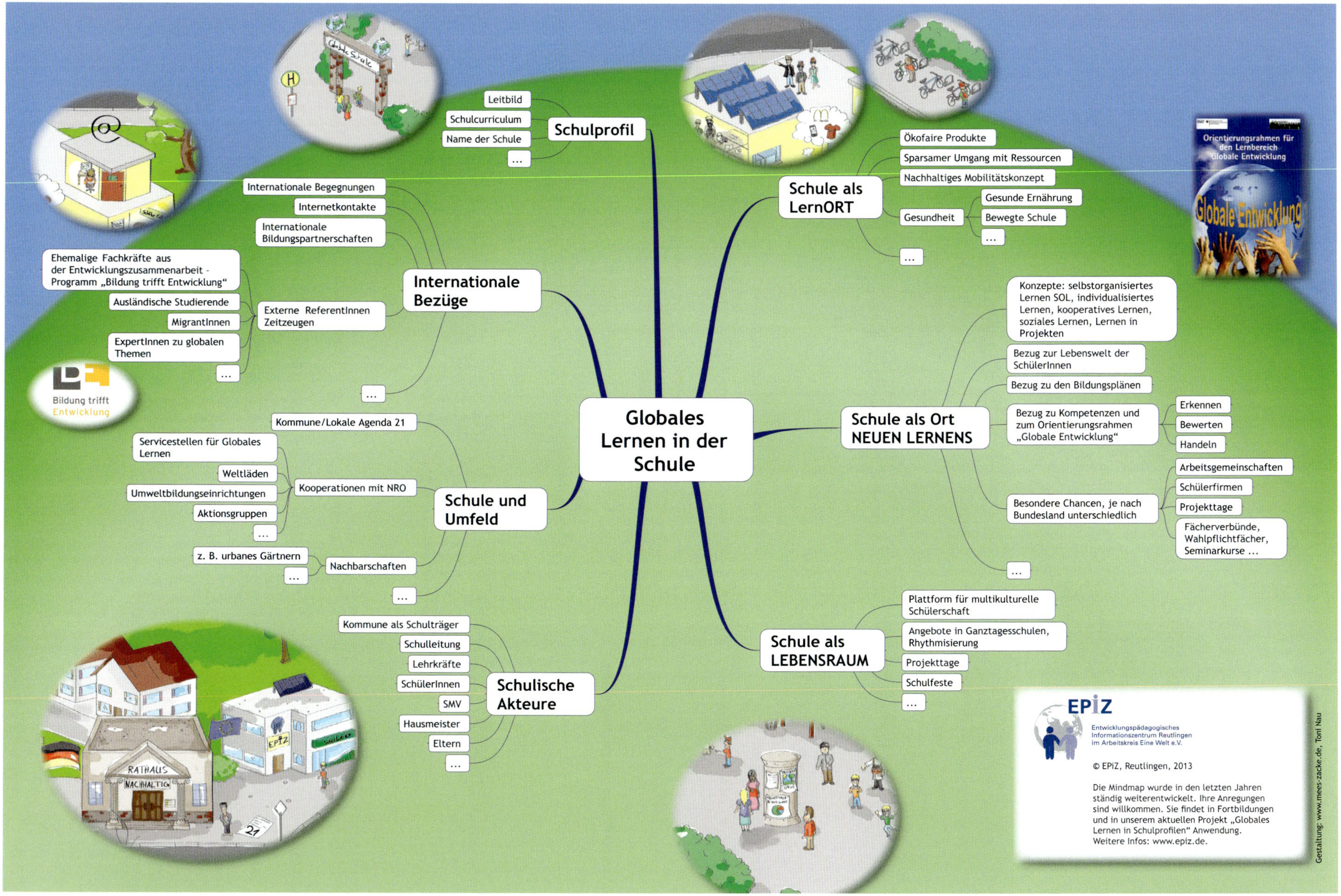

Obenstehende Mindmap des Entwicklungspädagogischen Informationszentrums Reutlingen (EPiZ) ist das Ergebnis von 15 Jahren Gesprächen, Planungsprozessen und Fortbildungen zum Thema Globales Lernen. Die Leerzeichen stehen als Symbole für den Working Process.

2.3 Kern- und Teilkompetenzen der Grundschule

Zugrunde liegt dem Kompetenzraster für die Grundschule das auch für die Sekundarstufe I gültige Raster der elf Kernkompetenzen des Lernbereichs Globale Entwicklung. Es wird für die Grundschule übertragen in ein entsprechendes Raster von Teilkompetenzen, die sich in ihrer Realisierbarkeit an den Fähigkeiten und Fertigkeiten der Schülerinnen und Schüler am Ende der 4. Jahrgangsstufe orientieren. In Ansätzen gelten sie selbstverständlich bereits ab 1. Klasse. Sie sind von Anfang an eine wichtige Orientierungshilfe für die Gestaltung der „Bildung für nachhaltige Entwicklung" in der Grundschule.
(Siehe Grafiken, S. 18 und 19)

3. „Bildung für nachhaltige Entwicklung" als Aufgabe der ganzen Schule

Alle Länder der Bundesrepublik Deutschland fördern das Bestreben nach mehr Selbstverantwortung der einzelnen Schule. Erwartet wird die Erarbeitung eigener Schulcurricula bis hin zur Gestaltung spezieller Schulprogramme. Damit verbunden ist in der Regel die Bildung eines Schulprofils, das sich an tragenden sozialen und politischen Zielsetzungen orientiert: Europa, UNESCO, Umwelt, Frieden usw.

Mehr und mehr gewinnt inzwischen die Idee Anklang, „Bildung für nachhaltige Entwicklung" zur profilgebenden Leitlinie zu machen. Das gilt nicht nur für weiterführende Schulen, sondern auch für Grundschulen. Vor allem das Zusammenspiel der vier Zieldimensionen „Soziales – Politik – Wirtschaft – Umwelt", das dem Orientierungsrahmen zugrunde liegt, bietet ein breites Spektrum von profilbildenden Maßnahmen, angefangen von nachhaltiger Bewirtschaftung, schulischer Sozialarbeit, Zusammenarbeit mit außerschulischen Partnern, baulicher Gestaltung bis hin zur demokratischen Zusammenarbeit aller Beteiligten.

Die Schautafel (siehe Grafik linke Seite) vermittelt einen differenzierten Überblick über die vielfältigen Möglichkeiten einer Profilbildung unter dem Leitgedanken „Bildung für nachhaltige Entwicklung".

In Grundschulen mit dem Gestaltungsschwerpunkt auf „Bildung für nachhaltige Entwicklung" ist es selbstverständlich leichter, das Grundanliegen dieses Buches zu realisieren: Jedes Schulfach kann und soll seinen Beitrag dazu leisten.

Der folgende Teil soll nun Fach für Fach diesen Anspruch untermauern. ■

Literatur

Brünjes, W. (2007): Stell dir „einen Afrikaner" vor! In: Schmitt, R. (Hrsg.): Eine Welt in der Schule, Frankfurt/M.

Bulang-Lörcher, M., Große-Oetringhaus, H.-M. (2006): Aminatas Entdeckung, Frankfurt/M., 6. Aufl.

Buttelmann, D. und Böhm, R. (2014): The ontogeny of the motivation that underlies ingroup bias. Psychological Science, S. 921 – 927

Schmitt, R. (1979): Kinder und Ausländer. Einstellungsänderung durch Rollenspiel – eine empirische Untersuchung, Braunschweig

Sir Peter Ustinov Institut (Hrsg. 2007): Vorurteile in der Kindheit. Ursachen und Gegenstrategien, Wien

United Nations 1992: Bericht der Konferenz der Vereinten Nationen für Umwelt und Entwicklung, Rio de Janeiro, 3. – 14. Juni 1992

United Nations 2002: Bericht des Weltgipfels der Vereinten Nationen für nachhaltige Entwicklung, Johannesburg

United Nations 2012: Rio + 20, Outcome of the Conference "The future we want"

Weinert, F. E. (2001): Vergleichende Leistungsmessung in Schulen – eine umstrittene Selbstverständlichkeit. In: Weinert, F.E. (Hrsg.): Leistungsmessungen in Schulen, Weinheim/Basel, S. 17 -31

Standpunkt des Grundschulverbandes

Nachhaltige Entwicklung: Schule und Lernen nachhaltig gestalten – Grundschule ist Lernort und Erfahrungsraum für die Zukunft

Zur Lage

In der Gegenwart erleben wir eine grundlegende Krise unserer Art zu leben und zu wirtschaften. Unsere Gesellschaft scheint durch die Zahl, die Komplexität und den Zusammenhang der Probleme und Herausforderungen überfordert zu sein. Die Zukunft der Kinder wird in hohem Maße von Lebens- und Überlebensfragen bestimmt, auf die wir als Erwachsene gemeinsam mit den Kindern Antworten finden müssen.

Wir leben in einer Welt, die von Prozessen der Globalisierung geprägt ist. Die Globalisierung ermöglicht weltweite Vernetzung und Kommunikation, birgt aber auch vielfältige Risiken mit gravierenden Folgen für die Zukunft des Planeten Erde und den Zusammenhalt von Gesellschaften. Eine ungebremste Ressourcennutzung verbunden mit einem hohen Energieverbrauch führt zu steigendem Verkehrsaufkommen, riesigen Abfallmengen und in der Folge zum Verlust von biologischer Vielfalt, zur Freisetzung von Treibhausgasen, Emission von Schadstoffen und Verstärkung des Klimawandels.

Auf diese Veränderungen müssen die jetzige und die zukünftigen Generationen verantwortungsvoll reagieren lernen. Es gilt Lebensgrundlagen zu erhalten und auf eine gerechtere Verteilung von Ressourcen hinzuarbeiten, damit nicht die Gesellschaften des globalen Nordens auf Kosten der armen Länder im Süden leben. Politik, Wirtschaft und die Zivilgesellschaft müssen erkennen, dass nachhaltiges Handeln für eine zukunftsorientierte Entwicklung unverzichtbar ist. Die Kompetenzen dafür sollen Kinder entwickeln und Lehrkräfte vermitteln können. Bildung für die Zukunft heißt, die Mitmenschlichkeit und das Soziale in den Mittelpunkt unseres Lebens zu stellen und nicht den Profit, den Konsum und die Technik.

Um Kompetenzen und Fähigkeiten für einen nachhaltigen Umgang mit dem Planeten Erde zu schulen, verfolgt der Grundschulverband ein ganzheitliches Bildungskonzept, das Kinder, Pädagogen und auch Eltern zu zukunftssicherndem Denken und Handeln befähigen soll. Elementar ist dabei, dass soziale, ökonomische, politische und ökologische Herausforderungen nicht getrennt voneinander betrachtet werden. Nicht nur internationale Verhandlungen und Abkommen zählen, sondern auch die Beteiligung jedes Einzelnen ist von Bedeutung. Bildung und Schule werden in die Verantwortung genommen, wie es die Vereinten Nationen 2015 mit den Zielen für nachhaltige Entwicklung (die Sustainable Development Goals, kurz SDGs) verabschiedet haben:

Bis 2030 soll sichergestellt werden, „dass alle Lernenden die notwendigen Kenntnisse und Qualifikationen zur Förderung nachhaltiger Entwicklung erwerben, unter anderem durch Bildung für nachhaltige Entwicklung und nachhaltige Lebensweisen, Menschenrechte, Geschlechtergleichstellung, eine Kultur des Friedens und der

Gewaltlosigkeit, Weltbürgerschaft und die Wertschätzung kultureller Vielfalt und des Beitrags der Kultur zu nachhaltiger Entwicklung." (Unterziel 4.7 der SDGs)

Die Verantwortung der Grundschule

Schule und Erwachsene sollen Kindern keine Zukunftsangst machen, sondern Zuversicht ausstrahlen, die Achtung vor der Natur wecken und den Respekt vor dem Leben entwickeln helfen.

Wenn die Grundschule systematisch Lebens- und Lernformen gestaltet, die Kinder anregen, mit sich selbst Sinnvolles anzufangen, Ideen zu entwickeln und gemeinsame Vorhaben zu bearbeiten, sich selbst zu steuern und auf die Bedürfnisse der anderen zu achten, dann können sich Haltungen und Fähigkeiten entwickeln, die auch für demokratisches und umweltgerechtes Handeln grundlegend sind.

Über den Bezug zur eigenen Lebenswelt können bereits Grundschulkinder Kompetenzen für die nachhaltige Gestaltung ihres Lebensumfelds und letztendlich der Welt erwerben. Sie erfahren die Auswirkungen der Globalisierung und die Möglichkeiten nachhaltigen Handelns durch Angebote zum aktiven Forschen und Nachfragen im Lerngeschehen der Schule, auf dem Schulweg oder auch in den Stadtteilen oder ihrem Wohnort.

Je früher Kinder für Themen und Fragestellungen zur Nachhaltigkeit sensibilisiert werden und je selbstverständlicher nachhaltiges Handeln im Schulalltag stattfindet, desto selbstverständlicher wird später ihr kritischer und reflektierter Umgang mit den Herausforderungen der Gesellschaft sein. Dabei geht es u.a. um die Fähigkeit, ein Phänomen aus verschiedenen Perspektiven zu betrachten, z.B.: Was passiert hier und anderswo, wenn der Meeresspiegel ansteigt? Habe ich einen Einfluss darauf? Ist es gerecht, wenn Menschen, die am wenigsten dafür können, die Auswirkungen am stärksten spüren? Themen für die Grundschule sind unter anderem: Klimaschutz, nachhaltiger Konsum, kulturelle Vielfalt und soziale Gerechtigkeit.

Der Grundschulverband fordert

Schule als Erfahrungsraum und gesunde Umwelt gestalten

Dafür müssen Nachhaltigkeitsaspekte im Schulalltag selbstverständlich gelebt und bei der Betriebs- und Mitarbeiterführung berücksichtigt werden. Das gilt sowohl für die Bewirtschaftung als auch für das soziale Miteinander.

Bei der Gestaltung von Lebensräumen, also auch und besonders des Lebensraums Schule, ist eine wesentliche Frage, ob dies jeweils der Gesundheit der Kinder und Erwachsenen dienlich ist. Ein Leben in gesunden Verhältnissen ist ein Kinder- und Menschenrecht.

- Intensive Naturerlebnisse gehören zum gelingenden Aufwachsen. Keine Simulation, keine mediale Vermittlung ersetzt die originäre Begegnung, die eine Wertschätzung von Natur und Umwelt ermöglicht.

- In und außerhalb der Schule sind vielfältige Bewegungsformen zu ermöglichen. Die Erfahrung des eigenen Körpers und die Entfaltung seiner Sinne sind elementare Bestandteile grundlegender Bildung. Zu Fuß oder mit dem Fahrrad z. B. den Schulweg zu bewältigen, sollte für Kinder selbstverständlich sein und schult wesentlich die Wahrnehmung für das Lebensumfeld.

- Architektonische Kälte und Verfall der Bausubstanz fördern Gleichgültigkeit und Gewaltbereitschaft. Lernräume brauchen eine ästhetische und eine kommunikative Qualität. Schulen müssen nach ökologischen Prinzipien gestaltet werden (z. B. Verzicht auf Tropenholz, Minimierung des Energiebedarfs).

- Ohne gesunde Ernährung gibt es keine gesunde Lebensweise. Dies ist unter anderem ein ständiger Merkposten für die Gestaltung des Schulessens. Unter nachhaltigen Aspekten gehört auch die Verwendung regionaler und jahreszeitlicher Produkte dazu.

- Lebens-, Lern- und Leistungsängste sowie negativer Stress sind Quellen von Krankheit. In einem Klima der Wertschätzung, durch Zusammenarbeit, Zeit für individuelle Entwicklung, selbstbestimmtes Lernen werden psychische Belastungen vermieden.

Für die ganzheitliche Umsetzung dieser Lebens- und Lernbedingungen sind Ressourcen und Unterstützungsangebote zur Verfügung zu stellen.

Schule braucht Kooperationen und Öffnung nach außen

Die Öffnung der Schule in den Stadtteil bzw. in die Kommune ist ein wichtiger Schritt, um das Anliegen der Nachhaltigkeit sowohl innerhalb der Schule zu konkretisieren und zu festigen als auch in die Gesellschaft zu tragen. Im Wechselspiel sollten hier Methoden ausgetauscht und erprobt sowie Kompetenzen erfahrbar und wirksam werden und zu gemeinsamen Handeln führen. Die Möglichkeiten der Zusammenarbeit – insbesondere von Ganztagsschulen – und damit der Auf- und Ausbau von lokalen Bildungslandschaften sind wertvoll und müssen gezielt genutzt werden. So können weitere Schnittstellen mit außerschulischen Akteuren (z. B. anderen Bildungseinrichtungen, Kommunen, Schulfördervereinen, NGOs, Unternehmen) und Netzwerken für eine nachhaltige Entwicklung geschaffen und Strukturen für einen übergreifenden Austausch von Schulen gefördert werden.

Nachhaltige Entwicklung ist Gesamtaufgabe des Bildungswesens

Die Ministerien auf Bundes- und Landesebene sind hier genauso gefordert wie die Behörden der Bildungsverwaltung. Sie müssen das Anliegen nachhaltige Entwicklung konsequent mitdenken und auf Grundlage ihrer jeweiligen Zuständigkeiten und auf unterschiedlichen Ebenen Strukturen und Netzwerke fördern sowie Ressourcen bereitstellen. Dazu gehört auch, nachhaltige Entwicklung in Bildungsplänen zu verankern und die beschriebenen Kompetenzen als Bildungsziele zu etablieren.

Eine sich weiter entwickelnde inklusive Grundschule bildet innerhalb der Bildungsbiografie der Kinder im Zusammenwirken mit Elternhaus, Kita und weiterführenden Schulen einen wirkungsvollen Erlebens- und Lernraum für nachhaltiges Lernen und Handeln und damit für eine zukunftsorientierte und zukunftssichernde Gestaltung des Zusammenlebens. Die Weiterentwicklung von nachhaltig wirkenden Strukturen muss in konsequenter Kooperation von Pädagoginnen und Pädagogen, Kindern und Eltern erfolgen und durch die Förderung der Aus-, Fort- und Weiterbildung von Lehrkräften und Multiplikatoren für den Bereich der nachhaltigen Entwicklung vorangebracht werden. ■

Sämtliche Standpunkte des Grundschulverbandes finden Sie unter https://grundschulverband.de/unsere-themen/standpunkte/

They have the whole world in their hands: Die Schule als nachhaltiger Erfahrungsraum schafft die Voraussetzungen für Schülerinnen und Schüler, ihre Zukunft inklusiv gestalten zu können

FOTO: SHUTTERSTOCK

Teil B: Unterrichtsbeispiele aus allen Fächern der Grundschule

In etwa der Gliederung des Fächer-Kanons der Sekundarstufe I folgend, wird nun jedes Fach im Orientierungsrahmen der Grundschule vorgestellt. Es wird gezeigt, wie jedes Fach dem Anspruch einer „Bildung für nachhaltige Entwicklung" gerecht werden kann. Es soll deutlich werden, dass in jedem Fachunterricht Aspekte der Nachhaltigkeit eine Rolle spielen können, wobei sich meistens nicht vermeiden lässt, dass auch Inhalte anderer Fächer einbezogen werden müssen. Mit der Notwendigkeit des fachübergreifenden Unterrichtens ist jede Lehrerin und jeder Lehrer in der Grundschule vertraut. So spielt Sprache in jedem Fach eine Rolle und ohne Inhalte, die aus verschiedensten Bereichen stammen können, lässt sich kein Unterricht gestalten. Trotzdem soll dieser Band Lehrinnen und Lehrer ermutigen, von ihrem jeweiligen Fach aus „Bildung für nachhaltige Entwicklung" zu wagen.

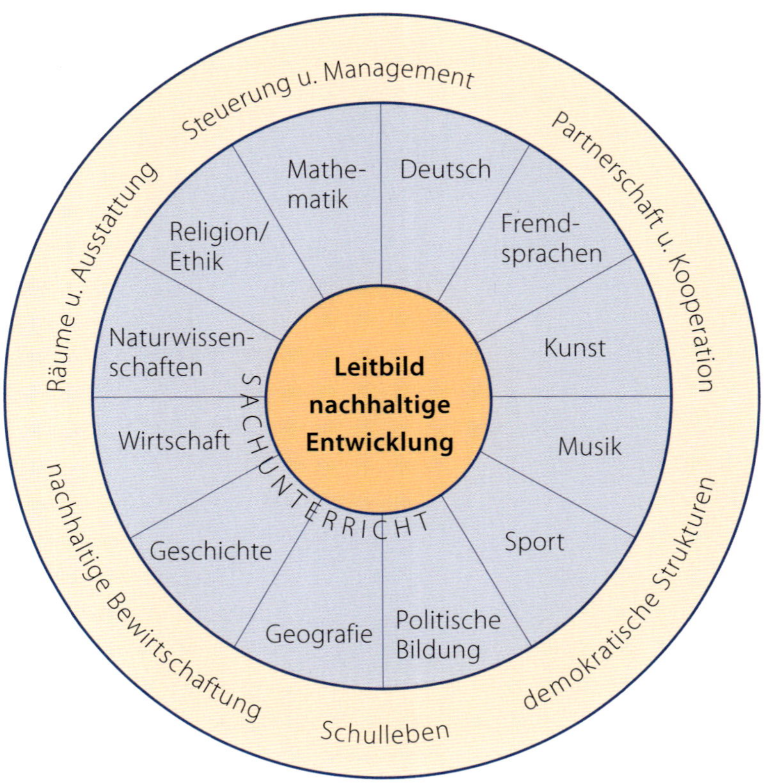

1. Deutsch

Wenn man die Grundschullehrpläne für Deutsch durchforstet, fällt auf, dass kaum Inhalte genannt werden, mit deren Hilfe man Lesen, Schreiben und Grammatik lernt. Allenfalls von Märchen ist manchmal die Rede. Da sich die Grundfertigkeiten der Sprache nicht ohne Inhalte vermitteln lassen, ist jede Deutschlehrerin und jeder Deutschlehrer gezwungen, fachübergreifend zu arbeiten. Dabei ist Beliebigkeit sicher die schlechteste Wahl.
Man wird Inhalte wählen, die für Kinder wichtig und verständlich sind. So ist auch die Auswahl der Themen der folgenden Unterrichtsbeispiele zu verstehen, die im Deutschunterricht der unteren Klassen durchgeführt wurden.

**BEISPIELE: Neue Wege sehen (Heft 127 / Juni 2012, S. 6 – 11),
Das Affenherz (Heft 1 / März 2004, S. 8 – 10))**

Neue Wege sehen…

Im Zentrum dieses Projektes steht eine der wichtigsten Kompetenzen, die in der Bildung für nachhaltige Entwicklung gefördert werden sollen: der Perspektivenwechsel.

Gudrun Dausacker, Sabine Hoffmann,
Annette-Christiane Hülshoff, Martina Roth

Unterschiedliche Schulwege sind für Schülerinnen und Schüler wichtige Lern- und Erfahrungsräume. Kinder kommen zur Schule, allein oder begleitet, zu Fuß, mit dem Fahrrad, mit dem Bus, mit der U-Bahn oder werden mit dem Auto gebracht, sie erfahren dabei immer wieder Neues, erleben dabei verschiedene Landschaften oder Stadtansichten. Sie sind sehr unterschiedlichen Anregungen und Risiken auf ihrem Schulweg ausgesetzt. Fragen der Nachhaltigkeit „liegen am Wegrand" und können zwanglos thematisiert werden.

Beteiligt waren an diesem Projekt insgesamt fünf Schulen, zwei mit dörflichem Charakter (Thüngersheim, Gudrun Dausacker, und Walpertskirchen, Sabine Hoffmann, beide Grundschulen in Bayern), eine mit kleinstädtischem Ambiente (Brilon-Hoppecke, Annette-Christiane Hülshoff, Grundschule in Nordrhein-Westfalen), eine mit großstädtischem Charakter (Berlin, Martina Roth) und eine Partnerschule in Uganda.

Ausgezeichnet wurde dieses Projekt 2012 beim 5. Wettbewerb des Bundespräsidenten zum Thema „Schule bei uns und in anderen Ländern" mit dem Zweiten Preis in der Kategorie Klasse 1 – 4.

Unterrichtsverlauf

Das Projekt erfordert einen organisatorischen Vorlauf, in dem

- die Zahl der eigenen Klassen, die sich beteiligen (evtl. aus unterschiedlichen Jahrgangsstufen), festgelegt werden,
- geeignete Zeiträume für die Durchführung ermittelt werden,
- Kontakte und Abstimmungen mit anderen Schulen (nach Möglichkeit auch in anderen Teilen Deutschlands und im Ausland) erfolgen und
- Technische Voraussetzungen für den Austausch von E-Mails geklärt werden.

1. Schritt: Der eigene Schulweg

Alle Schülerinnen und Schüler erkunden und reflektieren ihren eignen Schulweg. Wie lange bin ich unterwegs? Wie komme ich zur Schule? Was sehe ich auf dem Weg? Welche alltäglichen und besonderen Ereignisse habe ich auf meinem Schulweg erlebt? Was gefällt mir besonders? Was nicht so sehr ? Gibt es besondere Gerüche und Geräusche? Gibt es Gefahren, auf die ich besonders achten muss? usw.

Einige Schulwege werden mit der ganzen Klasse nachgegangen.

Jede Schülerin und jeder Schüler malt ein Bild vom eigenen Schulweg und gibt dazu kurze schriftliche Erklärungen.

2. Schritt: Austausch der Bilder vom Schulweg

Aus der Gesamtzahl der Bilder und schriftlichen Erklärungen wählen die Schülerinnen und Schüler etwas aus, was sie für ihre Schulwege für typisch halten. Die ausgewählten Bilder und Erklärungen werden per E-Mail an alle am Projekt beteiligten Schulklassen geschickt. Alle Schülerinnn und Schüler erhalten auf diese Weise vielfältige Informationen über unterschiedliche Schulwege.

3. Schritt: Kommentierung der Schulwege

Die Schülerinnen und Schüler kommentieren dann die Bilder der Schulwege der anderen Schulklassen und vergleichen sie mit ihren eigenen Schulwegen. Sie besprechen und schreiben auf (am besten in einer anderen Farbe, so dass man später die Kommentare von den Bilderklärungen unterscheiden kann), was ihnen besonders auffällt, was sie interessant finden, was sie merkwürdig finden usw. Sie erörtern auch, welchen Einfluss unterschiedliche Schulwege auf das Leben der anderen Kinder haben könnte bzw. welchen Einfluss solche Wege auf ihr eigenes Leben hat. Dabei können auch Umweltfragen, wie z.B. die tägliche Fahrt mit dem Auto der Eltern, eine Rolle spielen.

Die Kommentare der Schülerinnen und Schüler werden klassenweise zusammengefasst und per E-Mail wiederum an alle beteiligten Schulen geschickt.

4. Schritt: Kreative Bearbeitung der Bilder und Kommentare

Den beteiligten Klassen wird in dieser Phase die Aufgabe gestellt, die Informationen zu den Schulwegen künstlerisch auf Würfeln (40 cm x 40 cm) zu gestalten. Im Folgenden wird von einer Situation ausgegangen, in der an dem Projekt fünf Klassen (einschließlich der eigenen) teilnehmen – andere Varianten sind durch kleinere Veränderungen möglich. Es ergeben sich im vorliegenden Fall 36 quadratische Seiten, die zu gestalten sind. Für jeden Würfel gibt es die gleiche Titelseite: „Neue Wege sehen..." 30 Würfelseiten werden aus den vorliegenden Bildern und Kommentaren der fünf beteiligten Schulen zusammengestellt. Jede der Schulklassen ist auf jedem der sechs Würfel einmal vertreten. Die fünf zu gestaltenden Seiten lassen sich auch einheitlich ausgewählten Aspekten der Schulwege zuordnen, z.B. Verlauf des Weges, besondere Wegmarken (Gebäude, Bäume usw.), Gefahrenpunkte, häufig anzutreffende Menschen oder Tiere, schönste Stellen, hässliche Stellen – dabei kann man sich für Bild- oder Kommentarseiten entscheiden Alle Seiten der Würfel werden laminiert (so dass die Farben zu leuchten beginnen und die Würfel stabil und wischfest sind), gelocht und zusammengenäht.

Der Kontakt per E-Mail, evtl. auch per Skype, zu den anderen Klassen sollte in dieser Phase weiterlaufen, weil sich beim Gestalten der Würfel immer neue Fragen ergeben.

Abschluss: Perspektivwechsel

Am Ende verfügt jede der beteiligten Schulklassen (in diesem Fall fünf) über einen Satz von sechs attraktiven Würfeln mit der gesamten Bandbreite von Bildern und Kommentaren aller Klassen. Mit diesen Würfeln können die Schülerinnen und Schüler bauen und spielen und den schon im Verlauf des Projekts einstudierten Perspektivwechsel auf die Probe stellen:

- Die Würfel können zufällig fallen: Welche Schulwege werden angezeigt?
- Welche Kommentare gehören zu welchen Schulwegen? ■

It's a girl's world: An der Madera Girls Boarding Private School in Soroti, Uganda, werden 850 Mädchen von der 1. bis zur 7. Klasse unterrichtet.

Vorsicht Krokodil: Der Schulweg der ugandischen Schülerinnen wirkt aus deutscher Perspektive abenteuerlich (obere Abbildung). Darunter der Schulweg eines deutschen Kindes

Begeistert und detailfreudig wurde auch in Deutschland gemalt. Hier die Autorin Martina Roth mit ihrer Berliner Klasse

Die Kinder aus Walpertskirchen beim Nähen und Laminieren der Würfel-Bilder.

Links: So sehen die fertigen Würfel aus.

Das Affenherz

Wenn Afrika im Unterricht behandelt wird, so stehen oft Hunger, Krankheit, Bevölkerungswachstum, Entwicklungshilfe usw. im Mittelpunkt. Als Einstieg in das Thema „Eine Welt" ist dies für Schulanfänger aber ungeeignet. Der Zugang zu einer anderen Lebenswelt sollte in dieser Altersstufe eher über positive emotionale Bezüge erfolgen.

Ursula Kuckert

Das Märchen „Das Affenherz" ist dafür sehr gut geeignet. Die Akteure sind Tiere, ferner spielen fremde Früchte eine bedeutende Rolle. Tiere sind für Kinder der Grundschule immer faszinierend und deshalb spricht dieses Märchen sie sehr an. Den Tieren (Schildkröte, Affe, Krokodil, Giraffe, Löwe, Elefant) werden menschliche Eigenschaften zugewiesen, sie sprechen, denken und handeln wie diese. Die Aussage des Märchens wird also für die Kinder zu einem Modell für menschliche Verhaltensweisen. Auf diesem Weg können die Kinder die Erfahrung machen, dass es zwischenmenschliche Probleme auch in anderen Teilen der Welt gibt, denn das Märchen hat Freundschaft, Vertrauen, Teilen, Gier und Hinterlist zum Thema.

Märchen werden in Afrika wie früher bei uns von Generation zu Generation mündlich weitergegeben, oft von richtigen Geschichtenerzählern. Martin Moffor aus Kamerun, in Stuttgart ansässig, erzählt nach Art der traditionellen afrikanischen Geschichtenerzähler »Das Affenherz« und andere Märchen. Es ist vor allem sein Anliegen, die afrikanische Tradition wertzuschätzen und weiterzuvermitteln. Er entführt seine Zuhörer in die Welt seiner afrikanischen Heimat, da er dieses Märchen so vorträgt, wie er das in seiner Familie erlebt hat. Mit viel Mimik und Gestik, Klangwechsel der Stimme bei den einzelnen Tieren, laut und leise charakterisierend und mit Trommelmusik begleitend fesselt er alle Zuhörer. Wenn Märchen so vorgetragen werden, wird bewusst, dass auch im Unterricht Märchen möglichst frei erzählt werden sollen. Der Erzähler bzw. die Erzählerin kann durch Blickkontakt die Kinder leichter an sich fesseln, durch Sprechpausen die Aufmerksamkeit steigern und die Spannung durch Gestik und Mimik erhöhen. Wilde Tiere können mit lauter Stimme, mit heftigen Gesten dargestellt werden, während kleine und schüchterne Tiere leise und kaum hörbar „auftreten". Die Kinder werden bei diesem Märchen eingebunden durch Mitsprechen (Zauberspruch – er wird beim ersten Mal mehrfach wiederholt, so dass die Kinder ihn auswendig können), ferner durch den Einsatz von Musikinstrumenten, vor allem der Trommel. Das Märchen eröffnet weiterhin den Zugang zu folgenden Aspekten:

a) Tiere, die es in Afrika gibt,
b) verschiedene Früchte, die man teils auch in Deutschland kaufen kann,
c) Sprechanlässe zu den Themen Teilen, Freundschaft, Neid.

Ziel ist, dass die Kinder einen emotionalen Bezug zu Afrika bekommen.

Einsatz im Unterricht

Dieses Märchen eignet sich sehr gut als fächerübergreifendes Thema, da Deutsch, Bildende Kunst, Musik und Religion eingebunden werden können. Je nach Altersstufe kann es im Unterricht wie folgt erarbeitet werden:

Klasse 1 und 2

- Erzählen des Märchens,
- Nachspielen,
- akustisches Charakterisieren der Tiere, eventuell mit Orff'schen Instrumenten,
- bildnerisches Darstellen: Gestalten eines eigenen Märchenbuches mit den Tieren dieses Märchens. Falls dies ohne begleitenden Text gemacht wird, können die Bilder als Hilfe zum Nacherzählen genutzt werden.

Da bei einem Buch dieselben Tiere immer wieder auf unterschiedlichen Seiten auftreten, bietet sich ein einfaches Druckverfahren an: Der Druckstock ist aus leicht zu bearbeitenden Innendämmplatten aus Polystyrol-Schaum (Baumarkt). Sie sind nur 4 Millimeter stark und man kann mit einem Kugelschreiber die Umrisse ebenso wie die Strukturen von Fell, Federn etc. der Tiere eindrücken und dann die Umrisse mittels Cutter ausschneiden. Hierbei sollte die Lehrerin bzw. der Lehrer wegen der scharfen Klinge und der damit verbundenen Verletzungsgefahr behilflich sein. Durch dieses Verfahren kann jedes Tier mehrmals gedruckt werden, ferner kann man mit allen Tieren dieses Märchens ein großes Wandbild erstellen. Das Drucken erfolgt wie beim Linol-Druck.

Klasse 3 und 4:

Wie Klasse 1 und 2, zusätzlich bietet sich an, dieses Märchen als Stabpuppen-Theater aufzuführen. Dazu werden die Druckvorlagen der Kinder, bei denen man darauf achten muss, dass sie recht groß erstellt werden, mit Stäben versehen. Die Kinder können die Stabpuppen agieren lassen, dazu den Text frei sprechen oder einem Erzähler folgen.

Zusammenfassend habe ich folgende Erfahrungen gemacht: Da das Krokodil keine positiv besetzte Figur ist, muss daran gedacht werden, auch für diese Gestalt des Märchens jemanden zu motivieren, sie darzustellen. Die Gestaltung des Baumes mit den vielen unterschiedlichen Früchten erwies sich für Kinder der 1. Klasse als zu schwierig. Entweder muss die Lehrerin oder der Lehrer die Muster für die Druckstöcke selbst vorbereiten oder man verwendet für diese Darstellung eine andere Technik (Kleben mit Buntpapier oder mit Farbe und Schablonen malen). Mit größeren Kindern ist der Druck durchaus denkbar. Die Klasse war mit viel Begeisterung bei der Arbeit. Sie erhielten über die figürliche Auseinandersetzung mit den Tieren einen emotionalen Bezug zu diesem Märchen. Bei der inhaltlichen Betrachtung des Märchens wird den Kindern deutlich, dass es eine bildhafte Geschichte oder Beispielgeschichte ist, denn die Tiere stehen als Beispiele für menschliches Verhalten. Die Auseinandersetzung mit den Tieren weckte bei den Kindern den Wunsch, mehr über sie zu erfahren. Deshalb wurde ein Info-Tisch mit Bilderkarten, Tierbüchern und auch Früchten aus diesem Kontinent mit viel Interesse angenommen. ■

Das Affenherz

Vor langer, langer Zeit lebte in Afrika eine alte Schildkröte. Eines Tages hatte sie einen seltsamen und wunderbaren Traum von einem Zauberbaum, auf dem alle Früchte der Erde wuchsen. Die Schildkröte rief alle Freunde zu sich, um ihnen den Traum zu erzählen. Es kamen der Löwe, der Elefant, das Zebra, der Affe, die Schlange und die Giraffe. „Wollt ihr mir helfen, den Baum zu suchen?", fragte sie ihre Freunde. „Ja", brüllte der Löwe und schüttelte seine Mähne. „Ja", trompetete der Elefant und schwenkte seinen Rüssel. „Ja", rief das Zebra und trommelte mit seinen Hufen. „Ja", rief der Affe und klatschte vor Begeisterung mit seinen Affenpfoten. „Ja", flüsterte die Schlange und zischte ein langes Zzzzzzzzzzzz. „Ja", sprach die Giraffe und reckte ihren langen Hals noch höher. Da machten sie sich gemeinsam auf die Suche nach dem geheimen Platz, an dem der Baum stand. Die Schildkröte ging voraus, es folgte der Löwe, dann kamen Elefant, Nilpferd, Affe, Schlange und Giraffe.

Sie suchten und suchten, bis sie den geheimen Platz eines Tages tatsächlich fanden. Es war das Schönste, was die Tiere jemals gesehen hatten: Ein Baum voll mit allen Früchten der Welt. Da hingen Weintrauben, Bananen, Kokosnüsse, Mangos, Papayas, Ananasse, Orangen, Äpfel, Nektarinen, Mandarinen…

Die Schildkröte sprach das Zauberwort: „Naraboro tandarobo" (1). Alle Tiere: „Naraboro tandarobo". Schildkröte: „muganga mapenda". Alle Tiere: „muganga mapenda". Schildkröte: „Koda kigi kanga". Alle Tiere: „Koda kigi kanga". Nun fielen die Früchte zu Boden … (2) tam, tam, tam … und die Tiere aßen alle nach Herzenslust. Als sie sich wieder auf den Heimweg machen wollten, rief die Schildkröte: „Es soll sich jeder einen anderen Samen nehmen und ihn aussäen, damit auf der ganzen Welt die verschiedensten Obstbäume wachsen".

Und genau das taten die Tiere. Der Affe nahm sich einen Mango-Samen und steckte ihn an seinem Lieblingsplatz am Fluss in den Boden. Als der Baum ausgewachsen war, trug er die köstlichsten Früchte. Der Affe richtete sich häuslich im Geäst ein und genoss das saftige Obst. Da er ein großzügiger und netter Affe war, teilte er die Mangos mit allen Tieren des Dschungels … (1) Naraboro tandarobo …

Jeden Tag kamen seine Freunde zu dem Baum: Der Löwe war da, der Elefant, das Zebra, die Schlange, die Giraffe, die Schildkröte und viele andere mehr. Plaudernd und schwatzend labten sie sich an den Früchten. Eines Tages kam ein Krokodil den Fluss herauf geschwommen und als es die um den Mango-Baum versammelten Tiere sah, hielt es in einigem Abstand an, um zu sehen, was da vor sich ging. Plötzlich entdeckte der Affe das Krokodil. Er hatte es noch nie gesehen und lud es ein, seine köstlichen Früchte zu probieren. „Magst du eine Mango essen?" „Mango habe ich noch nie gekostet", antwortete das Krokodil. „Fang auf!", rief der Affe … (2) tam, tam, tam … Das Krokodil aß die Mango und sagte: „Köstlich. Wirklich köstlich! Ich danke dir, Affe." Und so warf der Affe noch viele, viele Mangos herunter … (2) tam tam tam … und das Krokodil blieb auf einen langen Schwatz. Von nun an kam es jeden Tag den Fluss herauf geschwommen, um den Affen zu besuchen, und sie wurden sehr gute Freunde. Einmal, als sie über dieses und jenes plauderten, erzählte das Krokodil, es sei Mitglied in einem ganzen Stamm von Krokodilen, und ihr Oberkrokodil sei ein sehr bedeutendes und kluges Tier. „Du hättest mir schon früher von deinem Oberkrokodil erzählen sollen, damit ich ihm von meinen köstlichen Mangos hätte schenken können", rügte der Affe. „Mein Oberkrokodil würde deine Mangos sicher liebend gerne probieren", erwiderte das Krokodil. Also pflückte der Affe viele Früchte und warf sie dem Krokodil ins offene Maul. >>>

Die Druckplatte aus Polystyrolschaum

Farbenfroh und lebendig wirken die fertigen Drucke

Das Krokodil schwamm zu seinem Stamm zurück, wo es die Früchte mit den anderen teilte. Das Oberkrokodil war begeistert von den Mangos. Es forderte das Krokodil auf, noch mehr zu bringen. Schließlich kam das Oberkrokodil auf einen Gedanken: „Wenn dieser Affe jeden Tag derart köstliche Mangos isst, gibt er bestimmt auch selbst eine köstliche Mahlzeit ab." Wenn es den Affen doch nur herlocken könnte! Das würde gar nicht so einfach sein. Also dachte es sich einen hervorragenden Plan aus. Als das Krokodil an diesem Tag von seinem Ausflug zurückkam, legte sich das Oberkrokodil auf den Grund des Flusses und tat so, als ob es schwer krank sei. Das Krokodil kam herbei geschwommen und fragte: „Was ist denn los mit dir, Oberkrokodil?" „Ich bin sehr krank und der Hexendoktor hat gesagt, dass nur ein Affenherz mich heilen könne. Du musst mir auf der Stelle eines besorgen, sonst sterbe ich."

Das Krokodil war in großer Verlegenheit. Wo sollte es ein Affenherz auftreiben? Affen waren schwer zu fangen. Da fiel ihm sein Freund ein. Zutiefst betrübt dachte er: „Ach herrje, ach herrje. Was soll ich nur tun? Ich liebe diesen kleinen Affen, er ist mein Freund. Aber mein Oberkrokodil liebe ich auch, es ist mein Anführer, und es wird sterben, wenn ich kein Affenherz bringe." Dem armen Krokodil rauchte der Kopf, während es versuchte, einen Entschluss zu fassen. Schließlich sagte es sich, dass sein Oberkrokodil wichtiger sei, also müsse es ihm das Herz seines Freundes bringen.

Früh am Morgen machte sich das Krokodil auf den Weg zum Mangobaum. Unterwegs schmiedete es Pläne. Wie üblich war der Affe entzückt, seinen Freund zu sehen. „Willkommen, mein Lieber, ich freue mich, dass du mich besuchen kommst." „Affe, du warst so gut zu mir in den letzten Wochen, auch meinem Stamm hast du so herrliche Früchte geschenkt. Zum Ausgleich möchte ich dich in mein Heim über dem Fluss einladen, um dir Gastfreundschaft anzubieten. Meinem Oberkrokodil wäre es eine große Freude, deine Bekanntschaft zu machen." „Wie lieb von dir, mich zu dir nach Hause einzuladen. Auch ich würde gerne dein Oberkrokodil und deinen Stamm kennen lernen. Aber – wie komme ich da bloß hin? Du lebst im Wasser, doch ich würde unterwegs ertrinken. Denn du weißt, liebes Krokodil: ich kann nicht schwimmen." „Kein Problem. Wir wohnen am Ufer wie am Wasser. Und was das Überqueren des Flusses betrifft, so setzt du dich einfach auf meinen Rücken, damit ich dich ans andere Ufer bringen kann." Glücklich willigte der Affe ein und sprang auf den Rücken des Krokodils. Doch als sie mitten im Fluss waren, ließ sich das Krokodil immer tiefer ins Wasser sinken. Sein Plan war es, den Affen zu ertränken, bevor sie ans andere Ufer gelangten. Da das Krokodil immer tiefer sank, rief der Affe: „Ich werde nass, liebes Krokodil. Du darfst nicht weiter abtauchen." Ohne eine Antwort zu geben, ließ sich das Krokodil immer tiefer sinken. Jetzt merkte der Affe, dass etwas nicht mit rechten Dingen zuging. „Was hast du vor? Ich werde ertrinken!" „Mein lieber Freund, ich werde dir die Wahrheit nicht verheimlichen. Mein Oberkrokodil ist schwer erkrankt und wird sterben, wenn es nicht sofort ein Affenherz zu essen bekommt." Der Affe war so entsetzt, dass er sich auf die Lippen biss, um nicht aufzuschreien. Er zermarterte sich den Kopf, wie er sich retten könnte. Schließlich sagte er so gelassen wie möglich: „Warum hast du mir das nicht gleich gesagt? Dann hätte ich es nämlich mitgebracht." „Was? Du hast dein Herz gar nicht dabei?" „Nein, ich lasse es immer im Mango-Baum hängen, wenn ich einen Ausflug mache. Komm, wir kehren auf der Stelle um und holen es." Das Krokodil war sprachlos, wendete und schwamm schnell zum Ufer zurück. Dort angelangt sprang der Affe vom Rücken des Krokodils und kletterte rasch auf den Mango-Baum und rief herunter: „Weißt du eigentlich nicht, du dummes, altes Krokodil, dass Affen ihr Herz in der Brust haben wie andere Kreaturen auch? Hast du wirklich gedacht, dass ich dich zu deinem Stamm begleite, um dort den Tod zu finden? Geh zu deinem Stamm zurück. Mit unserer Freundschaft ist es aus und vorbei und dein Oberkrokodil kann ich auch nicht retten." Sehr beschämt schwamm das Krokodil zurück. Als ihm klar wurde, wie dumm es gewesen war und dass es nun seinen besten Freund verloren hatte, vergoss es eine dicke Krokodils-Träne. Der Affe hörte gar nicht mehr auf zu lachen und warf dem Krokodil verfaulte Mangos hinterher … (2)tam tam tam …

Als die anderen Tiere das laute Lachen des Affen hörten, kamen sie alle neugierig angelaufen. Es kamen: der Löwe, der Elefant, das Zebra, die Schildkröte, die Schlange und die Giraffe … (1) naraboro tandarobo

Der Affe erzählte den anderen Tieren die Geschichte und alle mussten lachen … (1) naraboro tandarobo …

Es bedeutet:

(1) die Kinder sprechen den Zauberspruch mit

(2) Tam, tam, tam wird mit Trommelschlägen untermalt

2. Fremdsprachen

Obwohl Fremdsprachen in der Grundschule noch keine dominante Rolle spielen, werden die ersten Anfänge einer Fremdsprache zunehmend in allen Ländern der Bundesrepublik Deutschland in die Stundentafeln der Grundschulen ab der dritten Klasse aufgenommen, zumeist Englisch, in den Grenzgebieten zu Frankreich auch Französisch. Gerade der Fremdsprachenunterricht bietet hervorragende Möglichkeiten, Inhalte der „Bildung für nachhaltige Bildung“ Kindern nahezubringen. Das folgende Unterrichtsbeispiel ist ein gelungenes Zeugnis für das Gelingen dieser Zielsetzung.

BEISPIEL: Feliz Birth Tag – mein Geburtstag in der Welt von Morgen (Heft 144 / Mai 2019, S. 4 – 7)

Feliz Birth Tag – mein Geburtstag in der Welt von Morgen

Zusammenarbeit über drei Kontinente: Die Grundschule am Wingster Wald hat gemeinsam mit einer indischen und mexikanischen Partnerschule ein Projekt zum Thema Besser feiern mit weniger Müll entwickelt und umgesetzt. Der Lohn: Begeisterte Schülerinnen und Schüler und der zweite Platz im Schulwettbewerb „alle für EINE WELT für alle".

Sabine Cordes

Mit Unterstützung des Vereins Behinderung und Entwicklungszusammenarbeit (bezev), der auf ein Netzwerk im ESD Network (Education for Sustainable Development) zurückgreifen konnte, kamen mit unserer Grundschule am Wingster Wald erste Kontakte über Rajeswari Gorana und Wendy Morel zur FD Primary School in Ahmedabad in Indien und zur Bartolome´Cossio School in Mexico City zustande. Schnell bildete sich ein Team von jeweils zwei Klassenlehrerinnen aus den Partnerschulen und der Klassenlehrerin der 4a unserer Schule, so dass von Anfang an eine gemeinsame Projektidee entwickelt werden konnte. Von der Findung des Themas bis hin zur Umsetzung an den Partner-Schulen wurden alle Schritte in regelmäßigen Skype-Konferenzen diskutiert und geplant.

Das Thema „Geburtstag" ist für Kinder aller Länder und Religionen ein wichtiges Fest mit gleichen, aber auch unterschiedlichen Ritualen. Und hat damit das Potential, die Kinder aus den drei Kontinenten über Ländergrenzen und verschiedene Sprachen hinweg, miteinander zu verbinden. Einigkeit herrschte im Team schnell an dem Punkt, dass der eigene Geburtstag für Kinder ein spannendes und niedrigschwelliges Thema darstellt. Somit war schon mal die Überschrift „Feliz Birth Tag - mein Geburtstag in der Welt von Morgen" gefunden.

Auch wenn einzelne Projektpunkte im Verlauf an den verschiedenen Schulen unterschiedlich ausgestaltet wurden, blieb es in der Zusammenarbeit bei einer gemeinsamen Projektentwicklung, die durch gemeinsame Ziele und Ideen zum globalen Lernen zu Freundschaften führte und sich durch Partizipation, demokratisches Miteinander und gegenseitigen Perspektivenwechsel auszeichnete.

Wie feiere ich Geburtstag?

Das Projekt an der Wingster Schule war fächerübergreifend mit Schwerpunkten in Sachunterricht, Englisch, Textiles Gestalten und Kunst angelegt und fand teilweise in Englisch statt. Die einfachen englischen Aussagen konnten auch die deutschen Viertklässler auch mit Unterstützung ihrer Lehrerinnen verstehen. Die Aussagen der Kinder aus dem indischen Bundesstaat Gujarat, wo die indogermanische Sprache Gujarati Landessprache ist, wurden ins Englische übersetzt.

In unserer inklusiven Schule ist ein hohes Maß an Differenzierung gefordert. Das Projekt bot den Schülerinnen und Schülern eine Vielzahl an Methoden und Möglichkeiten, in denen sich jedes Kind nach seinen Möglichkeiten wiederfinden konnte. Schülergruppen erhielten unterschiedliche Aufgaben wie zum Beispiel Fotografieren, Filmen, die Gestaltung einer Kartei und von Plakaten, die Erstellung von Interviewfragen, deren Auswertung und Übersetzung, das Präsentieren der Herstellung von Kuchen im Video sowie kreatives Gestalten von Festdekoration.

Neben der Arbeit an dem Thema vor Ort kam es immer wieder zu einem direkten Austausch mit den Schülerinnen und Schülern der Partnerschulen. Die Kinder der beteiligten Klassen erhielten Informationen von den anderen Kindern und interagierten direkt miteinander. Die gemeinsame Arbeit am Thema ermöglichte die Vielfalt der Partnerklassen und ihrer Ländern darzustellen und gegenseitige Empathie hervorzurufen sowie für alle einen Perspektivwechsel zu vereinfachen.

Zum Beispiel staunten die Kinder bei der Fragestellung „Wie feiere ich Geburtstag in meinem Land?" darüber, das Geburtstagsfeiern in allen drei Ländern von Liedern begleitet sind und in Indien und Deutschland die Kinder „Happy Birthday" kennen, lieben und singen. Wichtig waren in allen Ländern Rituale wie das Verteilen von Kuchen und Süßigkeiten in ihrer jeweiligen Klasse. In Indien wird an dieser Stelle besonders auch die Schulleitung bedacht. Die indischen Kinder erzählten davon, dass sie jeweils an ihrem Geburtstag den Armen auf der Straße etwas zum Essen bringen. Nachmittags finden dann überall Familienfeiern mit Lieblingsessen, Kuchen, Geschenken statt. Erstaunlich war die Erkenntnis, dass gerade in Indien Geburtstage gern auch in bekannten Schnellrestaurants stattfinden, wenn die Familien sich dieses leisten können.

Das ganze Projekt wurde mit Videoaufnahmen, Fotos, Plakaten und Skype-Konferenzen begleitet und dokumentiert. Es fand ein permanenter Material-Austausch mit den Partnerschulen statt.

„Vermüllung" geht uns alle an!

Neben dem länderübergreifendem Austausch der Schülerinnen und Schüler und dem dadurch angestossenen gegenseitigem Perspektivwechsel, hatte das Projekt den Anspruch, in Zusammenarbeit mit den Kindern die Verantwortung für Einander und gegenüber der Umwelt aufzuzeigen. Deshalb sollten in einem zweiten Schritt gemeinsame altersgemäße Lösungsmöglichkeiten von Umweltproblemen entwickelt und diskutiert werden. In den Mittelpunkt rückten wir das Thema „Müll" und stellten es unter der großen Überschrift „Mein Geburtstag in der Welt von Morgen".

Die Wingster Schülerinnen und Schüler hatten sich vor dem Projekt mit der Vermüllung der Weltmeere beschäftigt. Daraus erwuchs die Frage „Wie können wir einen Beitrag zur Reduzierung von Müll leisten?" In Mexiko hatten sich die Schülerinnen und Schüler im Vorfeld in einem Projekt mit dem Thema „Wale" vor der Küste Mexikos auseinander gesetzt. In diesem Kontext stellten sie sich auch die Frage nach Strategien zur Müllvermeidung in Bezug auf die Vermüllung des Meeres als Lebensraum für Wale.

Mit den daraus gewonnenen Erkenntnissen kamen die Schülerinnen und Schüler in den beiden Ländern zu dem Schluss, dass es Alternativen zu Wegwerfmaterialien bei Geburtstagen geben muss und sie einen gemeinsamen Beitrag zur Lösung des großen Problems „Plastikmüll" im Hinblick auf die Ausrichtung des eigenen Geburtstages entwickeln wollen. Ideen und Möglichkeiten der Müllvermeidung wurden von den Schülerinnen und Schülern aus den drei Ländern zusammengetragen und dokumentiert. So kam eine Vielfalt an Ideen zusammen, die das Potential haben, in allen drei Ländern umgesetzt zu werden. Zum Beispiel wurden eigene Torten gebacken, Rezeptkarteien erstellt, besondere Ideen wie Stoffketten, Stoffblumen, Dekorationen aus Altpapier und Papierresten sowie lustige Hüte (üblich in Mexiko) gebastelt.

Allen Kindern war es wichtig, Dekoration wiederverwenden zu können und auf Plastik zu verzichten. Zusätzlich entstand die Idee, mit frischen Blumen zu schmücken und möglichst auf das Einwickeln von Geschenken zu verzichten.

Die Vision aller Kinder war weniger Konsum, umweltgerechtes Handeln und dadurch Verantwortung für die Welt von morgen zu übernehmen, trotzdem aber mit Spaß und Freude feiern zu können.

Herausforderungen und Chancen

Das Internet bietet besondere Chancen und Möglichkeiten für den direkten Austausch von Schulen in verschiedenen Ländern und Kontinenten. Voraussetzung ist aber eine gute technische Ausstattung und ein funktionierendes Internet. Technische Probleme behinderten zum Teil den Austausch über Skype und sorgten für einige Probleme in der Kommunikation des Projektes. Die Übermittlung der Fotos und Videos funktionierte jedoch reibungslos. Sie wurden sehr häufig mit Handys gemacht und zeigten trotzdem eine gute Qualität. Deutlich wurde, dass die Nutzung der „neuen" Medien mittlerweile für viele Kinder zur Selbstverständlichkeit geworden ist.

Skype-Konferenzen sind aufgrund der Zeitunterschiede im Rahmen einer Halbtagsgrundschule nur mit Indien möglich gewesen. Die Planungskonferenzen des Teams fanden immer sonntags am späten Nachmittag statt, da dann alle Teilnehmerinnen verfügbar waren. Positiv war, dass durch den regelmäßigen Austausch sich eine Teamarbeit auf Augenhöhe entwickelte, die sowohl die beteiligten Lehrerinnen als auch die Schülerinnen und Schüler umfasste.

Die gesamte Planung fand auf Englisch statt, d.h. alle Kindervideos mussten immer wieder in die englische Sprache übersetzt werden, um die Informationen in der Landessprache an die Klassen weitergeben zu können. Aber auch hier entstand wie selbstverständlich ein Zugang zu einer anderen Sprache. Das Erlernen einer anderen Sprache wurde als Instrument erkannt, um sich austauschen zu können. Der Blick in die Welt öffnete sich durch die persönlichen Kontakte wie selbstverständlich und Wege konnten gemeinsam gegangen werden. Gegenseitige Empathie wurde gefördert und es erschlossen sich Handlungsperspektiven, die auf einer gemeinsamen Grundlage standen. Es war für alle faszinierend, weltweit gemeinsam am selben Thema zu arbeiten. ▶

Ganz oben: Die Kinder der Escuela Manuel Bartolome Cossio in Mexico City erklären die Herstellung von Guacamole.

Mitte: Schülerinnen und Schüler aus der Partnerklasse der F. D. Primary school in Ahmadabad, Indien.

Unten: Die Schülerinnen und Schüler der Klasse 4a der Schule am Wingster Wald erstellen die Dekoration für den müllfreien Geburtstag, wie z. B. eine genähte Wimpelkette aus Stoffresten

Die Sustainable Development Goals (SDGs) (besonders Ziel 12 „Nachhaltiger Konsum und Produktion" und Ziel 17 „Partnerschaften zur Erreichung der Ziele") wurden in diesem Projekt von den Schülerinnen und Schülern mit eigenen konkreten Inhalten gefüllt und konnten über den niedrigschwelligen Zugang direkt mit der eigenen Lebenswelt verbunden werden.

Einer der Höhepunkte im Projektverlauf war die Anerkennung im Kontext des Schulwettbewerbs zur Entwicklungspolitik „alle für EINE WELT für alle" 2018 durch die Auszeichnung mit dem zweiten Platz.

In der Reflektion mit den Lehrkräften wurde deutlich, dass alle dieses Projekt genauso noch einmal durchführen würden, weil sämtliche Aspekte mit den Schülerinnen und Schülern entwickelt wurden, für sie relevant waren und besonders handlungsorientiert umsetzbar waren. Einzig sollte in Zukunft mehr Zeit für das Projekt eingeplant werden. ■

INFO Online-Tipps

Die große Präsentation des Projektes ist auf der Homepage der Schule am Wingster Wald zu finden: https://www.grundschule-wingst.net/schulleben/pilotschule-gutes-leben-f%C3%BCr-alle/ Sie wurde von Wendy Morel in Mexiko mit Unterstützung aus dem ESD Network erstellt.

Partnerschule in Mexiko City: Escuela Bartolome Cossio, www.escuelamanuelbartolomecossio.com

F.D. Primary school, Ahmadabad, Indien Projektleitung dort: Rajeswari Gorana

Das ESD Network hat ein Manual herausgegeben, das die Möglichkeit des virtuellen Austausches näher beschreibt: https://esd-expert.net/go-global-virtueller-schulaustausch.html

Film zu der Vermüllung der Weltmeere: https://www.kika.de/erde-an-zukunft/sendungen/sendung94800.html (11 Min.)

Ablauf des Projektes

Inhalt	Material/Methode	Kompetenzen
1.Schritt: Ausgangssituation: Das Leben der Kinder an den beteiligten Schulen Präsentation der eigenen Schule für die Partnerklassen • Wie sieht mein Schultag aus? • Wo befindet sich meine Schule? •Zusätzliche Informationen über die Partnerorte beschaffen	Gruppenarbeit, Fotografieren, Infomaterial vor Ort sammeln, Internetrecherche	Informationsbeschaffung und -verarbeitung, Wissenserwerb als Grundlage für Meinungsbildung und Entscheidungsfindung
2. Schritt: Austausch der Informationen, z. B. übers Internet übermittelte Fotos und Videos Wie sieht es in den Partnerklassen/-länder aus?	Fotos, Videos	Perspektivwechsel, Erkennen von Vielfalt
3. Schritt: Rund um den Geburtstag Geburtstagsrituale/ -lieder vorstellen, kennenlernen und Gemeinsamkeiten herausfinden	eigene Rituale/ Lieder sammeln Fragebogen für die Partnerklassen entwerfen. Gegenseitige Interviews über Videos (Deutsch-Englisch – Deutsch)	Perspektivwechsel, Erkennen von Vielfalt, Empathie fördern, Englisch als Weltsprache erkennen und eigene Sprachkenntnisse anwenden
4. Schritt: Geburtstag in der Welt von morgen – ohne Müll • Wo produzieren wir Plastikmüll bei unseren Geburtstagsfeiern? • Welche Produkte kaufe ich? • Wie feiere ich?	Sammeln von Plastikdekorationen Fotokartei erstellen	Informationsbeschaffung und -verarbeitung
5. Schritt: Wie können wir nachhaltiger feiern? Aspekte einer nachhaltigen Geburtstagsfeier	Fotokartei durch eigene bebilderte Rezepte erweitern Alternativen zu einem konsum- und müllastigen Geburtstag entwickeln z. B. in Bezug auf Dekoration, Essen, Getränke Upcycling (Wimpel, Blumen , Papierreste, Stoffdecken, Papierhalme, Blumen) Geschenke nicht oder wenig verpacken Skype-Konferenz mit den Partnerschulen Blick auf die SDGs	Handlungsoptionen wahrnehmen und umsetzen eigene Ideen und Optionen entwickeln und umsetzen motorische und gestalterische Kompetenzen stärken

3. Kunst

Die beiden bereits vorgestellten Unterrichtsbeispiele mit Schwerpunkt Deutsch bzw. Fremdsprachen zeigen, dass die Durchführung ohne eine angemessene Beteiligung von Elementen des Faches Kunst nicht sinnvoll gewesen wäre.
Ein Blick auf den inzwischen acht Mal durchgeführten Wettbewerb des Bundespräsidenten mit durchschnittlich 500 Einsendungen pro Wettbewerb bestätigt diese Notwendigkeit. Jeweils bis zu 50 % der Einsendungen zeugen von der Beteiligung des Faches Kunst. Die Begründung ist naheliegend: Ohne eine attraktive, auch visuelle Gestaltung hat ein Unterrichtsprojekt kaum Aussicht auf einen Preis.
Trotzdem soll im Folgenden ein Unterrichtsbeispiel vorgestellt werden, das seinen Schwerpunkt im Fach Kunst hat, um auch in diesem Fall zu zeigen, dass die Initiative für „Bildung für nachhaltige Entwicklung" vom Fach Kunst ausgehen kann.

BEISPIEL: Vielfalt in der Box (Heft 142 / Mai 2018, S. 20 – 22)

500 Streichholzschachteln für die Vielfalt

Klein, aber oho: Ein Bremer Ausstellungsprojekt zu Inklusion und Vielfalt zeigt, wie mit wenig Aufwand ein großes Thema altersgerecht aufbereitet werden kann.

Svenja Jessen

Im Jahr 2017 war die Ausstellung „Vielfalt in der Box" des Projekts „Eine Welt in der Schule" des Grundschulverbandes e.V. im Hafenmuseum Speicher IX in Bremen zu sehen. Mehr als 500 Bremer Kinder und Jugendliche haben im Sommer 2017 aus 500 Streichholzschachteln 16 Kunstwerke zum Thema Vielfalt gestaltet. Die Kinder und Jugendlichen präsentierten ihre Ideen und Gedanken zu Vielfalt und Inklusion verpackt in Streichholzschachteln und Kisten. Ob Tiere, Steine oder auch Außerirdische – die teilnehmenden Gruppen haben die Vielfalt, die sie umgibt, unter die Lupe genommen und für die Besucherinnen und Besucher kreativ bearbeitet. Ein Projekt, das auch mit wenig Aufwand in anderen Regionen und Städten leicht umzusetzen ist.

Jeder Stein fühlt sich anders an und sieht anders aus, so sind auch die Menschen – jeder anders, jeder einzigartig. In einem Koffer befinden sich viele kleine Steine, teilweise verpackt in Streichholzschachteln oder auch angemalt und eingewickelt. Der beschriebene Koffer war das Ausstellungsobjekt „Vielfalt der Steine" einer Kindergruppe einer Bremer Kindertagesstätte. Die Kinder erforschten die Verschiedenartigkeit der Steine durch Fühlen, Riechen, Sehen und mit Entdeckungstouren über das Gelände sowie das kreative Arbeiten. Das Objekt stand neben 15 weiteren Beiträgen von Kindern und Jugendlichen zwischen 3 bis 16 Jahren in Bremen. Sie alle öffneten den Blick für die kleinen Unterschiede im Leben. Im Alltag neigen Menschen dazu, ihr Gegenüber in Schubladen zu stecken. Doch jede gedankliche Schublade hat auch ihre Grenzen und Hürden. Diese wollte das Projekt „Eine Welt in der Schule" mit der Ausstellung „Vielfalt in der Box" öffnen. Zu Beginn des Schuljahres konnte das Projekt dank einer Förderung der Bingo-Umweltlotterie Schulen und Kindergruppen in Bremen Bildungsmaterialien sowie Streichholzschachteln und Ringbücher als Ausgangsmaterial zur Verfügung stellen. Die Teilnehmerinnen und Teilnehmer waren aufgefordert, das Arbeiten in inklusiven Gruppen und ihre Gedanken zum Thema Vielfalt kreativ darzustellen. Beteiligt hatten sich eine Kindergartengruppe, eine Grundschule sowie 14 Schulklassen aus 4 Bremer Oberschulen. Die Grundschule Grambke aktivierte sogar alle Schülerinnen und Schüler, um gemeinsam das Objekt „Ich-Du-Wir – Vielfalt unter einem Dach" zu gestalten. Sie bauten ihr Haus des Lernens und steckten Streichholzschachteln mit ihren persönlichen Steckbriefen in das Gemeinschaftshaus.

Schmetterlinge, die Gedanken tragen

Ein großes dreidimensionales Wandbild der Klasse 7a der Oberschule an der Schaumburgerstraße in Bremen stand unter dem Motto „We are one but we are not the same". Es zeigte, wie ein friedliches Zusammenarbeiten und -leben in einer vielfältigen Gesellschaft möglich ist. Die Streichholzschachteln verwandelten sich in Schmetterlinge auf einer bunten Wiese. Jeder Schmetterling trug die Gedanken und Wünsche der Kinder für die Zukunft mit sich. Lange Briefe, Befürchtungen oder auch Wünsche ließen Leserinnen und Leser nachdenklich werden und auch neugierig auf die Briefe der anderen Schmetterlinge. In jeder Schachtel steckten ein neuer Gedankenblitz und ein anderer Beitrag zu den Ideen der Gruppe für ihre Zukunft.

Am 19.10.2017 eröffneten die beteiligten Kinder und Jugendlichen gemeinsam die Ausstellung im Hafenmuseum Speicher IX. Die Gruppen konnten ihre Kunstwerke kurz vorstellen. Sowohl mit den Kunstwerken als auch im Gespräch wurden die Vielfalt der Ansätze und Gestaltungsarten in den Gruppen deutlich. Jede Gruppe entwickelte ihre eigenen Pläne, wie sie Vielfalt in einer Streichholzschachtel darstellen kann. Die Ausstellungbesucherinnen und -besucher konnten sich in den folgenden Tagen von der Vielfalt der Tiere, der Länder, der Hobbys und Wünsche der Kinder inspirieren lassen und am Ende der Ausstellung an einem Aktionstisch eigene Streichholzschachteln gestalten. Hier wurden noch einmal ganz neue Ideen zusammengetragen, wie beispielsweise die Vielfalt der Instrumente eines Orchesters.

Der Wert von Vielfalt

Mit wenig Aufwand konnte dieses Projekt Denkanstöße geben. Alle Kunstwerke zeigten gemeinsam, dass Unterschiede kein Problem sein sollten, sondern eine Bereicherung. Die Objekte bezogen sich dabei nicht nur auf den Menschen, sondern gingen darüber hinaus. Steine, Tiere oder auch Lieblingsspeisen oder Außerirdische – alle Objekte verband, dass sie den Wert von Vielfalt in allen ihren Facetten des alltäglichen Lebens nachvollziehbar machten. ■

Fortsetzung des Beitrags auf Seite 40

An der Ausstellungseröffnung nahmen 300 der jungen Künstlerinnen und Künstler teil.

Freischwebend im Raum mit Tierfellen und Mustern war die „Vielfalt unserer Tierwelt" ein Blickfang für die ankommenden Besucherinnen und Besucher.

Die jüngsten Teilnehmerinnen und Teilnehmer des Projektes nahmen die „Vielfalt der Steine" unter die Lupe.

In großen Spiralringbüchern konnten die Gruppen ihre Ideen sowie den Projektverlauf dokumentieren.

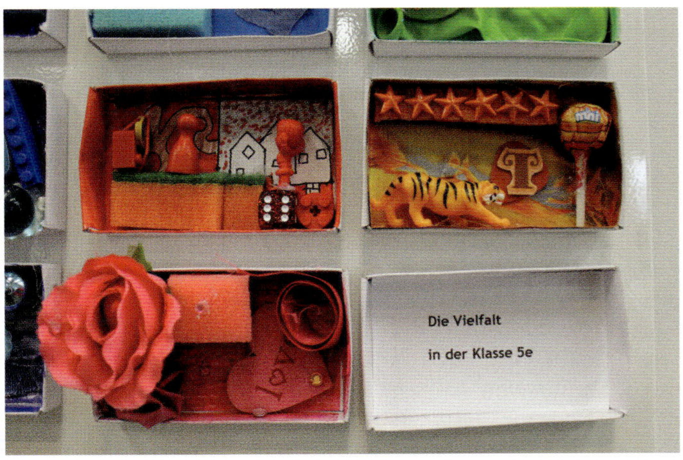

Jeder wählt eine andere Lieblingsfarbe – doch zusammen ergibt sich die Vielfalt einer ganzen Klasse.

Karambojasch – im Land der Monster lassen sich viele verschiedene Charaktere entdecken. Aus einer besonderen Seifenlauge sind die einzigartigen Wesen entstanden. Der kreative Arbeitsprozess der Gesamtschule Mitte wurde im Spiralringbuch dokumentiert.

„Alle waren rundum zufrieden"

Schriftlich geführtes Interview mit Martina Dahm, Mariam Leithe-Alkazan, Sabine Brünjes und Jana Meiners von der Bremer Oberschule Findorff zur praktischen Umsetzung des Projektes „Vielfalt in der BOX!".

Wer hat an dem Projekt „Vielfalt in der BOX!" mitgearbeitet?
An unserer Schule hatten sich unter anderem der gesamte 5. Jahrgang (6-zügig) und die Vorklasse daran beteiligt. Bei der Vorklasse handelt es sich um eine Lerngruppe, in der zugewanderte Schülerinnen und Schüler die deutsche Sprache erlernen und sich in den Schulbetrieb integrieren. Zurzeit besuchen zwölf Schülerinnen und Schüler verschiedener Nationalitäten im Alter zwischen elf und fünfzehn diese Klasse.

Um die Vielfalt zu dokumentieren, hat sich jede Lerngruppe einen Schwerpunkt bei der Bearbeitung gesetzt und überlegt, wie sie diesen Schwerpunkt für die Ausstellung gestalterisch aufbereitet.

Die Vorklasse arbeitete mit einer Klasse aus dem 5. Jahrgang intensiv zusammen. Die ausgewählten Themen setzten sich mit den von den Schülerinnen und Schülern benutzten Verkehrsmitteln, ihren Lieblingssportarten, -filmen, -tieren, -essen und -fußballvereinen sowie der Anzahl ihrer Geschwister auseinander. Dazu interviewten sie sich gegenseitig und stellten ihre Ergebnisse in Boxen dar.

Was war die Motivation, sich am Ausstellungsprojekt zu beteiligen?
Projekte haben in unserem Schulalltag einen hohen Stellenwert. An dem Projekt „Vielfalt in der BOX!" konnten wir als ganzer Jahrgang teilnehmen, was sich im Nachhinein als großer Vorteil entpuppte, da die Schülerinnen und Schüler die Vielfalt an unserer Schule bei der Projektumsetzung allein zahlenmäßig kennen- und schätzen lernten. Wir sind eine inklusive Schule und das Thema war perfekt, um ein Projekt in dem Bereich durchzuführen.

Die Theorie haben wir auch in die Praxis umgesetzt, indem wir eine Kooperation zwischen einer Regelklasse und der Vorklasse geschaffen haben. Somit ergab sich fast zwangsläufig eine Verbindung der Inhalte „Inklusion" und „Vielfalt" und die Schülerinnen und Schüler wurden für das Thema Inklusion sensibilisiert.

Außerdem war die ganze Struktur des Ausstellungsprojekts von Vorteil. Das Thema war zwar vorgegeben und die Kinder und Jugendlichen sowie die Lehrkräfte hatten von vornherein großes Interesse, sich gestalterisch damit zu beschäftigen. Andererseits war es nicht zu eng gefasst. Es bot den Lehrerinnen und Lehrern sehr viel Spielraum.

INFO Tipps

Für die eigene Umsetzung wird benötigt:

- Material: XXL-Streichholzschachteln aus dem Bastelbedarf oder normale Streichholzschachteln, z.B. über Kleinanzeigen im Internet.
- Material: Ringbücher für jede Gruppe, um gemeinsam die Projektergebnisse zu dokumentieren.
- Gemeinsame Umsetzung mit mehreren Klassen oder sogar benachbarten Schulen, um eine Vielfalt von Ideen zu erhalten.
- Rechtzeitig Ausstellungsort festlegen: großer Raum in der Schule (ausreichend Platz für die einzelnen Objekte einplanen) oder bei regionalen Museen, Bibliotheken anfragen.
- Für die Gesamtwirkung: einheitliche, plakative Titelschilder erstellen, einheitliche Sockel oder Erhöhungen einplanen.
- Das Projekt „Eine Welt in der Schule" kann bei Bedarf Tipps zu Unterrichtsmaterialien zu den Themen „Inklusion", „Biologische Vielfalt" und „Vielfalt weltweit" zur Verfügung stellen und beraten. Einen USB-Stick mit dem Material können wir Ihnen auf Anfrage zusenden (begrenzte Anzahl!).

Weitere Informationen zum Projekt unter:
>> www.weltinderschule.uni-bremen.de

Wurden Ihre Erwartungen erfüllt?
Ja, es kamen viele schöne Ergebnisse dabei heraus. Die Kinder und Jugendlichen und die Eltern, die zum Teil extra die Ausstellung besuchten, haben sich über die Ergebnisse sehr gefreut. Das gemeinschaftliche Arbeiten im Team wurde von den Schülerinnen und Schülern sehr begrüßt und trotz der Altersunterschiede (Vorklasse – 5. Jahrgang) haben die Schülerinnen und Schüler gut zusammengearbeitet und sich kennengelernt.

Außerdem haben die Schülerinnen und Schüler das Thema verstanden und konnten unterschiedliches Verhalten reflektieren. Viele Kompetenzen wie Teamfähigkeit, Interkulturelle Kompetenz, respektvoller Umgang miteinander, Kreativität, Visualisierung von Umfragen, Erweiterung von Ausdrucksmöglichkeiten, Lese- und Hörverstehen wurden dabei auch gefördert.

Was war besonders gelungen oder bemerkenswert?
Hier muss man noch einmal betonen, dass die Schülerinnen und Schüler trotz der Altersunterschiede gut zusammengearbeitet und sich kennengelernt haben. Niemand wurde ausgeschlossen.

Visuelle Highlights waren natürlich auch die einzelnen Ausstellungsobjekte und die Präsentation dieser Exponate vor Ort. Die Möglichkeit, am Ende eines Projekts die Ergebnisse in so einem Rahmen präsentieren zu dürfen, war für die Schülerinnen und Schüler eine große Ehre. So waren sie und so sind sie immer noch sehr stolz auf ihre erzielten Ergebnisse.

Welche Stolpersteine, Probleme, Herausforderungen gab es?
Schwierig war es jeweils für die Klassen, ein gemeinsames Thema zu finden, unter dem man Vielfalt darstellt.

Gibt es besondere Tipps und Tricks für Nachahmer?
Man sollte sich einfach mal trauen, neue Kooperationen und Methoden auszuprobieren. Eine Projektarbeit erfordert viel Arbeit, erzielt aber im Gegensatz zu normalem Unterricht deutlich bessere und schnellere Lern-erfolge.

Gibt es sonst noch etwas zum Vorhaben zu sagen?
Einige Kolleginnen und Kollegen hätten es als Bereicherung empfunden, wenn auch Eltern an der Präsentation hätten teilnehmen können. Aber auch so waren alle rundum zufrieden. ■

Eine bunte Wiese von Wünschen und Vorstellungen für die Zukunft unter dem Motto „We are one but we are not the same".

4. Musik

Das Fach Musik ist gar nicht so selten bei Unterrichtsbeispielen beteiligt, die dem Leben in anderen Ländern gewidmet sind. Singen, Musizieren, Tanzen und Spielen gehören eben zu den kulturellen Gegebenheiten des Alltags überall auf der Welt. Trotzdem sollen hier Unterrichtsbeispiele vorgestellt werden, die ihren eindeutigen Schwerpunkt im Fach Musik haben.

BEISPIELE: Von Kühen und Ziegen. Afrikanische Trommeln in einer Berliner Grundschule (Heft 4 / Dez. 2006 S. 2 – 6), Die Eine Welt klingt bunt, (Heft 137 / Juni 2015, S. 3 – 7)

Von Kühen und Ziegen – Afrikanische Trommeln in einer Berliner Grundschule

Schülerinnen und Schüler einer 4. Klasse einer Berliner Grundschule kommen über den Musikunterricht Afrika ganz nah. Das Projekt endet mit einem lauten Konzert.

Klaus Emrich

Liebes Tagebuch,
ich weiß nicht, ob ich aufgeregt sein soll oder nicht. Das Konzert! Du weißt schon: nächste Woche. Werden die anderen Leute uns auslachen? Vielleicht gefällt es ihnen ja nicht! Aber ich glaub schon – mir gefällt es nämlich. Was mich zweifeln lässt, ist, dass ich niemanden kenne. Mama und Papa sind ja nicht da...

Was ich mich auch frage, ist, wie es da aussieht. Ob es ein gewaltig großes Haus ist oder ob es kleine zusammengebaute Häuser sind? Wir sind ja die ersten! Was spielen wohl die anderen? Sie sind bestimmt besser als wir! Damals an der Humboldt-Universität haben wir sehr viel Applaus gekriegt. Werden wir den jetzt auch kriegen? Ach, ist ja auch egal! Jedenfalls freue ich mich schon.

Deine Marie

Die zehnjährige Marie beschreibt hier in einem fiktiven Tagebucheintrag Ängste und Hoffnungen einer Viertklässlerin vor einem Konzert: Der Text entstand im Deutschunterricht. Das Konzert fand wirklich statt: Die Kinder einer vierten Klasse waren Gäste bei dem Fest einer Trommelschule und spielten auf ihren Djemben und Basstrommeln einige westafrikanische Stücke.

Fast ein halbes Jahr hatten sie sich vorbereitet. Sie schlugen ein auf ihre Ziegen und Kühe, wie sie wegen der Felle die Trommeln nannten. Und es entstanden Rhythmen – komplexe Rhythmen, wie die Malinke in Westafrika sie überliefern. Das Spiel der Kinder konnte sich hören lassen.

„Als der Mann unseren Namen – den wir nicht mal kannten – ansagte, musste ich erst mal ,ne Runde lachen: ,Born to Drum'! Dann war das erste Stück dran. Das war leicht. Aber beim zweiten mussten die Basstrommeln noch mal anfangen. Das war ein bisschen doof. Beim dritten Stück war der Anfang ja leicht. Aber als ich so superschnell spielen musste, wurde mir schon mulmig. Doch wir haben es zum Glück geschafft!", erinnerte sich später Konrad, der sich um die Kühe kümmerte.

Noch abgeklärter schrieb Sahar nach dem Auftritt: ,Wow! Cool! Einfach toll! Wir haben es geschafft. Die Zuschauer haben uns sehr viel Beifall gegeben. Wir alle waren begeistert! Wir haben uns dann einen Muffin gekauft und haben uns die nächste Gruppe angehört. Die waren auch gut."

Immerhin – das waren Erwachsene.

Afrikanische Weiterungen I

Was im Musikunterricht begonnen und schließlich zu dem Auftritt der Kinder geführt hatte, weitete sich unter der Hand zu einem Projekt aus, in das viele Fächer eingebunden waren, und das sich entfaltete wie auch die afrikanischen Rhythmen: strukturiert, zyklisch, aber auch in seiner Entwicklung nicht vorhersehbar – abhängig von den Situationen, die diese Rhythmen zum Teil erst erzeugten. Der Satz, dass Musik darauf ausgerichtet sei, kommunikative Verhältnisse zu schaffen, sollte in unserer Klasse Wirklichkeit werden.

Von Kindern und Trommeln

So wurde der erste Versuch, die Kinder über ihre Erwartungen schreiben zu lassen, zum Beginn einer umfangreichen Schreibarbeit. Es entstanden Gebrauchs- und Reklametexte; vor allem aber Notate, in denen die Kinder ihre Erfahrungen mit den Trommeln thematisierten und reflektierten. Hinzu kamen eine ganze Reihe von fiktiven Texten, Dialogen und szenischen Texten, aus denen schließlich kleine Cartoons wurden.

„Plötzlich bekamen alle Trommeln Angst. Sie wollten wissen, wer sie spielte. Sie zitterten richtig und fingen an zu wackeln. Dann waren die Spieler da. Die Djemben dachten, die Spieler würden ihnen gleich das Fell kaputt schlagen, doch dann ging es los!" Dies ist ein Ausschnitt aus Belens Geschichte.

Ihre Erzählung verweist auf die Sensibilität der Kinder, die auch in den Texten anderer zum Ausdruck kommt. Die Kinder sollten sich vorstellen, wie sie auf ihre Trommeln zugehen, mit ihnen in Verbindung treten und sie spielen. Sie sollten ihre Trommeln dabei als belebte und lebendige Wesen begreifen.

In einem zweiten Versuch sollten sie dann die Perspektive wechseln: Jetzt waren es die Trommeln selbst, die in einem inneren Monolog dem Herannahen der Kinder entgegensahen, die sie bespielen würden.

Famoudou Konaté erinnerte sich, dass früher in Guinea der Lenkébaum, aus dem der Korpus der Djembé gewonnen werden sollte, von dem Trommelbauer um sein Einverständnis zum Fällen gebeten wurde und dass der sich dann bei dem Geist des Baumes für sein Tun entschuldigte.

Eine ähnliche Sensibilität wurde in den Texten vieler Kinder sichtbar, ohne dass sie die afrikanische Tradition kannten. Aus ihrem Spiel auf den Trommeln entstand etwas Schönes. Aber um dieses Schöne zu realisieren, mussten sie die Trommeln schlagen. Die Kinder sahen den Widerspruch: „Hey, ich wollte dich fragen, ob es dir was ausmacht, wenn ich dir immer auf den Kopf schlage? Aber ich schlage nur so doll auf dich, weil es so gut klingt. Außerdem macht es total Spaß, mit dir zu trommeln", so hatte Tadek die Zwiesprache mit seiner Trommel begonnen.

Doch das Hauen hat seinen Preis – auch für die, die schlagen. Tineke schrieb: „Hallo Trommel, du hast viele schöne Töne. Aber leider tut meine Hand danach ganz doll weh!"

Und dann: „Leider gibt es Menschen, die auf dir rumkloppen wie verrückt!"

Damit hatte sie die Trommeln selbst ins Spiel gebracht. Die Kinder nahmen nun deren Perspektive ein und fanden sehr unterschiedliche Antworten: „Der Schlüssel dreht sich im Schloss. Endlich kommt meine Spielerin. Ich habe sie schon lange nicht mehr gesehen. Ob sie dabei ist? Ich mag es gar nicht, wenn jemand anderes auf mir spielt.

Hoffentlich! Ja, sie ist dabei! – Schnell , komm zu mir! – Sie sitzt. Das ist schön, wieder ihre Hände zu spüren", schrieb Marie.

Ganz anders der Text von Sophie. Sie ließ ihre Trommel zurückschlagen: „ Glaubst du, es ist angenehm, wenn lauter dreckige Hände auf einen eindreschen? Ihr Menschen habt ja wohl ein Rad ab! Ihr tickt nicht mehr richtig!"

Es war nicht schwer, die beiden Perspektiven in einer Geschichte oder einem Dialog zu verbinden. So entstanden die Erzählungen Belens und Janas. Einige Kinder benutzten die Texte oder auch Textfragmente, um sie als Sprechblasen in kleine Cartoons einzufügen.

Trommeln gehört zum Handwerk

Merkwürdige Dinge geschahen beim Trommeln. Nicht nur, dass die Hände weh taten, wenn man auf das Fell schlug oder gar auf die Kante.

Oft machten die Hände, was sie wollten. Rings und Lechts kann man nicht verwechseln – welch ein Illtum, schrieb einst Ernst Jandl. Diese Erfahrung machten jetzt die Kinder. Ihre Koordination geriet durcheinander. Gute Sänger begannen zu stottern, wenn sie gleichzeitig trommelten, und gute Trommler fielen aus dem Rhythmus, wenn sie gleichzeitig sangen.

Auf vielen Ebenen erfuhren sie die – nicht immer lustigen – Abhängigkeiten. Unterhaltungen endeten im Chaos. Es war verwirrend.

Vom Feuervogel

Wir begannen uns mit afrikanischen Märchen und Liedern zu beschäftigen. Wir fanden das Lied vom Feuervogel in dem Buch von Karibuni Watoto und lernten es in der Art, die wir von den afrikanischen Kindern kannten. In einer Geschichte von zwei Trommeln, die Elias später schrieb, ging er auf dieses Verfahren ein: „Ich heiße Tilli. Ich bin eine Djembé. Mein bester Freund ist Kalli. Auch er ist eine Djembé.

Am liebsten spielten wir Kokodilea. Das ist ein Spiel, was wir uns ausgedacht haben. Es geht so: der eine trommelt etwas vor, und der andere muss es nachtrommeln. Das macht echt Spaß."

Da Lied vom Feuervogel wurde für die Kinder im Laufe der Zeit zu einem Standard.

Die Geschichte vom Feuervogel wurde für sie zur Vorlage ihrer Nacherzählungen, die sie im Deutschunterricht schrieben.

Afrikanische Metamorphosen

Wir luden eine in Berlin lebende Afrikanerin ein, die uns an einem Vormittag in die Sitten und Gebräuche ihres Heimatdorfes in Togo einweihte. Sie erzählte vom Leben in einer Großfamilie, kleidete die Kinder in afrikanische Gewänder und beschrieb den so Verwandelten ihre Rollen, die ihr Handeln auf einer imaginären „afrikanischen" Bühne begründen sollten. Nun gab sie ihnen nur ▶

Mit selbstgemalten Einladungsplakaten (unten) wurde das „Feuervogel"-Konzert angekündigt und zu einem vollen Erfolg für die Kinder (oben)

„Trommelgeschichten" der Kinder: In einem Comic verfasst

vage umrissene Alltagsszenen vor, die die Kinder in ihrer neuen Rolle, sichtbar gemacht durch die fremde Kleidung, szenisch darstellen sollten. Durch ihre Hinweise und Fragen während des Spiels näherte sich das spielerische Auftreten der Kinder immer mehr dem wirklichen Verhalten in einer afrikanischen Großfamilie an.

Die Schülerinnen und Schüler bekamen so zumindest eine Ahnung davon, aus welchen sozialen und kulturellen Zusammenhängen die Rhythmen kamen, die sie zuvor gelernt hatten.

Sie zeigte ihnen darüber hinaus afrikanische Kinderspiele und wie aus weggeworfenen Gebrauchsgegenständen Spielzeug hergestellt werden kann.

An einem weiteren Vormittag bastelten die Kinder so „Afrikanische Spielsachen": Autos und Flugzeuge aus Blechdosen. Schiffe aus Holzstücken und Plastikverpackungen und vieles andere mehr.

Ein Ergebnis dieser Besuche war, dass die Kinder sich für ein Schulprojekt in dem togolesischen Dorf interessierten und den Aufbau einer Schule dort unterstützen wollten. Daraus entstand ein weiteres Vorhaben. Die Kinder wollten ein „richtiges" Konzert an ihrer Schule geben. Bei einem „richtigen" Konzert muss Eintritt gezahlt werden – und den wollten sie der afrikanischen Dorfschule zukommen lassen.

Born To Drum

Es ergaben sich neue Aufgaben. Die Kinder mussten nicht nur ihre musikalischen Fertigketen vervollkommnen, sie mussten auch die Ankündigung ihres Konzerts selbst organisieren. Möglichkeiten zu finden, wie man entsprechende Medien für die eigenen Bedürfnisse einsetzen kann, gehörte zu den spannendsten und aufregendsten Unternehmungen innerhalb des Projekts. Hier wurde Schule praktisch – und Trommeln gehörte auch dabei mit zum Handwerk. Trommeln im Sinne von Bekanntmachen: funktionales Trommeln.

Im Gespräch suchten die Kinder zunächst nach Strategien, wie man möglichst viele Menschen für ihr Konzert interessieren könnte. Sie zeigten dabei viel Fantasie und wurden in ihren Vorschlägen immer mutiger.

Zunächst fanden sie einfache Mittel: Nachbarn und Freunden Bescheid sagen, Zettel in die Hausbriefkästen stecken, die ihren „Feuervogel" ankündigten (so sollte das Konzert heißen), auf der Straße Leute ansprechen und ihnen Flugzettel geben, die auf das Konzert hinweisen. Doch all das war mit viel (eigener) Mühe und Aufwand verbunden. Irgendwann kam der Einwurf, man könnte doch versuchen, das Konzert in der Zeitung ankündigen zu lassen.

Es gab anfangs Zweifel, ob „die" (gemeint waren die Macher des Stadtmagazins zitty) „so etwas" von Kindern überhaupt drucken würden. Aber die Selbstbewussteren in der Klasse setzten sich schließlich durch. Die Vorbereitungen wurden konkret: Wie spricht man/telefoniert man mit einem Redakteur?

Wir übten die Kontaktaufnahme im Klassenraum: Der Lehrer wurde kurzzeitig zum Redakteur, einzelne Kinder versuchten ihn von ihrem Vorhaben zu überzeugen, ihr Konzert mit einem kleinen Artikel zu annoncieren. Es gab mehrere Versuche. Der „Redakteur" übernahm dabei unterschiedliche Rollen: von bärbeißig über gelangweilt bis zugänglich und freundlich. Und selbst die Tücken der Technik wurden simuliert (Warteschleife, falsche Verbindung usw.) Am Ende wählten die Kinder eine Schülerin, die am nächsten Tag mit dem wirklichen Redakteur telefonieren sollte. Sie hatte all diese „Prüfungen" am besten überstanden.

Und es gelang: Sie machte ihre Sache gut und konnte den zitty-Redakteur überzeugen, in einem kleinen Artikel auf das Konzert hinzuweisen. Auch dazu mussten von den Schülerinnen und Schülern Texte verfasst und Fotos aufgenommen werden, die den Hintergrund für den Artikel lieferten. Dass der Aufmacher des Magazins dann „Berlins Beste" hieß, war dagegen wohl eher ein Zufall und stand in keinem Zusammenhang mit dem Trommelkonzert.

Doch die Kinder vertrauten nicht allein auf die Ankündigung des Stadtmagazins. Sie entwarfen kleine Plakate und baten Ladenbesitzer in ihrem Kiez, diese in den Schaufenstern ihrer Geschäfte aufzuhängen. Schließlich verteilten sie an belebten Plätzen Flugzettel und taten das in eigens dafür bedruckten T-Shirts. Die Kosten dafür wurden von den Eltern übernommen, die Vorlagen für den Druck hatten die Kinder selbst gezeichnet.

Afrikanische Weiterungen II

Das skizzierte Projekt ist mit der Aufführung des Trommelkonzerts nicht abgeschlossen. Wenigstens drei weitere Zusammenhänge, die sich aus der bisherigen Arbeit ergeben und unser Interesse geweckt hatten, können unterschieden werden. Sie sollen hier nur kurz angedeutet werden.

Da ist einmal das koloniale Erbe, die Auseinandersetzung mit der immer noch sichtbaren deutschen kolonialen Vergangenheit. Es gibt in Berlin ein so genanntes afrikanisches Viertel, nicht weit von unserer Schule gelegen. Die Straßen heißen hier Kameruner- oder Togostraße, aber auch Lüderitzstraße und Petersallee.

Warum diese Straßen so heißen, werden wir im nächsten Schuljahr herausfinden, indem wir deren Bewohner befragen und/oder in Büchern nachschlagen. Es gibt viele Möglichkeiten, sich die jüngere Geschichte anzueignen. Die meisten davon führen heraus aus der Schulstube.

Die Spende an die togolesische Dorfschule sollte nicht auf reinen Geldverkehr reduziert werden. Die Kinder wollten schon wissen, „wie das so ist" in dieser Schule. Sie begannen Fragen zu stellen nach den Lebensverhältnissen der dortigen Schülerinnen und Schüler. Doch der Lehrer konnte diese Fragen nicht beantworten. Was blieb also anderes übrig, als die afrikanischen Kinder direkt zu befragen?

Die Kinder begannen Briefe zu schreiben. Dabei war es immer ganz wichtig zu erfahren, ob denn die Schülerinnen und Schüler in Togo auch trommeln und ob sie die Rhythmen kennen, die wir spielen. Da wir das Konzert mitgeschnitten hatten, konnten wir die Aufnahmen unserer Trommelei den Briefen beilegen. Und es kann davon ausgegangen werden, dass sich daraus im nächsten Schuljahr ein "interkultureller Briefwechsel" entwickelt.

Wir hatten uns schon früher mit den historischen und sozialen Verhältnissen in unserer Stadt auseinander gesetzt. So entstand der Gedanke, den Kindern in dem uns noch unbekannten togolesischen Dorf die Geschichte und die Lebensverhältnisse in unserem Kiez darzustellen. Ihnen zu zeigen, woher wir kommen.

Bereits jetzt deuten sich kontroverse Diskussionen an: Was ist wichtig mitzuteilen, welche historischen Stätten gibt es (und sollen sie alle genannt werden), wer lebt eigentlich in unserem Kiez und was geschieht hier? Vor allem der Umstand, dass für „Fremde" geschrieben wird, macht das Ganze interessant. Die eingenommene Perspektive lässt vieles, was bisher als selbstverständlich galt, unsicher erscheinen. Es wird „verfremdet".

Epilog

Das alles hatte begonnen mit dem Lied von der Baga-Frau, die nicht tanzen wollte (Fumoudou Konaté 1997, S. 84 ff.).

Es war der erste afrikanische Rhythmus, den wir gelernt hatten. Später kam es dann zu dem Auftritt in der Trommelschule.

Davor: „Als wir durch die neblige Straße zum ‚groove' liefen, dachte ich, wir wären falsch."

Danach: „Als wir fertig waren, war ich froh. Und als der Lehrer uns was zum Trinken spendierte, war alles gut", hatte Konrad, der sich unterdessen mit seinen Kühen angefreundet hat, am Anfang geschrieben.

Jacob, der es mit einer Ziege zu tun hatte, hatte dagegen der Welt sein Leid geklagt: „Was? Verflucht – gleich geht's los! Von wegen die Trommeln sind größer! – Wie lange dauert's denn noch bis ich einsetzen kann? – Oh nein! Ich hab den Anfang verpasst! Hoffentlich hat's keiner gemerkt. – So was! Nur noch fünf Minuten bis zum nächsten Stück!

Also gut – jetzt spielen. Na schön, ich muss anfangen! Trotzdem langweilig: immer das Gleiche!"

Einen Ausschnitt aus dem Konzert und andere originale Teile dieses Projektes finden sich auf der Homepage „www.weltinderschule.uni-bremen.de" als Material-Paket unter 2006, 4. Heft. ■

Trommelprobe auf dem Schulhof. Unten: Die Ankündigung des Trommelkonzertes in einem Stadtmagazin

Foto: Klaus Emrich

KONZERT
Bornholmer Grundschule, Aula, 19.00

Born To Drum

Ein starker Name für eine Trommelgruppe, die mit afrikanischer Musik und Gesängen, mit Djemben, Dunduns und Sangbans auftritt. Seit noch nicht mal einem Jahr spielen die Schüler der 3. und 4. Klasse der Bornholmer Grundschule zusammen und sind immerhin auch schon in der Humboldt-Uni im Kreuzberger Groove aufgetreten. Zu Gehör gebracht wird heute Abend das Konzert *Der Feuervogel*. Der Eintritt in Höhe von 50 Cent pro Person wird einer Schule in Togo gespendet.

Literatur

Billmeier, U./ Keita, M.: Ein Leben für die Djembé – Traditionelle Rhythmen der Malinké. Engerda 1999

Emrich, K.: Kakadu. Ein perkussives Musikstück. In: Grundschule Musik, Heft 16/2000, S. 50 ff.

Heyden, van der U./ Zeller, J. (Hrsg.): Kolonialmetropole Berlin. Eine Spurensuche. Berlin 2002, S. 261 ff.

Konaté, F./Ott, Th.: Rhythmen und Lieder aus Guinea. Oldershausen 1997

Miller Chernoff, J.: Rhythmen der Gemeinschaft. Musik und Sensibilität im afrikanischen Leben. München 1994

Schreiber, G./Hellmann, P.: Karibuni Watoto. Spielend Afrika entdecken. Münster 1997

Die Kinder verteilten Handzettel als Einladung für das „Feuervogel-Konzert" in der Stadt

Die Eine Welt klingt bunt!

Dass Musik auch ein im wahrsten Sinne Spielplatz im Themenfeld »Globales Lernen« sein kann, zeigt das Unterrichtsprojekt mit vierten Klassen an der Grundschule im niedersächsischen Grasberg.

Matthias Entrup

Groove hier, wir brauchen etwas Groove hier!« Die 80 Kinder der vierten Klassen an der Grundschule Grasberg springen, klatschen und schnipsen, was das Zeug hält. Ihr Bodypercussion-Rap »Groove hier!« bildet den Auftakt zu einer weltmusikalischen Reise, die sie ihren Eltern kurz vor Beginn der Sommerferien vorführen. Das Rüstzeug für diese Reise, die die einen durch die Wüste schickt, die anderen in die Karibik verschlägt, Westafrika streift und schließlich in einer vietnamesischen Hafenstadt vor Anker geht, haben sich die Kinder in nur vier Tagen erarbeitet und dabei viele Instrumente, Rhythmen und Melodien kennengelernt. In diesem Beitrag möchte ich einen kleinen Einblick geben in Konzeption und Hintergründe einer derartigen musikalischen Projektwoche und dazu ermutigen, selbst zum musikalischen Reiseveranstalter zu werden.

Die Idee, musikalische Inhalte im Zusammenhang mit einer Reise zu vermitteln, kam mir während der Rhythmus-Arbeit mit Kindergartenkindern: Muskelbepackte und schwer stapfende »Seemänner« stehen den auf Zehenspitzen trippelnden, feinen »Etepetete-Damen« an Deck eines imaginären Trommelschiffes gegenüber und machen Tonhöhendifferenzierung und Gewichtung von unterschiedlichen Schlagtechniken auf der westafrikanischen Djembé-Trommel körperlich erlebbar. Mit diesem Bild im Kopf gelang vielen Kindern das aktive Musizieren auf der Trommel deutlich leichter.

Musik wie auch die »schönen Künste« im Allgemeinen, die im heutigen Fächerkanon der allgemeinbildenden Schulen leider selten oben auf der Prioritätenliste zu finden sind, können im Zusammenhang mit dem Lernbereich »Globale Entwicklung« einen wertvollen Beitrag leisten: Sie ermöglichen sinnbildliche, emotionale Zugänge zu fremden Kulturen und Anschauungen, wecken Neugier und Verständnis für ungewohnte Ausdrucksformen und stärken so Toleranzfähigkeit und Empfindungsreichtum. Glücklicherweise findet sich in der aktuellen Neuauflage des Orientierungsrahmens zum Lernbereich »Globale Entwicklung« (2. aktualisierte und erweiterte Auflage 2015) endlich auch ein eigenes Kapitel zum Fach Musik, welches Anregungen zur differenzierenden Betrachtung und Reflexion von Musik in ihrem jeweiligen Kontext gibt. Allerdings wird dabei eher auf den theoretischen Umgang mit Musik verwiesen.

So klingt die Wüste

Nehmen wir exemplarisch die Reisestation »Wüste«: Eine Wüste kann man hinsichtlich ihrer Beschaffenheit, ihrer geografischen Voraussetzungen und Auswirkungen auf die sozioökonomischen Gesellschaftsstrukturen der in ihr lebenden Menschen betrachten. Man kann sie als großformatiges Poster oder Film visuell erfahren, aktuelle oder historische Klangaufnahmen aus Wüstenregionen mit Musikbeispielen aus der eigenen Lebenswelt kontrastieren und vergleichen. Für mich aber ist es viel anregender, die Wüste selber zum Klingen zu bringen! Kargheit, endlose Weite und die faszinierend klare und lineare Dünenstruktur einer Sandwüste lassen sich unmittelbar in einem Musikstück abbilden – etwa durch Instrumentierung (Heulrohre symbolisieren den Wüstenwind, senkrecht gehaltene Rahmentrommeln spiegeln gängige Musizierpraxis der Region wider), Melodieführung (pentatonisches Tonmaterial, lineare Tonfolgen) und Rhythmik (monoton, zyklisch).

Am Anfang war das Wort: Von der Sprache zur Musik

»Karawane-Wüste« murmeln alle Kinder der Wüsten-Klasse. Und zwar alle gemeinsam zur gleichen Zeit – eben rhythmisch. Das großartigste Instrument, welches wir jederzeit und überall zur Verfügung haben, ist unsere Stimme in all ihren Facetten. Sie kann die musikalischen Basiskoordinaten Rhythmus, Melodie und (beim Singen in der Gruppe) Harmonie ohne spezifische Instrumentenkenntnisse darstellen und ist darüber hinaus noch Informationsträger. Aus diesem Grund gibt es bei meinen instrumentalen Musikprojekten für jede musikalische Phrase einen »Songtext«, der sich 1:1 auf das jeweilige Instrument übertragen lässt. So sitzen die Karawanen-Teilnehmer kurze Zeit später im Schneidersitz auf dem Boden und trommeln auf Rahmentrommeln, die für den arabischen Raum typisch sind, den Rhythmus »Karawane-Wüste«.

In Analogie zum afrikanischen Sprichwort »Wer laufen kann, kann tanzen; wer sprechen kann, kann singen!« könnte man auch formulieren: »Wer rhythmisch sprechen kann, kann auch trommeln!« Eine Idee übrigens, die unter anderem fest im klassischen indischen Rhythmus-System (Tala) verankert ist: Durch die Zuordnung von Silben (Bol) zu den einzelnen Anschlag-Klängen einer Trommel wie z.B. der Tabla können alle spielbaren Rhythmen auch gesprochen werden, das Beherrschen dieser Rhythmus-Versprachlichung ist sogar notwendige Voraussetzung bei der musikalischen Ausbildung. Ohne Notenkenntnisse können Kinder beispielsweise durch vorbereitendes Sprechen des Satzes »Afrika ist ein Kontinent« ein rhythmisch anspruchsvolles, synkopiertes Rhythmus-Signal (»Blocage«) aus der westafrikanischen Musikkultur auf die Trommel übertragen – und haben gleichzeitig die hartnäckige Vorstellung von Afrika als »Land« (zumindest sprachlich) korrigiert!

Und die Karibik-Klasse, die bei ihrer Reisestation Kokosnuss-Rita trifft (Harry Belafontes »Coconut Woman«), preist ihre Ware in lustigem Denglisch an: »Kauf das Kokosnuss-Water, das ist gut for your daughter!«

Einmal instrumentieren, bitte!

Apropos Kokosnuss: Selbstverständlich spielt unsere Coconut Woman auch auf musikalischen Kokosnüssen (Woodblocks), während beim Besuch Westafrikas auf »echten« Djembés getrommelt wird. Falls keine Originalinstrumente zur Verfügung stehen, lassen sich mit etwas Fantasie auch aus den vielfach vorhandenen Orff-Instrumenten mühelos Projektwochen bestreiten. Hierbei liegt mir vor allem das Musizieren mit den Mallets (»Stabspiele«) wie Xylofon und Metallofon am Herzen, da sie als Schlaginstrumente sowohl Rhythmus-Geber sind als auch aufgrund ihrer gestimmten Klangplatten Melodie- und Harmoniefunktion übernehmen können. Ihre Bedienung ist im Vergleich zu anderen Instrumenten vergleichsweise einfach (»zielen – schlagen – klingen lassen«), der gesamte Vorgang der Tonerzeugung und Melodieverläufe ist zudem visuell nachvollziehbar. Zusammen mit einer Rhythmus-Sprache ähnlich der oben genannten indischen Methodik bilden diese Instrumente die Basis meines Konzepts »Rhymelusi« (RHYthmus + MELodie = MUSIk), das als Alternative zur klassischen musikalischen Grundausbildung an der Blockflöte konzipiert ist.

Während für mich Xylofon und Co die Spitze des Orffschen Instrumenten-Berges bilden, lohnt sich ebenfalls der Blick auf die Basis: Auch Orff-Pauken können, die richtige Stimmung vorausgesetzt, als Bass-Rhythmus-Fundament mit Gewinn in ein Musikstück integriert werden, als Ersatz für eine brasilianische Surdo oder eine japanische Taiko-Drum. Insgesamt bietet das Orff-Instrumentarium bei richtigem Einsatz und etwas Geschick bei der Ausarbeitung der Arrangements eine breite Palette an klanglichen Möglichkeiten. Auch das heterogene musikalische Leistungs- und Auffassungsvermögen innerhalb einer Klasse lässt sich damit gut berücksichtigen.

Inspiration aus dem Melting Pot

Die Basis für meine Lehrtätigkeit in Einzel-, Gruppenunterricht und Schulprojekten genauso wie für Auftrittsprojekte bildet ein kunterbuntes und vielfältiges Musikverständnis. Angefangen bei der musikalischen Früherziehung und Blockflötenausbildung hat sich mein Repertoire vom Schlagzeug (Drumset) ausgehend über klassisches Orchesterschlagwerk und mein Hauptinstrument Jazz-Vibrafon bis hin zu afrikanischer und brasilianischer Percussion stets verbreitert und in die Weltmusik hinein geöffnet. Ebenso wichtig wie das Erweitern und Verfeinern meiner spielerischen Fähigkeiten war das Erleben einer breiten Palette didaktischer Ansätze, die mal klassisch und noten-orientiert, mal freiheitlich improvisatorisch oder aber traditionell oraltradiert geprägt waren.

Ein ebensolches Sinnbild für das Aufeinandertreffen unterschiedlichster Kulturen stellt auch die letzte Station der musikalischen Weltreise dar: In einer Hafenstadt verschmelzen ein traditionelles vietnamesisches Wiegenlied - adaptiert von einer ambitionierten Worldmusic-Jazz-CD – und eine kraftvolle, japanisch anmutende Trommeleinlage miteinander. Die Identifizierung mit der Rolle des japanischen Trommlers fordert den Kindern eine hohe Konzentrationsleistung ab, gehört doch zum Assoziationskontext neben den kraftvollen Schlägen selbst auch die meditative Stille vor dem Schlag. Erstaunlicherweise sind gerade die eher unruhigen Kinder bereit, sich auf diese schwierige Herausforderung einzulassen – das Sinnbild aus der fremden Kultur wirkt! Viel gelernt haben die Schülerinnen und Schüler auf dieser Reise und mindestens ebenso viel Spaß dabei gehabt! ■

Fortsetzung des Beitrags auf Seite 50

Singen und Swingen: So begeistern kann die Schülerinnen und Schüler die Musik aus Einer Welt!

Beat it: Afrikanische Schlag-Instrumente und das Orffsche Instrumentarium bilden die Rhythmus-Grundlage

(Wir brauchen etwas) Groove hier!

Ein Bodypercussion-Rap für eine musikalische Weltreise. Musik und Text: Matthias Entrup

Dieses Stück eignet sich als Ein- und Ausstieg für eine musikalische Weltreise. Die Hintergrundgeschichte bildet ein Schiff mit Reisenden, die von Station zu Station um die Welt fahren. Bei einem Bodypercussion-Stück wird der gesamte Körper inklusive der Stimme als Rhythmus- und Musikinstrument benutzt. Zum Aufwärmen kann der Körper durch vorsichtiges (!) Abklopfen von oben bis unten eingestimmt werden. Die Hinweise zu den jeweiligen Notenbeispielen sind als Erklärung und Anregungen zu verstehen. ■

1

2

3

4

5

6

7
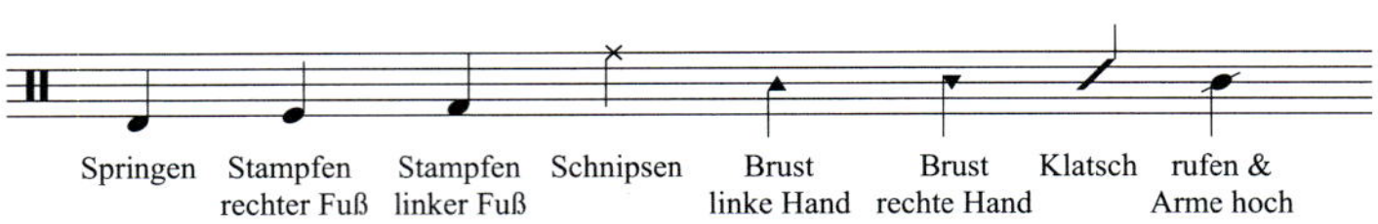

Ein Anleitungsvideo ist unter **https://youtu.be/7QVHPqgVt34** einzusehen.

INFO Erläuterung zum Stück

1. Das Wichtigste bei einer solchen Reise ist der »Groove«, oft synonym gebraucht mit »Rhythmus«. Wenn man vom »guten Groove« spricht oder anerkennend sagt: »Die Band groovt ja total«, dann ist darüber hinaus ein gut aufeinander abgestimmtes Zusammenspiel der Musiker, eine Art gemeinsamer Fluss gemeint. Das ist dann auch gleich eine der schwierigsten Übungen für eine größere Gruppe von Kindern: gemeinsam hochspringen, mit geschlossenen Füßen gleichzeitig auf der Erde landen und dabei »Groove« rufen. Am besten zählt man lässig einen Viervierteltakt vor (ob auf Deutsch, Englisch, Französisch oder sonst wie ist egal), und los geht's! Nachdem der Großteil der Gruppe den Einstieg zusammen schafft, die verbleibenden Zählzeiten nach dem Groove weiterzählen und so lange wiederholen, bis es »groovt«!
2. Im Anschluss an den Sprung wird geschnipst, und zwar nicht irgendwie oder irgendwo, sondern mit den Händen vorm Körper auf Augenhöhe. Das dazu gerufene Wort »hier« erzeugt zusammen mit der Bewegung eine starke Fokussierung nach dem wuchtigen Sprung. Abwechselnd als Call-and-Response-Spiel in unterschiedlichen Sprach- und Lautstärkequalitäten einüben.
3. Die Aussage »Groove hier!« wird, ergänzt durch die Worte »Wir brauchen etwas …«, in einen Sinnkontext gebracht. Dabei spricht der Gruppenleiter zunächst nur alleine vor, während die Kinder mit »Groove hier!« antworten. Macht Spaß als Reaktionsspiel! Die dadurch erhöhte Aufmerksamkeit gleich nutzen und nahtlos an die Antwort der Kinder anknüpfen, Kinder dann mitsprechen lassen. Wird der Text sicher mitgesprochen, synchron zum Wortrhythmus abwechselnd mit den Händen auf dem Brustkorb mitklopfen.
4. Zu jedem »Groove« gehört ein »cooler Move«! Während Rhythmus und Bodypercussion-Bewegungen gleich bleiben, wird der Songtext erweitert: »… denn die Stimmung steigt, wenn …«. Ja, was wenn? Ruhig die Frage offen im Raum stehen lassen und eine kleine Diskussionspause einlegen.
5. Diese neue Bewegungsabfolge samt Text unbedingt separat vom vorherigen Teil üben! »trommeln, singen, tanzen« zunächst ohne Bewegung pausenlos hintereinandersprechen (zum Merken die Abkürzung »TST« einführen). Die aus dem Zusammenhang gerissene falsche Grammatik als Anlass zum Lachen nehmen (oder als Verweis auf Meister Joda).
6. »Groove hier« und »TST« werden zusammengefügt. Den zweiten Textblock (siehe zweite Notenzeile) erst einführen, wenn der erste Teil beherrscht wird (Rhythmus und Bewegungen sind in beiden Teilen bis auf das Ende identisch). Den Abschluss bildet das gleichzeitige Hochwerfen der Arme in die Luft, verbunden mit einem kurzen und knackigen »Hey!«.
7. Als Ausklang der Reise eignet sich folgender Text:
Groove hier, die Reise ist jetzt
aus, aus! Wir gehen jetzt nach
Haus, Haus! Und sagen euch auf
Wiederseh'n und tschüss, TSCHÜSS!

5. Sport

Das für das Fach Sport ausgewählte Unterrichtsbeispiel ist in mehrfacher Hinsicht interessant und beispielhaft. Es ist eindeutig ein Sport-Beispiel, hat aber gleichzeitig zwingend Bezüge zu anderen Fächern. Es ist ein beeindruckender Beitrag, wie sich Inklusion in der Schule realisieren lässt, vorausgesetzt die Bedingungen stimmen: kundiges Personal in ausreichender Zahl, das nötige Material in bester Qualität.

BEISPIEL: Fußballerde. Ein Fußballprojekt im 3. bis 6. Jahrgang einer Förderschule (Heft 1 / März 2006, S. 11 -14)

Fußballerde

Dieses Fußballprojekt einer Förderschule für Menschen mit Behinderung in Rheinland-Pfalz entstand im Rahmen der Fußball-WM 2006, die damals in Deutschland stattfand.

Sonja Marburger

Wir sind eine Förderschule mit dem Förderschwerpunkt motorische Entwicklung in Rheinland-Pfalz. In unserer Einrichtung, die dem Gemeinschaftswerk für Menschen mit Behinderung (GfB) angehört, gibt es unterschiedliche Abteilungen (Sozialpädagogisches Zentrum, Heilpädagogischer Kindergarten, Schule, Tagesförderstätte, Werkstatt für Behinderte und ein Wohnheim).

Fast 200 Schülerinnen und Schüler mit motorischen Behinderungen werden in unterschiedlichen Bildungsgängen betreut (Bildungsgang „Grund- und Hauptschule", „Lernen", „Ganzheitliche Entwicklung"). Unsere Teams setzen sich zusammen aus Förderschullehrer(inne)n, pädagogischen Fachkräften (Erzieher(inne)n, Pfleger(inne)n), Ergotherapeut(inn)en, Physiotherapeuten(inn)en und Logopäd(inn)en.

Das vorgestellte Projekt wurde von einer 3. bis 6. Klassenstufe gestaltet. Es handelt sich bei der Klasse um eine Mischklasse, d.h. es werden Schülerinnen und Schüler aus dem Bildungsgang Grundschule und dem Bildungsgang Lernen mit entsprechenden differenzierten Unterrichtsinhalten gemeinsam gefördert. Unsere Schülerinnen und Schüler sind, bedingt durch ihre körperlichen Einschränkungen, überwiegend fremdbestimmt. Sie haben kaum Möglichkeiten, oft auch nicht den Mut und das Selbstvertrauen, eigenverantwortlich tätig zu werden. Das mangelnde bzw. fehlende selbstständige Handeln verhindert auch den Aufbau einer Struktur bei den Kindern. Oft wirken sie beim Durchführen von Handlungsschritten unbeholfen, umständlich, orientierungslos, aber auch in hohem Maße verunsichert.

Das Arbeiten mit bzw. an Projekten gibt den Schülerinnen und Schülern die Möglichkeit und den Raum, im Rahmen ihrer Stärken aktiv zu werden. Schwächen dürfen bzw. sollten ausgelebt werden, denn das schafft Freiräume, Energien zu bündeln, die für andere Bereiche genutzt werden können. Während der Projektdurchführung wurde immer wieder klar, dass Ideensammeln und auftretende Probleme unser Werk voranbringen. Arbeitsschritte mussten nicht zwingend eingeführt werden, sie ergaben sich beim Tun (beim handelnden Umgang) und eigneten sich zum Aufbau einer Struktur. Die fertiggestellten Projekte erfüllten die Schülerinnen und Schüler mit Stolz und Zuversicht in ihr weiteres Tun.

Wir machen mit!

Nachdem wir von dem Kreativwettbewerb „Talente 2006 – Die FIFA WM in der Schule" erfuhren, an dem alle Schulen in Deutschland teilnehmen konnten, war uns ganz schnell klar, dass wir geradezu verpflichtet sind, bei diesem Wettbewerb mitzumachen, zumal Kaiserslautern auch zu den WM-Städten gehört und unsere Einrichtung Kontakte zum 1. FC Kaiserslautern pflegt. Der wichtigste Grund war natürlich, dass unsere fußballbegeisterten Kinder eingefleischte „BETZE"-Fans sind.

Nach einer kurzen Absprache zwischen Klassenteam und Ergotherapeutin wurde das Projekt mit den Schülerinnen und Schülern der Klasse besprochen.

Die Auswahl einer Kreativ-Kategorie – Darstellende Kunst, Kreatives Schreiben, Bildende Kunst, Musik und Mediale Kunst standen zur Wahl – ging sehr schnell. Ermutigt von dem Erfolg unseres letzten Projektes war klar, dass wir wieder im Bereich „Bildende Kunst" tätig werden würden.

Nach Anmeldung und dem Erhalt der „Talente Box", sie enthält die Wettbewerbsunterlagen sowie eine FIFA-Fahne, starteten wir durch. In Anlehnung an das offizielle WM-Motto „Die Welt zu Gast bei Freunden" entschieden sich unsere Schülerinnen und Schüler für folgende Ansätze:

- Aus Gästen werden Freunde
- Fußball verbindet die Welt
- Fußball schafft Freunde, vereint die Welt

Mittels einer „Mind-Map" wurden alle Gedanken und Ideen rund um das Thema gesammelt.

Ergebnis:

- Die Erde und der Fußball, beide sind „rund" und werden vereint.
- Wir gestalten eine „Fußballerde", wobei der untere Teil der Kugel die Erde und der obere Teil den Fußball und dessen Stellenwert in der Welt, aber auch den Einheits- und Einigkeitsgedanken symbolisiert.
- Eine Fußballmannschaft besteht aus 11 Spielern. Spieler aus der ganzen Welt bilden eine Mannschaft, ein Team. Zu beachten: Jeder Kontinent soll vertreten sein. Europäische Mannschaften sind stärker vertreten, da sie unseren Kindern geläufiger sind.
- Wichtig war uns auch die Berücksichtigung eines Spielgedankens. Unser Projekt soll nicht nur zum Anschauen einladen, sondern auch zum Spielen aktivieren. Dies ist gerade für die Kinder wichtig, die gerne Fußball spielen würden, aber wegen der Schwere ihrer Behinderung nicht können.

Wir entwickelten also ein Gemeinschaftsspiel, das mit mehreren Spielern, auch Rollstuhlfahrern, gespielt werden kann. Anpassung, Absprache, Rücksicht, Koordination, Geschicklichkeit, Reaktion, Konzentration werden außer Teamgeist und visumotorischen Fähigkeiten gefördert.

Unser Fußballerde-Spiel ermöglichte einen vielfältigen, unterrichtlichen Bezug. Im fächerübergreifenden Unterricht konnten viele Details erarbeitet und geklärt werden.

Deutschunterricht:

Thema: „Kinder in anderen Ländern" (und Bräuche, Sitten, Leben, Schule, Arbeit); „Schreiben einer Spielanleitung"; „Dokumentation der Bilder" (und Verfassen der Bildkommentare).

Sachunterricht/Erdkunde:

Eine Verbindung zum Sachunterricht/Erdkundeunterricht wurde zwingend, da man die Herkunftsländer der

„Kinder" auch kennen lernen wollte. In kleinen selbstverfassten Steckbriefen stellten die Schülerinnen und Schüler im Anschluss auch die jeweiligen Kontinente vor. Während des Projektes gewannen sie zunehmend an Sicherheit, Raum und Lage der Kontinente zu bestimmen und Details über Land und Leute zu erklären.

Mathematikunterricht:
Maßstabsberechnungen, Berechnen von Entfernungen

Wie gehen wir weiter vor?
Wir bauten den Unterbau zu unserer Erde aus einer Rattan-Schale. Diese musste mit Pappmaschee ausgestaltet und vergrößert werden auf Sitzhöhe der Rollstuhlfahrer. Anschließend musste sie trocknen.

Diese Trockenphase nutzten wir, um den Schülerinnen und Schülern inhaltlich das völkerverbindende Element der Fußball-WM näher zu bringen. Ein Fragenkatalog wurde zusammengetragen: Wo finde ich die Erdteile? Welche Länder sollen ausgewählt werden? Wie ernähren sich die Menschen im jeweiligen Land? Haben die Menschen dort Arbeitsmöglichkeiten? Besuchen die Kinder Schulen? Was machen die Kinder in ihrer Freizeit? Dazu fanden sich die Schülerinnen und Schüler in so genannten „Spezialisten-Teams" zusammen. Die Kinder konnten sich an der Lesetheke informieren, die im Klassenzimmer bereitstand. In der Lesetheke finden die Kinder Bücher, Atlanten, Zeitschriften, Broschüren, Kassetten, Filmangebote. Die Ergebnisse wurden im Team vor der Gruppe vorgetragen.

Diese Phase hat den Kindern sehr viel abverlangt. Ein hohes Maß an Eigenverantwortung und Selbstständigkeit musste eingebracht werden. Die Schülerinnen und Schüler haben sich jedoch gegenseitig unterstützt und geholfen oder sie haben bei uns Erwachsenen um Rat gebeten.

Nach Abschluss der „Wissensarbeit" fragten sich die Kinder: Wie bringen wir die vielen Erdteile auf unsere Fußballerde? Die Schülerinnen und Schüler setzten sich äußerst aktiv auseinander, die Gestaltung lag ihnen sehr am Herzen. Schnell hatten sie untereinander geklärt, dass drei Kinder die „Malaufgabe" übernehmen, die anderen die Umrisse dann auf der Halbkugel platzieren und kleben.

Wir haben ja nur eine Halbkugel für die ganze Welt

Auch für uns Projektbegleiterinnen und -begleiter wurde es zum Thema: Darf man die Welt schrumpfen oder nehmen wir nur die Länder der Südhalbkugel? Aus Schülermund kam dann eine lustige Äußerung: „Ach, das ist doch egal! Beim Fußball steht doch die ganze Welt auf dem Kopf. Außerdem merkt das doch keiner!" Dieses Problem war ab sofort keines mehr!

Die Umrisse der Kontinente wurden ausgeschnitten, auf der Halbkugel platziert und mit Pappmaschee geklebt.

Nach der Trockenphase konnten die Kontinente mit Hilfe der Steckbriefe und der Weltkarte farbig gestaltet werden.

Was brauchen wir jetzt für die Fußballspieler?
Jeder Kontinent soll vertreten sein, aber wie finden wir heraus, ob auf dem Kontinent Fußball gespielt wird? Nach abgeschlossener Recherche und Überprüfung wurden die Spieler auf Sperrholzplatten aufgemalt und ▶

Die Kinder benennen und beschreiben die Kontinente

Sie zeichnen die Umrisse der Kontinente auf Papier und schneiden sie aus

Sie bauen die Fußballerde aus Pappmasché und formen auf einer Hälfte die Kontinente

Für die Meere brauchen sie viel blaue Farbe

Eine Hälfte der Fußballerde ist geschafft!

ausgesägt. Trikots, Hosen, Stutzen wurden mit Bleistift aufgezeichnet und ausgemalt. Gesicht, Arme und Beine bekamen ihre Hautfarbe. Danach erhielten die Spieler die Nationalflaggen auf dem Bauch und dem Rücken. Zuletzt wurden die Gesichter angemalt und nach dem Trocknen gelackt. Im Anschluss gestalteten wir die Füße, malten die Schuhe.

Gestaltung des Spielfeldes

Erde und Fußball, beide sind rund und werden vereint. Nach einigem Für und Wider konnte schnell geklärt werden, dass unser Spielfeld wie ein Fußball aussehen soll. Sechseckige Schablonen wurden ausgeschnitten und netzförmig auf die Fläche des runden Spielfeldes aufgeklebt, die Quadrate dazwischen wurden schwarz ausgemalt.

Anschließend stellten wir die Spieler am Rande des Spielfeldes auf und markierten vor jedem Spieler das „Tor". Die Tore wurden ausgesägt. Unter jedem Tor wurde eine Unterputzdose angebracht und mit Pappmaschee gestaltet. Zum Schluss erhielt das Spielfeld einen Lackanstrich.

Unsere „Fußballhelden" standen nun da, sahen recht ansprechend aus, aber die Hände „griffen" aneinander vorbei. An den Händen halten sollten sie sich nicht, schließlich haben wir es mit Fußballern und nicht mit Kindergartenkindern zu tun. Also verbanden wir unsere Spieler mit ihrer „Leidenschaft", jeweils mit einem Fußball.

Zum Schluss wurde das Spielfeld auf die Halbkugel der Erde geklebt. Wir konnten es kaum abwarten, bis unser Projekt endlich gut getrocknet und spielbereit war.

Die Abschlussphase

Die Projektschritte wurden mit zahlreichen Bildern dokumentiert. Zur Gestaltung unseres Fußballbuches wählten wir mit den Kindern die Bilder aus und klebten sie auf. Zu jedem Bild verfassten sie Kommentare, die wir schriftlich fixierten. Zum Schluss laminierten wir die Seiten, brachten sie zum Binden und schickten unser Werk zur FIFA.

Die Gestaltung unseres Fußballbuches ließ die Schülerinnen und Schüler alle Arbeitsschritte noch einmal erleben. Sie erkannten dadurch, was sie in den vorangegangenen Wochen geleistet hatten. So zeigten sie sich vom Umfang unseres Buches sehr beeindruckt, hatten sie ihr Tun in diesem Umfang doch gar nicht wahrgenommen.

Die Schülerinnen und Schüler arbeiteten von Anfang an motiviert mit. Der handelnde Umgang mit der „Sache" ermöglichte ihnen größtmögliche Selbstständigkeit und Verantwortlichkeit.

Den Kindern ging es hauptsächlich um die „Sache", das hat uns doch immer wieder beeindruckt. Auch die Wertschätzung der Arbeit in anderen Gruppen, in Form von Lob („das habt ihr aber gut gemacht"), aber auch in Form von Kritik („also, da habt ihr ja einiges vergessen"), wirkte konstruktiv.

Die Möglichkeit, sich „Auszeiten" zu nehmen, wurde von der Gruppe bis zu einem bestimmten Punkt toleriert. Die Arbeitshaltung wurde jedoch auch von der zur Verfügung stehenden Zeit günstig beeinflusst. Bis zu den Sommerferien musste alles fertig sein, da war ganz klar, dass der „Schlendrian" hier außen vor blieb.

Arbeitsblätter und Informationen zu „Fußballerde" befinden sich unter www.weltinderschule.uni-bremen.de als Materialseiten. ■

INFO **Spielanleitung**

Mitspieler: 6 – 8

Alter: 3 – 99

1. Legt den Fußball in die Mitte (Anstoß).
2. Bestimmt, welche Länder gegeneinander spielen sollen.
3. Bewegt nun die „Fußballerde" leicht hin und her.
4. Behaltet den Fußball im Auge und bewegt die Platte so, dass er dorthin rollt, wo er auch hin soll, nämlich ins Tor.
5. Gewinner ist die Mannschaft, die das erste Tor schießt. Es sind jedoch hier ganz viele Variationen möglich.

Die Fußballer werden aus Holzplatten ausgesägt

Die große Malaktion beginnt.

Die Körperteile der Spieler werden angemalt

Auch die Trikots und Flaggen der Länder müssen ausgemalt werden

Die Fußballer werden aufgestellt und festgeklebt

Statt der Fußballtore gibt es Mulden vor jedem Spieler

Das Fußballfeld für die Halbkugel

Nun kann das Fußballspiel beginnen

Das Fußballfeld auf der Erdhalbkugel in Bewegung

6. Sachunterricht

Der für die Grundschule spezifische Lernbereich Sachunterricht bzw. Heimat- und Sachunterricht oder -kunde, wie er in manchen Ländern der Bundesrepublik Deutschland genannt wird, bietet den klassischen Rahmen für alle Themen und Inhalte der „Bildung für nachhaltige Entwicklung".
Die Fächer **Politische Bildung, Geografie, Geschichte, Wirtschaft, Naturwissenschaften** (Biologie, Chemie, Physik) der weiterführenden Schulen kommen im Lernbereich Sachunterricht in altersentsprechender Form zum Zug. Um nun dieser Möglichkeit und diesem Anspruch gerecht zu werden, wurden für den Sachunterricht Unterrichtsbeispiele ausgewählt, die jeweils schwerpunktmäßig den Inhalten eines der genannten Fächer der Sekundarstufe I zugeordnet werden können.

Politische Bildung

Hierher gehören Herrschaftssysteme, innere und äußere Sicherheit u. Ä., aber auch das weite Feld der Menschenrechte im Allgemeinen und der Kinderrechte im Besonderen.
Unter vielen Möglichkeiten wurde ein Unterrichtsbeispiel ausgewählt, das nicht nur für Kinder in Entwicklungsländern existentiell ist, sondern den Alltag von Kindern bei uns berühren kann: das Recht auf Bildung und Gesundheit, das oft durch Kinderarbeit beeinträchtigt wird.

BEISPIEL: Kinderarbeit: Was können wir tun? (Heft 139 / Dez. 2015, S. 3 – 7)

Kinderarbeit: Was können wir tun?

Wie sehen deutsche Kinder Kinderarbeit? Was verstehen sie darunter? Wie gehen sie damit um? Wie reflektieren sie diese ihnen meist fernen Welten? Ein Unterrichtsprojekt mit zwei vierten Klassen fand auf diese Fragen einige überraschende Antworten.

Astrid Habermann und Susanne Buschbeck

Mit dem Thema „Kinderarbeit" beschäftigten wir uns das erste Mal 2014 im Rahmen einer Lehrerfortbildungstagung des Projekts „Eine Welt in der Schule". Dort konzipierten wir ein Unterrichtsbeispiel zu diesem Themenfeld. Ausgehend von ihren eigenen Erfahrungen sollten die Schülerinnen und Schüler über die verschiedenen Arten von Kinderarbeit – vom Taschengeldjob bis zur ausbeuterischen Kinderarbeit – aufgeklärt werden, die Ursachen und Folgen von Kinderarbeit kennen lernen und erkennen, welche gesellschaftlichen Veränderungen eingeleitet werden müssen, um ausbeuterische Kinderarbeit zukünftig zu verhindern.

Gleichzeitig versuchten wir bei den Schülerinnen und Schülern Empathie für arbeitende Kinder zu entwickeln, ohne die Einstellungen gegenüber einzelnen Ländern sehr stark negativ zu beeinflussen.

Mit den aufgeführten Zielsetzungen vor Augen entwickelten wir auf der Tagung einen Unterrichtsvorschlag.

Die Umsetzung

Das Unterrichtsprojekt fand in zwei vierten Klassen statt. In jeder Klasse sind 22 Schülerinnen und Schüler. Viele Kinder kommen mit recht unterschiedlichen Erfahrungen zu uns: sei es die zu Hause gesprochene Sprache, der Migrationshintergrund der Familie oder das soziale Umfeld.

Um den Kindern die Möglichkeit einzuräumen, sich mit ihrer eigenen Lebenssituation zu beschäftigen, begannen wir mit dem Einsatz eines Kindersteckbriefs. In dem Steckbrief musste jedes Kind Angaben zu seinem Lebensumfeld (Lieblingsspielzeug, Hobbys usw.) sowie zu den positiven und negativen Seiten des „Kindseins" eintragen. Die Auswertung der Steckbriefe ergab, dass die Kinder am liebsten Orte in der näheren Umgebung aufsuchen (Spielplatz, Fußballplatz, Garten), die Favoriten unter ihren Lieblingstätigkeiten Spielen allgemein, Basteln, Fußballspielen und Fahrradfahren sind.

„Es ist toll ein Kind zu sein, weil..." haben die meisten mit „frei sein" verbunden (Sachen erleben, man darf fast alles, man muss nicht arbeiten), während der Satz „Es ist blöd ein Kind zu sein, weil..." geprägt ist durch die Entscheidungslosigkeit (um Erlaubnis fragen, auf Erwachsene hören, kein Geld bekommen).

Hinführung zum Thema

Eine Klasse beschäftigte sich mit dem Text „Schuften statt Schule", in der anderen Klasse wurden einige wichtige Kinderrechte erarbeitet.

Schnell kam es zu der wichtigen Frage: Was ist für unsere Kinder Arbeit? Hierzu wurden viele Fotos von Kindern, die verschiedene Tätigkeiten ausübten, an die Tafel geheftet. Nun galt es für die Schülerinnen und Schüler, sozusagen „aus dem Bauch heraus", diese Fotos zu kategorisieren in „Kinderarbeit – ja" oder „Kinderarbeit – nein". Zahlreiche Fotos, die dem Bereich „ausbeuterische Kinderarbeit" zugeordnet werden können, wurden von den Schülerinnen und Schülern auch als Kinderarbeit bewertet. Unsicher bzw. uneinig waren sich die Kinder beim „Tiere-Hüten", beim Transport schwerer Lasten auf dem Kopf bzw. mit einer völlig überfüllten Sackkarre oder beim Musizieren auf der Straße.

Modeln und Prospekte verteilen galten nicht als Arbeit, während die Hilfe im Haushalt als Arbeit gesehen wurde. Wichtig für die Kinder war neben der Tätigkeit an sich auch der Gesichtsausdruck (traurig/fröhlich) der Protagonisten, der manches Mal zur Entscheidungsfindung beitrug.

Exemplarische Beispiele aus unterschiedlichen Ländern

Anhand von Alltagsbeschreibungen einiger Kinder aus verschiedenen Ländern setzten sich beide Klassen in Partner- bzw. Gruppenarbeit mit dem Leben eines Kindes (Pepe aus Ecuador, Theresa/Tobias aus Deutschland, Eliza aus Mozambik, Carlos aus Guatemala, Pilgrim von den Philippinen und Jonathan aus Sambia) intensiv auseinander. Sechs Fragen galt es dabei für die Schülerinnen und Schüler zu beantworten.

Kinderarbeit – Kinder stellen sich vor:

1. Sucht die Heimat des Kindes im Atlas oder auf dem Globus – Partnerarbeit
2. Notiert EUREN Tagesablauf stichpunktartig und vergleicht ihn dann mündlich mit dem Alltag des anderen Kindes – Einzelarbeit und Partnerarbeit
3. Welche Tätigkeiten verrichtest du, welche das andere Kind? – Einzelarbeit
4. Nenne die Gründe, die das fremde Kind zur Arbeit zwingen. – Einzelarbeit
5. Welche Zukunftsperspektiven hat das Kind? – Einzelarbeit
6. Bereitet eure Ergebnisse so vor, dass ihr sie der Klasse vorstellen könnt.

Die Ergebnisse wurden den Klassen in Referaten vorgestellt, in Stichworten festgehalten und ausführlich diskutiert.

Neubewertung der Fotos und Vergleich des Tagesablaufs

Anschließend wollten wir die Einordnung der Fotos aus der Hinführungsphase überprüfen. Dazu wurden zu den Fotos kurze Bildunterschriften vorgestellt. Zusätzlich hatten die Kinder die Aufgabe, die einzelnen Fotos mit Hilfe der folgenden Fragen erneut zu bewerten:

1. Ist die Arbeit freiwillig?
2. Ist sie gesund oder ungesund?
3. Ist der Verdienst gerecht oder werden die Kinder ausgebeutet?
4. Haben die Kinder noch Zeit für Bildung oder Freizeit?
5. Ist die Arbeit gefährlich?

Natürlich wechselten einige Fotos daraufhin ihren Platz. Zusätzlich wurden in einer Klasse auch noch die Lebenssituationen eines Mädchens aus Mozambik und eines weiteren Jungen von den Philippinen angeschaut. Die Tagesabläufe dieser Kinder wurden mit ihren eigenen verglichen. Dabei kamen die Kinder zu dem Schluss, dass sie im Vergleich über sehr viel Freizeit verfügen.

Nun wurden die Aspekte der Ausbeutung und der Einhaltung von Kinderrechten genauer untersucht.

Was ist Ausbeutung?

Diese Frage wurde anhand der Beispiele sehr rege und teilweise kontrovers diskutiert. Zusammenfassend wurden folgende Stichpunkte festgehalten:

Ausbeutung bedeutet, dass:
- die Arbeitszeiten sehr lang sind.
- die Arbeit die Kinder gesundheitlich gefährdet.
- die Kinder gezwungen werden.
- sie kein oder nur sehr wenig Geld erhalten.
- die Kinder keine Freizeit haben oder Zeit für die Schule.

Zur Festigung und Überprüfung ihrer Kriterien haben die Schülerinnen und Schüler nun versucht, Aussagen zu Tätigkeiten in eine Tabelle einzuordnen.

Das klappte bei den meisten ganz gut. Doch auch hierbei gab es Diskussionen, welche Form der Kinderarbeit erlaubt werden sollte und welche nicht. Erlauben würden die Kinder zum Beispiel: 2-mal die Woche Zeitungen austragen, Rasen mähen, Zimmer aufräumen ... Definitiv Nein sagten sie zu Arbeiten wie zum Beispiel: schwere Lasten tragen, Arbeiten im Akkord oder ohne Pausen. Schwierig wurde es bei diesen Arbeiten: bei der Ernte helfen, Schuhe putzen nach der Schule ...

Werden Kinderrechte eingehalten?

Dazu haben wir uns die Forderung der arbeitenden Kinder angesehen. Allgemein wurde von den Kindern beider Klassen festgestellt, dass die Kinderrechte nicht überall eingehalten werden, sondern dass es weltweit Kinder gibt, die nicht Kind sein dürfen, die für ihr Alter zu viel Verantwortung tragen müssen und die sowohl körperliche als auch seelische Strapazen erdulden. Die Kinder erkannten auch den Teufelskreis, in dem die arbeitenden Kinder stecken – keine gute Schulbildung – keine guten Jobs – geringer Verdienst – Armut – wenn erwachsen, müssen die Kinder wieder helfen/arbeiten. Die Forderungen der Kinderarbeiter sahen sie deshalb als sehr wichtig an.

Die Forderungen der arbeitenden Kinder

1. Wir wollen, dass unsere Probleme, unsere Vorschläge, Bemühungen und Aktivitäten beachtet und anerkannt werden.
2. Wir wollen Respekt und Sicherheit für uns und die Arbeit, die wir leisten.
3. Wir wollen Unterricht, in dem wir etwas über ▶

Eindrücke von der Projektarbeit: Die Kinder erarbeiten sich das Thema in aufeinander aufbauenden Schritten

unsere Situation und für unser Leben lernen.
4. Wir wollen eine Berufsausbildung.
5. Wir wollen eine gute Gesundheitsversorgung.
6. Wir wollen bei allen Entscheidungen gefragt werden, die uns betreffen.
7. Wir wollen, dass die Ursachen für Kinderarbeit, vor allem die Armut, bekämpft werden.
8. Wir wollen, dass man auf dem Land leben kann, so dass Kinder nicht in die Städte ziehen müssen.
9. Wir sind gegen Ausbeutung. Wir wollen Zeit zum Lernen, Spielen und Ausruhen haben.
10. Wir wollen, dass Kinderarbeiter auf den großen Konferenzen der Regierungen gehört werden.

Schlussfolgerungen

Unsere Klassen waren sehr betroffen und aufgebracht. „Das ist aber unfair! Das ist ungerecht! Was wird aus den Kindern dieser Kinder? Warum gibt es so etwas überhaupt? Man müsste an die Regierung schreiben."

Nachdem wir gemeinsam überlegt haben, in welchen Produkten Kinderarbeit stecken könnte (Bananen, Kleidung, Zucker, Spielzeug, Reis, Pflastersteine, Blumen, Kaffee, Kakao, Schuhe uvm.), wurde die Frage „Was können wir tun?" nun ausgiebig besprochen. Überlegungen waren, Spenden und faire Produkte zu kaufen. Unseren Kindern wurde jedoch auch die Begrenztheit ihrer eigenen Möglichkeiten bewusst.

Nach der Unterrichtseinheit bewerteten unsere Kinder den Begriff „Kinderarbeit" wesentlich kritischer. Dies erkannten wir unter anderem daran, dass die zu Beginn der Unterrichtseinheit eingeordneten Fotos am Ende zum Teil umsortiert wurden. Unsere Klassen waren überrascht und entsetzt, was bei kritischer Betrachtung alles Kinderarbeit darstellt.

Schön zu beobachten war, wie motiviert und begeistert die Kinder bei der Sache waren und sich mit dem Thema auseinandersetzten. Es war für sie schwer vorstellbar, dass Kinder in solchen Verhältnissen groß werden, und sie kamen zu der Erkenntnis: Uns geht es richtig gut.

Sämtliche in der Erprobung verwendeten Materialien (Fotoserie, Arbeitsblätter usw.) können beim Projekt „Eine Welt in der Schule" ausgeliehen werden. ■

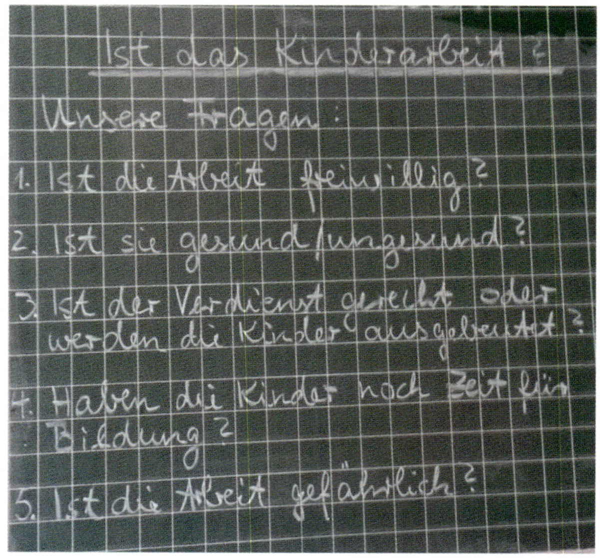

Engagement: Die Schülerinnen und Schüler erarbeiten eine Liste von Forderungen zum Schutz der arbeitenden Kinder

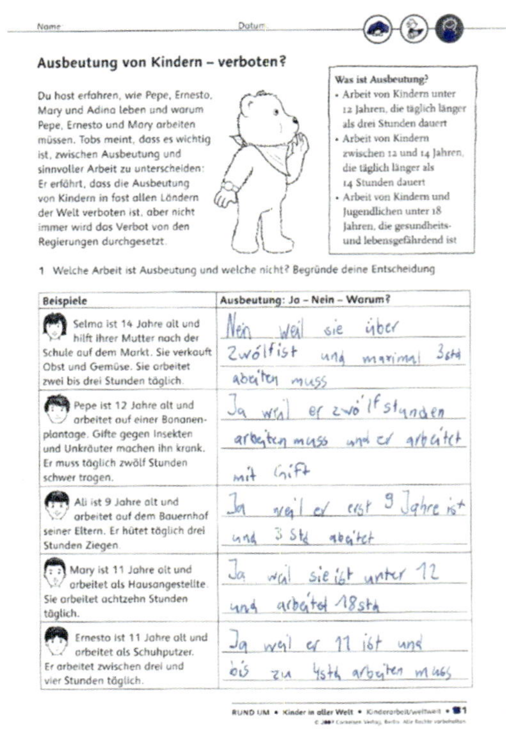

Name Datum

Ausbeutung von Kindern – verboten?

Du hast erfahren, wie Pepe, Ernesto, Mary und Adina leben und warum Pepe, Ernesto und Mary arbeiten müssen. Tobs meint, dass es wichtig ist, zwischen Ausbeutung und sinnvoller Arbeit zu unterscheiden: Er erfährt, dass die Ausbeutung von Kindern in fast allen Ländern der Welt verboten ist, aber nicht immer wird das Verbot von den Regierungen durchgesetzt.

Was ist Ausbeutung?
- Arbeit von Kindern unter 12 Jahren, die täglich länger als drei Stunden dauert
- Arbeit von Kindern zwischen 12 und 14 Jahren, die täglich länger als 14 Stunden dauert
- Arbeit von Kindern und Jugendlichen unter 18 Jahren, die gesundheits- und lebensgefährdend ist

1 Welche Arbeit ist Ausbeutung und welche nicht? Begründe deine Entscheidung

Beispiele	Ausbeutung: Ja – Nein – Warum?
Selma ist 14 Jahre alt und hilft ihrer Mutter nach der Schule auf dem Markt. Sie verkauft Obst und Gemüse. Sie arbeitet zwei bis drei Stunden täglich.	Nein weil sie über Zwölfist und marimal 3std abeiten muss
Pepe ist 12 Jahre alt und arbeitet auf einer Bananenplantage. Gifte gegen Insekten und Unkräuter machen ihn krank. Er muss täglich zwölf Stunden schwer tragen.	Ja weil er zwölf stunden arbeiten muss und er arbeitet mit Gift
Ali ist 9 Jahre alt und arbeitet auf dem Bauernhof seiner Eltern. Er hütet täglich drei Stunden Ziegen.	Ja weil er erst 9 Jahre ist und 3 Std abeitet
Mary ist 11 Jahre alt und arbeitet als Hausangestellte. Sie arbeitet achtzehn Stunden täglich.	Ja weil sie ist unter 12 und arbeitet 18std
Ernesto ist 11 Jahre alt und arbeitet als Schuhputzer. Er arbeitet zwischen drei und vier Stunden täglich.	Ja weil er 11 ist und bis zu 4std arbeiten muss

RUND UM • Kinder in aller Welt • Kinderarbeit/weltweit • 1

Mein Tag, dein Tag: Mit „Steckbriefen" und Fragebögen stellen die Kinder ihren Tag dem der arbeitenden Kinder aus Afrika, Asien und Lateinamerika gegenüber.

INFO Projekt „Kinderarbeit“: Aufbau und Zeitplan

INHALT 1 (2 STD.)

Exemplarische Beispiele aus unterschiedlichen Ländern. Dabei deutlich machen, dass es in allen Ländern sowohl arme als auch reiche Kinder gibt.

MATERIAL/METHODE
• Pepe aus Ecuador (Nr. 1) • Adina aus Sambia (Nr. 2) • Jonathan aus Sambia (Nr. 3) • exemplarisch wird ein problembelastetes deutsches Kind geschildert (Theresa aus Deutschland – Nr. 12/Tobias aus Deutschland – Nr. 13) • Mary – ein Tag in Mosambik (Nr. 4)

ANMERKUNG
Dabei ausprobieren, ob 50 kg getragen werden können.

Errechnen, wie viel Zeit Mary im Tagesverlauf mit der Hausarbeit verbringt.

INHALT 2 (1 STD.)

Begriffsklärung: ausbeuterische Kinderarbeit; warum arbeiten die Kinder?

MATERIAL/METHODE
- Vergleich des Tagesablaufs eines arbeitenden Kindes, z. B. Mary mit dem eigenen Tagesablauf (AB: Diagramme zeichnen – Nr. 5 und Nr. 6)
- TB über die Bildkartei mit den von den Kindern einsortierten Fotos. Zuordnung der Info-Texte zu den Fotos. Dabei eventuell die Sortierung verändern, weil die Info-Texte die Art der Arbeit deutlich machen.
- Ursachen der Arbeit als Mind-Map zusammenstellen (GA)

ANMERKUNG
TB »Kinder sind stolz, wenn sie mit ihrer Arbeit die Familie unterstützen!«

Mögliche Lösungen: Armut der Familie; kein Geld, kein Land; manche Arbeiten können Kinder besser (kleinere Hände); das ist so üblich – Traditionen; Schule ist für diese Kinder nicht gut zu erreichen/nicht so wichtig; Mädchen werden benachteiligt.

INHALT 3 (1 STD.)

Was ist Ausbeutung?

MATERIAL/METHODE
- AB: Ausbeutung von Kindern – verboten? (Nr. 7)

ANMERKUNG
Folgen:

- Zeit fehlt, fehlende Kindheit
- gesundheits- und lebensgefährdend
- generationsübergreifender Teufelskreis: weniger Bildung – später schlechtere Ausbildung – schlechter bezahlte Arbeiten als Erwachsener – nicht genug Geld – Armut bleibt auch bei den Kindern der Kinder

INHALT 4 (1 STD.)

Was können wir tun?

MATERIAL/METHODE

Information über die Arbeit von UNICEF, Kinderrechtskonvention, Erfolge (Rugmark-Siegel für Teppiche, Bildungsmöglichkeiten für arme Kinder, öffentliche Sensibilisierung für dieses Thema, weltweiter Rückgang der Kinderarbeit)

- AB: Worin kann Kinderarbeit stecken? (Nr. 12)
- Eine-Welt-Laden besuchen oder einladen
- regionale Einzelhändler/Produzenten ansprechen, anschreiben oder besuchen
- Film schauen über die Herstellung fair gehandelter Produkte
- eigenes Kauf- und Wunschverhalten überdenken
- Blume 2000 (fair gehandelte Blumen)
- Sportgeschäfte (fair gefertigte Bälle)
- AB „Kinderarbeit verletzt die Rechte von Kindern“ (Nr. 8) und
- AB „Forderungen der Kinderarbeiter“ (Nr. 9)

ANMERKUNG
Darin kann z. B. Kinderarbeit stecken: Bananen, Gewürze, Kaffee, Tee, Reis, Schokolade, O-Saft, tropische Früchte, Zucker aus Zuckerrohr, Bekleidung, Bleistifte und Radiergummis (Graphit), Feuerwerkskörper, Handys und Kommunikationsgeräte (Coltanminen), Heimtextilien, Lederwaren, billige Holzprodukte, Natursteine für Bau- und Grabsteine, handgeknüpfte Teppiche, Sportschuhe und Sportgeräte, billiges Spielzeug.

Die Nummerierung bezieht sich auf die Arbeitsblätter, die beim Projekt „Eine Welt in der Schule“ ausgeliehen werden können.

Hilfreich sind auch die beiden Arbeitsblätter auf S. 126 f. in diesem Band: Was ist für dich Kinderarbeit?

Sachunterricht

Geografie

Hierher gehören fast alle Unterrichtsbeispiele, die das Leben von Kindern und Erwachsenen in anderen Ländern thematisieren. Das schließt normalerweise ein den Umgang mit Atlanten und Landkarten, das Kennenlernen von Landschaften, Gebirgen und Meeren, sowie von unterschiedlichen klimatischen Verhältnissen usw. Zwei Beispiele werden ausführlich dargestellt.

BEISPIELE: João, Flavia und Marcos. Wie leben Kinder in Brasilien (Heft 2 / Juni 2011, S. 4 – 7)
Komm mit uns nach Indien … (Heft 1 / März 2008, S.4 – 9)

João, Flavia und Marcos. Wie leben Kinder in Brasilien?

5 Projekttage in der Heidegrundschule in Berlin-Adlershof anlässlich der Fußballweltmeisterschaft in Brasilien.

Andrea Hübler

In vielen Schulen ist es bereits Tradition geworden, in der letzte Schulwoche vor den Sommerferien eine Projektwoche durchzuführen. Auch in der Heidegrundschule in Berlin-Adlershof ist dies eine liebgewordene Tradition. An vier Projekttagen wurde geforscht und gearbeitet. Hauptmotto für die Projektwoche war „Ein Ball rollt um die Welt". Aus 22 verschiedenen Themen konnten die Kinder wählen. Der Nachmittag des fünften Tages endete mit einem Schulfest und Präsentationen der einzelnen Projekte.

Die Fußballweltmeisterschaft stand kurz bevor – Brasilien ist bekanntlich eine große Fußballnation und es gibt vielfältige Projekte, um Straßenkinder vom Fußball zu begeistern. So eignete sich das Buch „Wir leben in Brasilien" sehr gut für die Projektwoche. Die Schülerinnen und Schüler lernen in dem Buch drei brasilianische Kinder mit unterschiedlicher Herkunft kennen. Dabei wird ihnen bewusst, dass das Leben dieser Kinder viele Gemeinsamkeiten mit dem Leben der Kinder in Deutschland hat, es aber auch grundlegende Unterschiede gibt.

Die Schülerinnen und Schüler sollten an diesen vier Projekttagen einen Einblick ins Leben dieser brasilianischen Kinder erhalten.

Zusätzlich nutzte ich noch Materialien aus dem „Reisekoffer Brasilien" des Welthauses Bielefeld. Die darin enthaltenen Arbeitsblätter passten hervorragend zu den inhaltlichen Schwerpunkten der Projektwoche und sind sehr gut gestaltet.

Gemeinsam mit einem Erzieher der Schule hatte ich eine sehr kleine Gruppe mit Schülerinnen und Schülern der dritten und vierten Klasse. Die Projektwoche war mit täglich fünf Unterrichtsstunden sehr knapp bemessen und einige wichtige Themen konnten nur sehr kurz angerissen werden.

Für alle Tage gab es ein festes Ritual, welches aus einem gemeinsamen Einstieg und einer Abschlussrunde bestand. Außerdem wurden in den ersten Stunden jeweils die Themen im Buch behandelt, die darauf folgenden Stunden waren meist praktisch angelegt.

Durch die gute Lehrer/Erzieher-Schüler-Relation war es uns möglich, den Kindern viele Wahlmöglichkeiten zu eröffnen, beispielsweise bei der Zubereitung typischer Gerichte, beim Ausprobieren von Spielen und beim Basteln und Bauen.

Annäherung an das Thema

Zu Beginn erfolgte eine Einführung zum Projektthema. Insgesamt war der Tag sehr geografisch ausgelegt, damit die Kinder eine Orientierung und natürlich eine Größenvorstellung vom Land erhalten.

An der Tafel befand sich eine Weltkarte. Mit einem kleinen Flugzeug begaben wir uns auf Flugreise von Deutschland (Berlin) nach Brasilien. Dabei erfuhren die Kinder, wie lange man fliegt und wie weit es bis nach Brasilien ist.

Dann sahen sie sich die Größe beider Länder an. Mit Hilfe eines Arbeitsblattes fanden sie heraus, wie oft Deutschland in Brasilien passt. Dieses Arbeitsblatt und alle anderen Materialien, welche die Kinder im Laufe der Woche erhielten, wurden im Projekthefter gesammelt. Als Deckblatt gestalteten die Schülerinnen und Schüler die Flagge Brasiliens. Dazu erhielten die Kinder ein vorgefertigtes Arbeitsblatt.

An der Tafel waren die vergrößert kopierten Abbildungen der im Buch beschriebenen Hauptpersonen zu sehen. Die Bilder hatte ich auf A3-Format vergrößert und laminiert. Die Schülerinnen und Schüler äußerten erste Gedanken zu den abgebildeten Kindern. Während der anschließenden Arbeit mit dem Buch wurden drei Gruppen gebildet. Jede Gruppe fertigte einen Steckbrief zu einem der Kinder an. Die Schülerinnen und Schüler lernten die drei Hauptpersonen des Buches, João, Flavia und Marcos kennen, die alle in diesem Land aufwachsen. Dabei erfuhren sie, dass João aus Salvador da Bahia kommt. Flavia in Brasilia, der Hauptstadt, wohnt und mit ihren Eltern im Sommer ins Amazonasgebiet reist und dass Marcos in Rio de Janeiro wohnt und unermüdlich am Strand das Wellenreiten trainiert.

Vor der Abschlussrunde des ersten Tages, die der Zusammenfassung des Erfahrenen diente, durften die Schü-

INFO Wir leben in Brasilien

Das im Knesebeck Verlag erschienene Buch enthält ein aktuelles Länderporträt, in dem über Geografie, Geschichte, Politik, Kultur, Bildung und Alltag aus der Sicht der Kinder berichtet wird. Über jeweils ein bis zwei Seiten werden demografische Fakten des Landes vorgestellt. Es folgt ein geschichtlicher Überblick und anschließend laden die Kinder ein, ihre Familie und deren Arbeitswelt, ihren Schulalltag, ihre Religion und ihr Freizeitleben kennenzulernen. Dabei werden in kurzen prägnanten Abschnitten tiefe Einblicke in die gesellschaftlichen Strukturen gegeben. Das Buch ist für Schülerinnen und Schüler der vierten und fünften Klasse gut geeignet. Für Schülerinnen und Schüler der dritten Klasse sollte man einzelne Kapitel auswählen, da die Texte nicht immer ganz einfach zu erfassen sind.

Freland, F.-X.: Wir leben in Brasilien. Knesebeck Verlag 2007

lerinnen und Schüler noch ein typisches brasilianisches Kinderspiel, das Bohnenwerfen, ausprobieren. Da an diesem Tag viel gelesen und geschrieben wurde, hatten die Kinder viel Freude an diesem praktischen Spiel, das im Freien stattfand.

Tagesabläufe

Der zweite Tag hatte die unterschiedliche Lebensweise der drei Kinder, verbunden mit den Essgewohnheiten, zum Hauptinhalt.

Den Einstieg bildeten viele Fotos, ausgewählte Dias aus dem „Reisekoffer Brasilien" sowie Aufnahmen einer Kollegin, die mehrere Wochen in verschiedenen Kinderprojekten in Brasilien gearbeitet hat.

Anschließend notierten die Schülerinnen und Schüler auf einem vorbereiten Arbeitsblatt wichtige Informationen zu ihrem persönlichen Tagesablauf. Dabei arbeiteten wir das Typische aller Tagesabläufe heraus.

Die drei Gruppen des Vortages erhielten den Auftrag, den Tagesablauf der einzelnen Kinder aus dem Buch genauer zu lesen und wichtige Informationen aufzuschreiben. Nachdem die einzelnen Tagesabläufe vorgestellt worden waren, verglichen wir den Tag der brasilianischen Kinder mit dem eines deutschen Kindes. Die Schülerinnen und Schüler stellten fest, dass es viele Gemeinsamkeiten gibt, z.B. am Vormittag Schule, am Nachmittag Freizeitaktivitäten wie Sport und Spiel. Marcos Hobby, das Wellenreiten, kam bei sämtlichen Kindern gut an. Dass João mit für den Unterhalt der Familie sorgen muss, fanden die Kinder bedauerlich, ihnen gefiel aber, dass seine Oma ihn ständig mit Essen versorgt. Flavias Urlaubsreise fanden alle spannend.

Danach beschäftigten wir uns mit dem Leben eines Straßenkindes. Hierzu verwendete ich Arbeitsmaterialien der Don-Bosco-Aktion „Fußball für Straßenkinder". Die Kinder erstellten einen weiteren Tagesablauf, so dass sie zum Schluss fünf verschieden Tagesabläufe vergleichen konnten. Betroffen waren die Schülerinnen und Schüler vom Leben der Kinder auf der Straße, welches ihnen so noch nicht bekannt war. Sie sahen aber auch, dass die Mehrheit der brasilianischen Kinder ein Leben führen kann, welches dem Leben hier durchaus ähnlich ist. Die Schülerinnen und Schüler konnten viele Gemeinsamkeiten zum Leben eines brasilianischen Kindes, aber auch gravierende Unterschiede feststellen. Durch diese Einsichten kam es zu keiner schwarz-weiß Malerei.

Essgewohnheiten

Im zweiten Tagesabschnitt beschäftigten wir uns mit dem Essen in Brasilien. Wieder wurde von den eigenen Gewohnheiten ausgegangen und dann mit Hilfe des Buches herausgefunden, welches die typischen Essgewohnheiten in Brasilien sind. Dabei wurde auch darauf eingegangen, dass dies in den verschiedenen Bevölkerungsschichten sehr unterschiedlich ist.

Zwei Gruppen stellten schnelle kleine Köstlichkeiten her. Das waren Obstspieße, Pipoca (Popcorn) und Pão de queijo (Käsebrötchen). Die Rezepte entnahmen wir dem „Reisekoffer Brasilien". Jede Schülerin und jeder Schüler bekam die Rezepte für den eigenen Projekthefter. Die Zubereitung machte allen viel Spaß. Fast alle Kinder hatten schon einmal Popcorn gegessen, aber nur wenige hatten es bereits selbst hergestellt. Für die Obstspieße hat- ▶

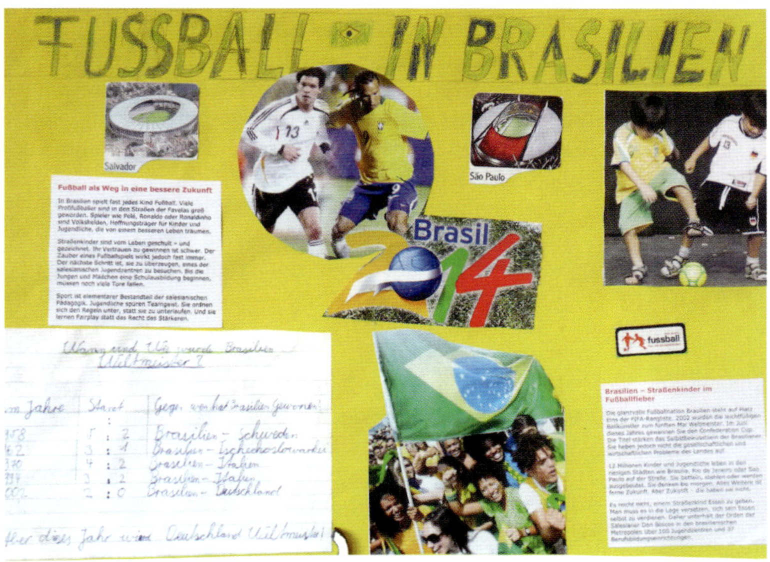

Die Kinder fertigten für die Präsentation Informationstafeln an ten wir viele exotische Früchte besorgt. Die Kinder waren nicht nur stolz über das Essen, welches sie selbst zubereitet hatten, sondern hatten auch viel Freude beim gemeinsamen Verzehren der Speisen. Besonders schmackhaft fanden alle die Obstspieße und das Popcorn. Die Käsebrötchen wurden von den Erwachsenen bevorzugt.

Beim gemeinsamen Essen tauschten wir uns noch einmal über den Tag aus und fassten die neuen Erkenntnisse zusammen.

Freizeitbeschäftigungen

Am dritten Projekttag sahen wir uns aus der Kinderfilmreihe „Ich wünsche mir" einen Film über die neunjährige Joseane an. Tanzen beim Karneval in Rio mit dem besten Sambatänzer der Welt, das ist der Traum dieses Mädchens. Der Film erlaubte nochmals einen Rückblick auf den zweiten Projekttag und war zugleich Einführung für den dritten Tag. Besonders die Mädchen fieberten mit der kleinen Joseane und ihrem großen Wunsch mit. Einige Mädchen hätten auch selbst solch ein prächtiges Tanzkostüm gehabt.

Nach dem Film probierten wir gemeinsam mit Hilfe einer CD aus dem „Reisekoffer Brasilien" kurze Dialoge in Portugiesisch zu sprechen. Dies bereitete den Kindern viel Spaß. Auch die kurzen Kinderlieder hörten wir an und sangen wir nach.

Die darauf folgende Stunde war dem Lesen im Buch vorbehalten. Die Schülerinnen und Schüler suchten alle Informationen zu den Freizeitbeschäftigungen der Kinder. Dabei standen Capoeira, eine beliebte Kampfsportart, Fußball und Samba im Mittelpunkt.

Diesen Tag beschlossen wir mit Bastelarbeiten. Eine Gruppe, vorwiegend aus Jungs bestehend, stellte ein Nagelfußballspiel her. Besonders toll fanden alle, dass man dieses Spiel auch sofort ausprobieren konnte. Die andere Gruppe bastelte aus Naturmaterialien Armbänder und Ketten. Dieses Angebot wurde vorwiegend von Mädchen genutzt, die den gebastelten Schmuck nach der Projektwoche auch gleich mit nach Hause nahmen.

Präsentationsvorbereitungen

Der vierte Tag wurde ausschließlich dazu genutzt, die Plakate anzufertigen und die Projekthefter zu gestalten. Außerdem hatte jede Schulgruppe den Auftrag, einen Stand mit den Projektergebnissen auf dem Schulhof vorzubereiten.

Es entstanden folgende Plakate:

- Geografie Brasiliens
- Spiele in Brasilien – Freizeitaktivitäten
- Kurzer Sprachkurs
- Essen in Brasilien

Die Plakate und der Projekthefter wurden für eine Zusammenfasssung der Wochenergebnisse genutzt.

Da die Projektgruppe sehr klein war und durch große Hitze die Unterrichtstage teilweise verkürzt stattfanden, konnten wir uns den Themen Regenwald und Leben auf dem Land leider nicht mehr widmen. Die Module für diese Themen können noch beliebig eingefügt werden und sind sind im Unterrichtsvorschlag nachzulesen.

Fazit

Die Schülerinnen und Schüler waren von der Projektwoche positiv überrascht. Sie fanden die Themen spannend und abwechslungsreich und hätten noch gern weitere Tage geforscht. Das Buch „Wir leben in Brasilien" eignet sich sehr gut, einen ersten Eindruck des Lebens von Kindern in Brasilien zu vermitteln. Als besonders gelungen wurde von den Schülerinnen und Schülern die abwechslungsreiche Arbeit empfunden, da sich theoretische Abschnitte immer wieder mit praktischen Aufgaben abwechselten. Aufgrund der festen Struktur, die durch die Schulprojektwoche vorgegeben war, konnten einige Themen nur kurz angerissen werden. Um die Themen etwas differenzierter behandeln zu können, sollte die Woche nicht zu knapp bemessen sein. Fünf Tage mit jeweils fünf Stunden sind für dieses Projekt ein guter Zeitrahmen.

Arbeitsblätter und Informationen zu Brasilien befinden sich unter **www.weltinderschule.uni-bremen.de** als Materialseiten. ■

Literatur

Freland, F.-X.: Wir leben in Brasilien. München 2007

Große-Oetringhaus, H.-M.: United kids. Ein Spiel- und Aktionsbuch. Eine Welt. München 1991

Höfele, H.E.: Kindertänze aus aller Welt. Ökotopia Verlag 2004 (CD)

Holler, R.: Tatort Erde – Verschollen im Regenwald. Loewe 2007 (Buch und CD)

Kindernothilfe: Kinder, Kinder – Robinson bei den Straßenkindern in Rio. 2006

Küther, J.: Brasilien – Ideen für den Unterricht. Verlag C.R.Foos 2004

SOS Kinderdörfer weltweit: BAOBAB: „Ich wünsch mir" – Kinderfilme aus aller Welt Österreich 2009 (DVD)

Welthaus Bielefeld: Reisekoffer Brasilien. Bielefeld 2000

INFO Bohnenwerfen

Dazu gruben jeweils zwei Schülerinnen und Schüler eine Kuhle. Sie stellten sich ca. zwei Schritte entfernt davor auf. Ein Kind durfte sieben Bohnen in die Kuhle zielen. Die Bohnen, die in die Kuhle getroffen wurden, durfte der Werfer wieder nehmen. Die anderen blieben liegen und der nächst Werfer war dran. Wer mit den meisten Bohnen traf, durfte weiter machen. Die nicht getroffenen Bohnen wurden mit dem Finger in die Kuhle geschnipst, so lange bis man nicht mehr traf. Wer die meisten Bohnen getroffen hatte, war Gewinner.

INFO Vorschlag für eine Projektwoche

1. Tag

Einstieg (1 Std.)
- Globus – Weltkarte – Wir fliegen nach Brasilien (Laserpointer, OH-Projektor mit kleinem Flugzeug …), an allen Tagen Sambamusik
- Wissen der Kinder zum Land
- Größenvergleich Deutschland – Brasilien
- Ziel der Woche. Plakat – Arbeitsmappe

Arbeitsauftrag (2 Std.)
- Gruppenarbeit: Fertigt einen Steckbrief zum Leben der Kinder an!
- Karte mit Beamer oder große Karte – Fähnchen an die Wohnorte der Kinder stecken

Gemeinsames Spiel
- Bohnenspiel

2. Tag

Einstieg (1 Std.)
- Dias und CD aus dem Reisekoffer Brasilien

Arbeitsauftrag (3 Std.)
in Arbeitsgruppen
- Tagesablauf der drei Kinder erkunden
- Tagesablauf eines Straßenkindes erkunden
- Was ist ein Straßenkind? Wie sieht der Tagesablauf aus? (Schlafplatz, Essen, Schule)
- Vergleiche Pedros Zuhause mit deinem Zuhause
- Leben in den Favelas
- Leben auf dem Land
- Rollenspiel: Erleben, was Kinderarbeit bedeutet
- Glücksarmband, Nagelfußballspiel

Abschluss (1 Std.)
- Zusammenfassung des Tages

3. Tag

Einstieg (1 Std.)
- Verständigung zum Thema Essen – Traditionen in Deutschland und Brasilien

Arbeitsauftrag (1 Std.)
- Schülerinnen und Schüler lesen im Buch Texte zum Essen
- Früchtedomino

Gemeinsames Essen (2 Std.)
- In verschiedenen Arbeitsgruppen werden brasilianische Gerichte bereitet (Obstspieße, Fruchtsaft, Maissüßspeise, Popcorn, Käsebrötchen…)

Abschluss (1 Std.)
- Gerichte vorstellen
- Gemeinsames Essen

4. Tag

Einstieg (1 Std.)
- DVD: Kinderfilme aus aller Welt („Ich wünsche mir…")
- Musik (Samba)
- Buch lesen – Capoeira, Symbol des schwarzen Kampfes; Sport (Fußball); Karneval und Sambaschule

Arbeitsauftrag (3 Std.)
- Lied lernen
- Tanz gestalten
- Instrument bauen
- König Fußball – Fußballregeln (Straßenkinderprojekt)

Abschluss (1 Std.)
- Schülerinnen und Schüler stellen Ergebnisse der Arbeit vor

5. Tag

Einstieg (1 Std.)
- Tier- und Pflanzenwelt – Regenwald
- Beendigung der Arbeiten, Plakate…

Arbeitsauftrag (2 Std.)
- Plakate gestalten
- Regenwald erkunden – Tiere, Pflanzen – Bedeutung des Regenwaldes für uns

Abschluss (2 Std.)
- Plakate vorstellen
- Woche besprechen
- Ausstellung vorbereiten

Komm mit uns nach Indien…

Dieses Unterrichtsprojekt entstand auf der Grundlage einer langjährigen Partnerschaft zwischen einer deutschen und einer indischen Grundschule. Es entwickelt sich im Kontext einer fiktiven Reise einer dritten Klasse nach Indien.

Iris Dörsam-Winter

Das Thema „Indien" ist seit fast 20 Jahren fester Bestandteil meines Lebens. Ende der 1980er Jahre ergaben sich private Kontakte meiner Familie zu Indern, die hier in Europa studierten und vom Leben in ihrer Heimat berichteten. Gleichermaßen fasziniert von der kulturellen und religiösen Vielfalt des Ursprungslandes Mahatma Gandhis, der durch sein Lebenszeugnis und seinen gewaltlosen Widerstand nachhaltigen Eindruck auf mich gemacht hatte, aber auch berührt von der unglaublichen Armut und dem ausgrenzenden Kastensystem, ließ mich Indien nicht mehr los. Inzwischen bin ich seit 15 Jahren im Vorstandsteam einer Eine-Welt-Initiative tätig, die als NGO Selbsthilfeprojekte in Tamil Nadu, Südindien, unterstützt. Durch Projektbesuche vor Ort habe ich dieses Land näher kennen und lieben gelernt. Die anfänglichen direkten Kontakte haben sich zu engen Freundschaften entwickelt, die Familien unserer Freunde haben uns als Familienmitglieder aufgenommen. So ist Indien mittlerweile meine und unsere zweite Heimat geworden.

Als Lehrkraft an der hiesigen Grundschule in Mörlenbach, die auf die Förderung interkultureller Begegnungen einen Schwerpunkt gesetzt hat, lag es daher nahe, meine außerschulischen Erfahrungen aus dem Eine-Welt-Bereich einzubringen. Gute Kontakte zur Karl Kübel Stiftung in Bensheim, die in ihrem Bereich der Jugendaktion „Eine Welt leben lernen" über umfangreiches Ausleihmaterial zum Thema „Indien" verfügt, erleichterten die Entscheidung.

Wir leben in einer Welt

Mit dem Projekt „ICH-DU-WIR" als Teil des Schulprogramms ist die Schlosshofschule bestrebt, das Kennenlernen und Achten der verschiedenen Kulturen der Herkunftsländer der Grundschülerinnen und -schüler untereinander zu fördern. Die unterschiedlichen Nationalitäten, die unsere Grundschule besuchen, sind auf einer großen Kinderweltkarte im Foyer der Schule farbig markiert und durch rote Fäden mit dem Schulstandort Mörlenbach verbunden. Ein kurzer Faden führt auch von hier aus nach Gondreville in Frankreich und ein langer Faden nach Pavithiram in Südindien, den Standorten unserer Partnerschulen. Die Verbindung zu einer indischen Grundschule besteht nunmehr seit sieben Jahren.

Wie leben Kinder in fernen Ländern?

Die Beantwortung dieser Frage bietet als Grundschulthema zunächst natürlich Anknüpfungspunkte am Migrationshintergrund vieler Kinder, zeigt aber auch Berührungspunkte zu Urlaubsreisen, die mittlerweile häufig auch Fernreisen sind. Kinder sind von Natur aus neugierig auf alles Unbekannte und wissbegierig, was fremde Kulturen betrifft. Ausgehend von diesen Voraussetzungen ist es gerade in der Grundschule wichtig, ein Unterrichtsvorhaben zum Thema „Indien", als ein Beispiel für solch ein fernes Land, mit allen Sinnen, mit Kopf, Herz und Hand, erfahrbar und erlebbar zu machen. Das gelingt meiner Erfahrung nach am besten, wenn dies im Rahmen eines umfassenden Projektes mit vielen praktischen Lernstationen durchgeführt wird und im Rahmen eines Präsentationstages oder als Ausstellung beim Schulfest einer Öffentlichkeit vorgestellt werden kann.

„Komm mit uns nach Indien …"

Unter diesem Motto sollte die Reise einer dritten Klasse nach Indien gehen. Viel Zeit wollten wir damit verbringen, das Land, seine Menschen, Tiere, Pflanzen und vieles mehr mit allen Sinnen kennen zu lernen. Im Mittelpunkt sollte aber das Kinderleben in Indien mit all seinen positiven und negativen Facetten stehen. Es sollte eine Reise vom ICH aus Mörlenbach in Deutschland zum DU nach Pavithiram in Südindien werden, idealerweise mit der Erkenntnis: WIR sind alle Kinder dieser Welt. WIR leben in unterschiedlicher Umgebung und mit unterschiedlichen Traditionen, aber das macht uns neugierig aufeinander, bereichert unsere Erfahrungen und lässt uns uns gegenseitig achten und wertschätzen. WIR haben auch viele Gemeinsamkeiten, die uns gegenseitig stark machen und die uns helfen, eine Brücke aufeinander zuzubauen, als Kinder einer Erde, Hand in Hand.

Einstieg ins Thema

Als Einstimmung in das Thema hatte ich zunächst eine Reise auf dem Fühl-Teppich gewählt: Verschiedene Alltagsgegenstände und Souvenirs aus Indien wurden auf einen Teppich gelegt und mit einem großen indischen Tuch abgedeckt, sodass sie nicht sichtbar waren. Aufgabe der Schülerinnen und Schüler, die im Kreis um den Teppich saßen, war es nun, die Gegenstände zu erfühlen und zu benennen. Die erratenen Dinge, wie z.B. ein „Stofftier"-Elefant, durften dann vor den Kindern Platz finden. Anhand der unterschiedlichen Gegenstände, die da zum Vorschein kamen, sollte dann das Ziel unserer Reise, Indien, gefunden werden. Das gelang sehr gut und machte den Kindern viel Freude. Vorbereitete Wortkärtchen, die die Themenbereiche, mit denen wir uns befassen wollten, abdeckten, waren mit der Aufforderung verbunden, die „Fundsachen" nach ihrer Zugehörigkeit, z. B. „Tiere", zu sortieren. Dadurch erhielten die Kinder schon einen Ausblick auf das Gesamtprojekt.

Im Anschluss daran folgte eine Brainstorming-Phase, die sich den Inhalten „Das weiß ich schon über Indien" und „Das möchte ich noch darüber wissen" widmete. Graue Tonpapier-Elefanten boten die Grundlage für das bereits vorhandene Wissen und auf weiße Papier-Elefanten sollten die offenen Fragen geschrieben werden. Auf zwei große Packpapier-Elefanten, die im Klassenzimmer Platz fanden, konnten die kleinen Elefanten aufgeklebt werden. Während der Projektphase wurde immer wieder Bezug darauf genommen.

Anschließend wurde anhand einer Kinder-Weltkarte (oder Globus) die geografische Lage und die Entfernung Indiens thematisiert.

Als visuelle Einstimmung wählte ich danach eine Dia-Reise nach Indien. Mit einer Auswahl von eigenen Bildern über dieses Land wurde die Neugier der Schülerinnen und Schüler geweckt und der Rausch der Farben faszinierte die Kinder. Indische Veena-Musik dazu rundete das Bild ab.

Zum Abschluss der Einstiegsphase rückte eine indische Flagge in den Mittelpunkt der Betrachtung. Die indische Flagge besteht aus drei waagerechten Streifen (safrangelb, weiß, grün). In der Mitte trägt sie ein 24-speichiges, blaues Rad. Kurz wurde auf die Bedeutung der Farben, die im Zeichen der Religionen stehen, eingegangen. Safrangelb symbolisiert den Hinduismus, grün den Islam, weiß steht für das Miteinander der Religionen. Das blaue Rad kennzeichnet die Bewegung, das Rad der Geschichte.

Die Kinder erhielten danach ein Arbeitsblatt mit den Umrissen der indischen Fahne, die sie dann als Abrundung der ersten Begegnungsphase anmalen durften. Auf dem zweiten Teil des Blattes war eine Karte Indiens mit den Bundesstaaten und den wichtigsten Städten zu sehen. Auftrag dazu war, mit meiner Hilfe die ungefähre Lage der Partnerschule Pavithiram mit einem roten Punkt einzutragen. Mit dem Ausblick, sich das Kinderleben in einem indischen Dorf genauer anzuschauen, endete ein eindrucksvoller erster Tag unseres Projekts.

Besuch in Pavithiram, Südindien

Kinderleben in Indien

Um einen umfassenden Eindruck darüber, wie Kinder in Indien leben, zu vermitteln, hatte ich besondere Themenstationen vorbereitet. Diese sollten mit einer gemeinsamen Einführungsphase, zu der ich eigenes Material mitbrachte, eingeleitet werden. Die Stationen beinhalteten unterschiedliche Arbeitsaufträge oder besondere Bastel- und Malangebote zu den jeweiligen Themen.

Moderne Neubauten stehen im Gegensatz zu den Hütten im Slum

• Land und Leute

Die Kinder erhielten in Form von Info-Blättern geografische Informationen und einen ersten Eindruck der Gegensätze zwischen Stadt und Land, aber auch zwischen Reichtum und Armut. Meinen Schülerinnen und Schülern fiel sofort die Diskrepanz zwischen modernen Hochhäusern und Slum-Hütten auf dem Foto einer indischen Großstadt auf, die sie hier bei uns so nicht kennen.

• Alltag – Begrüßung

Bereits durch die Diavorführung hatten die Kinder einen Eindruck von einer indischen Begrüßungszeremonie erhalten. Die zugehörige Malai (Begrüßungsgirlande) konnte ich als Anschauungsobjekt aus dem persönlichen Fundus mitbringen. Mit dem Überreichen einer Girlande drückt man einem Gast in Indien seine Hochachtung aus. Bei der üblichen Begrüßung werden beide Hände vor der Brust zusammengelegt und der Kopf verneigt. Mit „Namasté" (Hindi), „Namaskkaaram" (Malayam) oder „Vanakam" (Tamil), was so viel heißt wie „Ich grüße dich, ich verneige mich vor dir", findet die traditionelle Begrüßung statt. Die geschieht normalerweise ohne Anfassen und Händedruck. Die Schülerinnen und Schüler fanden das sehr ungewöhnlich und sofort stellte sich die Assoziation zum Beten ein. Dies war eine Parallele, die aufgrund der Hochach- ▶

Hello. Dear Sven
Hai, How are you?
My name is R.V.ESwari
I am living in Pavitram in Tamil Nadu It is in South India. I have 2 brothers and 1 sister.
I am nine years old. The name of our school is R.C.M. Primary School. I am studying in 5 standard and I am learning Tamil, English, Maths, Science, Social, Science my favourite Subject is Social science My favourite Games are Football, skipping I eat Rice every day. Do you eat Rice? Please kindly reply my Letter
Thank you
your Loving Friend
A.V.ESwari

PS Happy Easter
Hello Indian friend,
greetings from Germany. My name is Benjamin. I am a boy and 8 years old. I live in Mörlenbach. It is a small village in a rural area. In school I like English and Chess. My favourite colour is red. My favourite animal is a lion. I like Computer. My favourite meal is pancakes, pizza and french fries. What's your name? How old are you? Please answer soon.
Yours Benjamin

Eine Brief-Partnerschaft auf Englisch verbindet deutsche und indische Kinder tungsgeste und der religiösen Wurzeln durchaus berechtigt war. Sehr gut kamen Anregungen zum Basteln einer Malai an. Ich hatte mich für die einfache Variante mit Lotusblüten aus Papier und Perlen entschieden. Eine andere Möglichkeit wäre eine Girlande aus Krepppapier (Hexentreppe)mit passenden Blüten.

• Alltag – Willkommen vor dem Haus

Bei jedem religiösen Fest, zur Begrüßung eines Gastes oder bei Hochzeiten, manchmal auch wöchentlich oder täglich, werden von indischen Frauen und Mädchen Kolams (glückverheißende Symbole) mit Reismehl vor die Tür gestreut. Sie sollen Segen für das Haus und die Menschen, die darin wohnen, bringen. An der Station erhielten die Schülerinnen und Schüler Sachinformationen zu Kolams und sollten Fragen nach der Bedeutung und der Absicht beantworten. Ergänzend konnten sie vorbereitete Kolam-Motive auf einem Blatt anmalen oder auf dem Schulhof ein Kreide-Kolam gestalten. Die Gestaltung von Lesezeichen aus Tonkarton, dekoriert mit indischen Mustern, gemalt mit Glitzerstiften oder beklebt mit Glitter in verschiedenen Farben machte den Kindern sehr viel Spaß.

• Kleidung

Ein besonders farbenfrohes Thema ist die Kleidung in Indien. Die bunten Saris beeindrucken vor allem die Mädchen in der Grundschule und wecken den Wunsch, selbst einmal das Wickeln einer solchen Stoffbahn auszuprobieren. Was Kinder und Erwachsene in Indien traditionell tragen, ließ sich anhand von mitgebrachten Kleidungsstücken veranschaulichen. Ob Sari, Chiudidar, Kurzsari, Khurta, Dhoti oder Lungi, inzwischen habe ich selbst eine reiche Auswahl an authentischer Kleidung zu bieten. Wer diese Möglichkeit nicht hat, kann z. B. auch bei der Karl Kübel Stiftung entsprechendes Material ausleihen. Während sich die Mädchen in meiner Klasse bei diesem Thema besonders interessiert zeigten und unbedingt einen Chiudidar (Hosenanzug) oder einen Sari anprobieren wollten, standen die Jungen dem Tragen einer Khurta (langes Hemd) oder einem Lungi (Rock für Männer) sehr skeptisch gegenüber. Mit dem in Indien inzwischen weit verbreiteten Polohemd und Hose konnten sie sich eher anfreunden.

• Kochen und Essen

Ein Höhepunkt eines jeden Indienprojektes ist das Thema »Essen«. Die vielen Lebensmittel und Gewürze aus Indien, die ich mitgebracht hatte, besaßen einen hohen Motivationscharakter. Ein Gewürzset mit den gebräuchlichsten indischen Gewürzen, verpackt in Gläsern, sollte anhand des Geruchs und passender Abbildungen zugeordnet werden. Das Raten fanden die Kinder sehr spannend. Schön ist es auch, als Abschluss des Themas einen Gewürztee zuzubereiten oder ein Reisgericht mit Curry zu kochen. Wem das zu aufwändig ist, kann die einfache Variante mit Lassi (Joghurt-Getränk) wählen. Manche Kinder überredeten ihre Mütter schließlich, einige ausgeteilte Rezepte aus der indischen Küche nachzukochen und waren vom Resultat begeistert.

• Religion

Da der Hinduismus für die meisten Menschen in Indien die am häufigsten praktizierte Religion ist und sie durch ihr Kastensystem auch einschneidende Auswirkungen auf das gesamte soziale Leben hat, ist es wichtig, dieses Thema anzusprechen. Der Hausaltar spielt eine große Rolle im täglichen Leben der Familien. Man betet zu einer bestimmten Gottheit, die besondere Eigenschaften besitzt und erhofft sich von ihr Schutz und Zuspruch. Was es bedeutet, Hindu zu sein, eine vereinfachte Erklärung des Kastensystems und die Bedeutung der heiligen Kuh waren Schwerpunkte der Station „Religion". Fotos von Tempeln und Hindufesten rundeten den Eindruck ab.

• Tiere

Bei diesem Thema waren alle Schülerinnen und Schüler sehr motiviert bei der Sache: Elefanten, Tiger, Schlangen, Affen und auch das Wappentier, der Pfau, übten eine große Faszination aus. Steckbriefe zu erstellen ist hier eine schöne Sache.

• Schule in Indien

Eine Klasse mit 50 – 60 Kindern, Klassenräume nur durch marode Pappwände abgetrennt, abgetragene Schuluniformen und wenige Schulsachen, die in einer löchrigen Umhängetasche Platz finden, können sich unsere Grundschulkinder nur sehr schwer vorstellen. Dass häufig ein Stock das sture Auswendiglernen begleitet und ein weiter Schulweg zu Fuß auch für die Kleinsten dazugehört, übersteigt ihre Vorstellungskraft dann aber meist. Schule in Indien und Schule bei uns – dazwischen liegen Welten.

Es sollte aber nicht beim Entsetzen, das viele Kinder bei der Schilderung der indischen Schulverhältnisse und bei der Demonstration der entsprechenden Utensilien empfanden, bleiben. Mein Anliegen war es, Verständnis für eine Situation zu wecken, die aufgrund mangelnder Ausstattung und Armut zustande kommt, Unterrichtsmethoden nachvollziehbar zu machen, die ihre Ursachen auch im Fehlen von entsprechendem Unterrichtsmaterial haben. Die gängige Praxis der Prügelstrafe wurde in Tamil Nadu vor kurzem glücklicherweise abgeschafft. Bis dies die letzte Dorfschule erreicht hat, wird es noch viele Jahre dauern. Schwer nachvollziehbar für unsere deutschen Schülerinnen und Schüler war es auch, dass ein Schulbesuch in Indien, trotz all dieser negativen Seiten, etwas sehr Erstrebenswertes für Kinder ist. Häufig kommt es auch vor, dass indische Kinder die Schule nicht besuchen können, da ihre Eltern das Schulgeld nicht aufbringen können. Als positives Beispiel für eine sehr liebevoll ausgestattete Grundschule zeigte ich Fotos aus unserer Partnerschule Pavithiram. Die Kolleginnen dort hatten durch selbst erstelltes Arbeitsmaterial eine einladende Arbeitsatmosphäre geschaffen. Fast erleichtert nahm dies meine Klasse auf.

• So spielen Kinder in Indien

Im Gegensatz zu deutschen Kindern haben ihre indischen Kameraden meist weniger Zeit zum Spielen. Aber wenn es dann soweit ist, tun sie es mit Begeisterung und einfachsten Mitteln. Steinchen spielen bei Ghitta (Geschicklichkeitsspiel) und Dscharkakani (Brettspiel) wurden hier den Kindern näher gebracht.

• Kinderarbeit

Ein dunkles Kapitel des indischen Kinderalltags ist die weit verbreitete Kinderarbeit. Sie ist in Indien trotz gesetzlichen Verbotes überall präsent! Aus der Not der Eltern, für die ein paar Rupien, die die Kinder durch ihre Schufterei verdienen, oft überlebenswichtig sind, schlagen Unternehmer Profit. Mit der Kinderarbeit entfällt für sie die Einhaltung von Mindestlöhnen und sozialen Standards. So steht für viele indische Kinder, die häufig aus Dalit (Unterkaste)-Familien kommen, statt Schulbesuch mit Lesen, Schreiben und Rechnen lernen Fabrikarbeit auf dem Stundenplan.

Viele indische NGOs, die sich für die Kinderrechte einsetzen, versuchen durch Aufklärung der Eltern und soziale und wirtschaftliche Stärkung der Familien diesem großen Problem zu begegnen. Für deutsche Schülerinnen und Schüler, die meist in einem sozial abgesicherten Elternhaus oder durch staatliche Unterstützung relativ gesichert leben, ist solch eine Situation schwer vorstellbar. Die Kinder meiner dritten Klasse waren schockiert über das Ausmaß der Kindersklaverei und dass es Kinder gab, deren größter Wunsch darin bestand, zur Schule zu gehen und vielleicht auch einmal spielen zu können.

Doch diese Klasse wollte selbst etwas handelnd dagegen tun, um solchen Kindern zu helfen. Gemeinsam wurde entschieden, Papierbatik-Karten zu basteln und sie beim bevorstehenden Schulfest zu verkaufen. Der Erlös sollte einem Kinderzentrum in Arni (Tamil Nadu) zufließen, das ehemalige Kinderarbeiterinnen aus der Seidenindustrie betreut und ihnen eine Chance für eine Schulausbildung gibt. Für die Schülerinnen und Schüler war dies neben der Erfahrung, Kinderarbeit einmal handelnd nachzuvollziehen (Papiertüten falten, Ziegelsteine tragen, Streichhölzer sortieren), ein wichtiger Beitrag, mit dem sie den Alterskameradinnen und -kameraden in Indien ihre Solidarität zeigen konnten.

Des Weiteren machten sie die Erfahrung, dass man sich durch sein eigenes Kaufverhalten (und auch das der Eltern) für Produkte z.B. aus dem Kleidungs- und Spielsektor entscheiden kann, die nachweislich nicht aus ausbeuterischer Kinderarbeit stammen. Das Gefühl, mit diesen Handlungsperspektiven etwas bewirken zu können und es nicht bei der Empörung und Betroffenheit belassen zu müssen, war für die Kinder ein sehr wichtiger Moment.

Abschlusspräsentation beim Schulfest

Um auch anderen Kindern, Eltern, Kolleginnen und Kollegen das Thema Indien näherzubringen, sollte unser Klassenzimmer zu einer Reise in dieses Land einladen. Unsere Themenstationen und Arbeitsergebnisse und die multimediale Ausstellung der Karl Kübel Stiftung, die den Besuchern anhand von Schaukästen den indischen Schul-Alltag vor Augen führt, sollten im Mittelpunkt stehen. In zeitintensiver Vorarbeit wurde das ganze Klassenzimmer mit indischem Flair verwandelt. Dekorierte Saris und bunte Tücher, glänzende Kunstgewerbegegenstände und der Duft von Räucherstäbchen und Gewürzen sprachen die Sinne an. „Komm mit uns nach Indien", lud vor der mit lilafarbenem Sari verkleideten Klassentür ein Hinweisschild ein. Viele Schulfestbesucherinnen und -besucher folgten dieser Einladung und betrachteten neugierig die Ausstellung mit den liebevoll bis ins Detail ausgestatteten Schaukästen und die anderen Präsentationen. Einige nahmen sich die Zeit, sich in die Hörspiele zu vertiefen. Leider machten uns gelegentlich die MP3-Player wegen Überlastung einen Strich durch die Rechnung. ▶

Farbenfrohe Glücksbringer – Kolams, gemalt mit Reismehl

Indische Gewürzvielfalt

Im Foyer vor dem Klassenraum flankierten Schülerinnen und Schüler den Eingang mit einem Verkaufsstand für faire Fußbälle auf der einen Seite und mit dem Verkauf von farbenprächtigen Papierbatik-Karten auf der anderen. Kinder in indischer Kleidung boten mittels Bauchladen die Karten auf dem Schulhof an und verwiesen auf unser Projekt. Begeistert waren alle, dass sowohl die fairen Bälle als auch die Karten reißenden Absatz fanden.

Die Gewissheit für die Schülerinnen und Schüler unserer Grundschule, etwas selbst gegen Kinderarbeit getan zu haben, ließ die Gesichter strahlen. Von vielen Eltern, Kolleginnen und Kollegen kamen positive Rückmeldungen zu unserem Projekt.

Fazit

Rückblickend auf einige durchgeführte Indienprojekte lassen sich folgende Erfahrungen und Empfehlungen festhalten:

Sicher kann nicht jede Lehrkraft auf persönliche Kontakte nach Indien zurückgreifen. Trotzdem lässt sich so ein Projekt – abhängig vom Zeit- und Aufwandsfaktor – mit unterschiedlichen Schwerpunkten in der Grundschule gut durchführen. Selbst wenn man nicht über die räumliche Nähe zur Karl Kübel Stiftung verfügt und deren Materialfülle nutzen kann, gibt es viele NGOs oder Hilfswerke, die Arbeitshilfen anbieten oder Diaserien und Anschauungsmaterial verleihen. Wichtig ist grundsätzlich, nicht nur den Finger in die Wunde der schwierigen Lebensbedingungen und problematischen Alltags-Situationen eines Kinderlebens in Indien zu legen, sondern den Blick auch auf die vielen besonderen Fähigkeiten und Fertigkeiten dieser Kinder zu lenken, mit denen es ihnen gelingt, die Belastungen auszuhalten und jeden Tag neu zu meistern. ■

Arbeitsblätter und Informationen zu „Indien" befinden sich unter **www.weltinderschule.uni-bremen.de** als Materialseiten.

Eine Straßenverkäuferin in Indien

Die Abschlusspräsentation gab einen Indien-Überblick

Sachunterricht

Geschichte

Ausgesprochen geschichtsorientierte Beispiele gibt es in der Grundschule nur selten. Das ausgewählte Unterrichtsbeispiel stammt aus dem Jahr 1995, als die Aussiedlerproblematik in unserer Gesellschaft einen breiten Raum einnahm. Denkbar wäre heute eine Beschäftigung mit der Kolonialgeschichte im Zusammenhang mit der Flüchtlingsproblematik. Insoweit kann das vorliegende Beispiel anregend sein.

BEISPIEL: Aussiedler – fremd in der Heimat, (Heft 1 / März 1995 S. 4 –11)

Aussiedler – fremd in der Heimat

Dieses Unterrichtsbeispiel lebt vor allem von den persönlichen Berichten zweier Kinder aus Kasachstan: Alexander, der die Klasse besucht, und Julia, deren Geschichte die Lehrerin vorliest.

Birgit Häbe

Meine vierte Klasse bestand am Ende ihrer Grundschulzeit aus acht Mädchen und vierzehn Jungen. Keines der Kinder hatte persönlichen Bezug zum Thema. Die Partnerklasse, mit der seit dem dritten Schuljahr ein kontinuierlicher Kontakt entwickelt worden war, war ein wesentlicher Grund für die Auseinandersetzung mit dieser Thematik, denn in der Partnerklasse waren neben türkischen, afghanischen, iranischen und bolivianischen Kindern auch vier Russlanddeutsche. Mit denen konnte aber zu diesem Zeitpunkt nicht gesprochen werden. Stattdessen war ein Junge aus Kasachstan in unserer Schule eingeschult worden, den wir dann auch in unsere Klasse eingeladen haben.

Ich selbst wollte die spezielle Facette der Eingliederungsproblematik gerne näher bearbeiten, da mir lange nicht klar war, warum Russlanddeutsche so dringend wieder hierher nach Deutschland kommen wollen. Ich war gespannt, wie es den Kindern mit dem Thema gehen würde, zumal ich eine ambivalente Haltung bei ihnen spürte: Neugierde und Ablehnung. Werden diese Kinder aus Kasachstan nun zu Deutschen und/oder zu Russen? Das Deutschtum ist bei uns belastet durch die Vergangenheit. Verlange ich vielleicht ein Brauchtum und ein Nähe zum Deutschtum, die für mich gar nicht angebracht erscheinen? Diese Frage tauchte nochmals während des Unterrichts für uns auf, aber ich entschied mich trotzdem für die Behandlung dieser Thematik, da ich den Kindern der vierten Klasse ein Verstehen für die Ursprünge dieser Einwanderungswelle nahebringen wollte.

Mit Julia begann unsere „Reise" in das Thema

Ich hatte die Schülerinnen und Schüler im Voraus informiert, dass es in den kommenden zwei Wochen vorrangig um das Thema „Aussiedler in Deutschland" gehen würde. Die Geschichte von Julia aus Kasachstan las ich am ersten Tag allen vor. Wir sprachen über die ersten Gedanken und Gefühle. Danach bildeten wir Gruppen, um die Geschichte noch genauer zu verstehen. Jede dieser Gruppen (insgesamt fünf) bearbeitet einen Teil der Geschichte genauer unter folgenden Fragestellungen:

- Was erfahrt ihr aus diesem Teil der Geschichte?
- Wie wird die Geschichte erzählt?
- Welche Fragen habt ihr?
- Macht euch Notizen für das Gespräch.

Im Gesprächskreis wurden danach alle Fragen zur Geschichte durchgesprochen. Die Kinder waren sehr engagiert. Ihre emotionale Beteiligung wurde im Laufe des Gesprächs immer stärker. Einige Stichworte wurden an die Tafel geschrieben, um den nächsten Schritt damit beginnen zu können. Das war das Wichtigste: Kasachstan – Ich-Form der Geschichte – Deutsche Familie in Russland – Die Eltern – Umziehen – Abschied nehmen – Aussiedler als Ausländer – Staatsbürger.

Das Thema „Abschied" beschäftige die Klasse auf eine zweite Weise. Die Grundschulzeit ging zu Ende. Es war im Raum eine Stimmung, die anzeigte, dass für so eine Situation des Abschieds sehr viel Verständnis empfunden wurde.

Was ist eigentlich ein Aussiedler?

Die Situation der Julia in der Geschichte führte uns zu dieser Frage.

Johannes: Sind es nicht eigentlich Einsiedler? Sie kommen doch eigentlich her, weil sie in Deutschland als Deutsche leben wollen.

Ein spannendes Gespräch entwickelte sich, in dem ich half, mit einigen fachlichen Informationen den Begriffsklärungsprozess zu sortieren.

Till fragte: Warum ist es so schwer, nach Deutschland zu kommen?

Tim antwortete: Ja, weil so viele Ausländer hierher kommen, Flüchtlinge aus den Kriegen.

Heiner: Warum kommen sie gerade nach Deutschland?

Johannes: Weil es ihr Mutterland ist.

Am Ende des Gesprächs war klar, dass wir über die Geschichte der Aussiedler Näheres erfahren sollten, um auch die Definition des Aussiedlerbegriffes besser zu verstehen.

Die Geschichte der Aussiedler

Als lebendige Tatsache erzählte ich die Geschichte der Auswanderung von 1763 – 1767. Die Kinder waren fasziniert von den Zusammenhängen zwischen der russischen Zarin Katharina II und deren Manifeste, die deutlich machten, wie die Deutschen nach Russland gelockt worden waren. Die Versprechungen der deutschstämmigen Zarin schauten wir uns noch genauer an.

Kommentare der Kinder:

- Das ist ja Luxus
- Da würde ich auch hingehen
- Dann geht es einem gut
- Sie konnten dort besser leben

Die Schilderung der beschwerlichen Wege der Auswanderung schien die Schülerinnen und Schüler besonders zu beeindrucken. Sie erlebten sie wie eine spannende Abenteuergeschichte.

Kommentare der Kinder:

- Aber sind sie nicht verhungert, sie mussten doch bestimmt jagen?
- Bus und Bahn gab es ja noch nicht!
- Sie mussten zu Fuß, mit Pferd und Wagen und mit dem Schiff reisen.
- Sie sollten doch alles gezahlt kriegen, hat die Katharina das eingehalten?

Es stellte sich heraus, dass die Situation der deutschen Auswanderer sehr schlecht war und viele lieber zurückgegangen wären nach Preußen, wie ein großer Teil Deutschlands damals hieß.

Heiner: Sie können jetzt doch nicht mehr zurück, sie haben doch gar kein Geld mehr.

Lehrerin: Dann wird ihnen gesagt, dass sie in der Einöde des Wolga-Gebietes angekommen sind.

Heiner: Was sollen sie da, ich denke, sie sollen zur Königin.

Im Gespräch wurde geklärt, dass die deutschen Auswanderer das öde Land fruchtbar machten. Sie galten daher bei den einheimischen Bewohnern als Vorbilder in der Arbeit.

Anna: Aber sie waren Deutsche geblieben, doch reich waren sie nicht. Es ging ihnen nicht gut!

Die Kinder erkannten die Tragik der Geschichte genau. Um die Einschnitte der Geschichte zu begrenzen, erklärte ich ihnen, dass sie sich jetzt eine Art Filmklappe vorstellen sollten, die zuklappte. Beim Wiederöffnen waren wir in der Zeit des Zweiten Weltkrieges angekommen: Die Vertreibung der deutschen Aussiedler aus dem Wolga-Gebiet nach Kasachstan im Jahr 1941.

Den Kindern wurde deutlich klar, dass die deutschen Auswanderer nach so vielen Jahren wieder vertrieben wurden und zwar in Gebiete Kasachstan, die trocken und leblos waren. Aber auch hier bauten die Deutschstämmigen neue Lebensgemeinschaften auf und machten aus dem trockenen Land fruchtbares Ackerland. Sie pflegten ihre Lebensart nach alten Traditionen und versuchten, die deutsche Sprache lebendig zu erhalten durch Zeitungen und deutschsprachige Literatur. Die russische Lebensart wurde in ihrem Einfluss aber immer stärker. Die Kinder in der Schule sollten nur russisch sprechen. Als Deutsche zu leben, war nicht mehr erlaubt.

Schule in Kasachstan

Der Weg nach Deutschland

Es wurde im Gespräch recht klar, warum heute nach dem Zusammenbruch der Sowjetunion, viele Familien von ihrer Großelterngeneration dazu angehalten werden, nach Deutschland zu gehen. Dahinter steckt die Befürchtung einer erneuten Vertreibung aus der Heimat, da ihre eigene Entwurzelung 1941 noch so lebhaft in Erinnerung ist. So wird die gesamte Familie beeinflusst und zur Aussiedlung nach Deutschland gedrängt.

Die Angst vor Vertreibung hat vor allen anderen Gründen die Aussiedlung vorangetrieben. Wirtschaftliche Gründe spielten demgegenüber eine untergeordnete Rolle.

Der Besuch von Alexander aus der dritten Klasse unserer Schule war ein Zufall. Er war erst einige Wochen in dieser Schule, nach seinem Umzug aus dem Übergangswohnheim. Er brachte für die Schülerinnen und Schüler noch mehr persönlichen Bezug zum Thema. Alle hörten aufgeregt und gespannt zu, als Alexander von seinem Weg aus Kasachstan nach Deutschland erzählte.

Johannes: Genau wie bei Julia aus der Geschichte!

Heiner: Hast du auch Rolltreppen zum ersten Mal gesehen, als du in Moskau warst?

Alexander: Ja, und den Flughafen auch.

Anna: Wie war das in Deutschland?

Alexander: Ich bin hier erst in ein Heim gekommen, nach Eidelstedt, und jetzt haben wir eine Wohnung bekommen.

Johannes: Genau wie bei Julia, da war es bloß Friedland.

Lehrerin: Hast du das Gefühl, du bist hier zu Hause oder fremd?

Alexander: Ich fühle mich als Fremder.

Lehrerin: Hast du noch Verwandte hier?

Alexander: Ja, eine Oma, die wohnt hier in Ham-

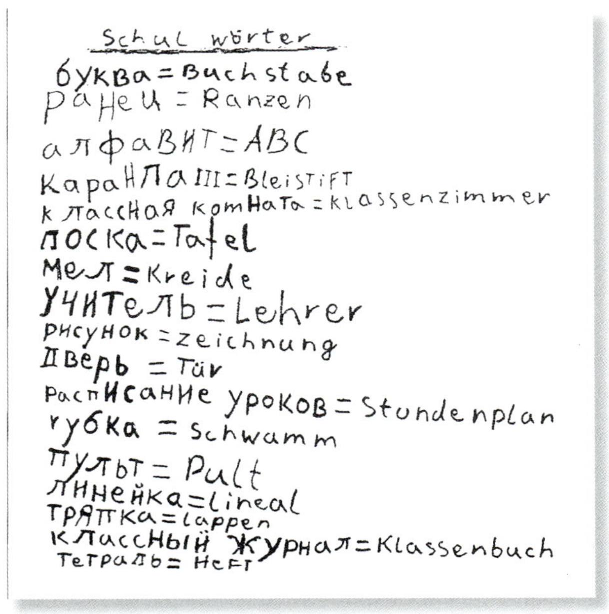

Schulwörter in kyrillischer Schrift

burg. Sie ist aus dem Wolga-Gebiet gekommen. Meine Ur-Oma ist mit meiner Großmutter wieder hierhergekommen.

Lehrerin: Wie bist du hierhergekommen?

Alexander: Das ist eine lange Geschichte... (Alexander erzählt)

Tim: Musstest du alle dein Spielsachen dalassen?

Alexander: Ja, ich musste alles dalassen, ich wollte auch nichts mitnehmen.

Lara: Julia durfte auch nichts mitnehmen.

Peter: Sprecht ihr Deutsch zu Hause?

Alexander: Nein, auch viel Russisch.

Leben in Kasachstan und Leben in Deutschland

Die Kinder waren beeindruckt von den Zwiespältigkeiten, die Alexander in seinem Leben bewältigen musste. Ich schlug den Schülerinnen und Schülern vor, mit Hilfe von Bildmaterial, Liedern, Geschichten, Spielen Rezepten und Zeitungsauschnitten herauszufinden, wie unterschiedlich (oder auch nicht) unser Leben im Vergleich zum Leben eines Kindes in Kasachstan ist. Diese Idee fand sofort Anklang und nach kurzer Zeit teilten wir entsprechend die Gruppen ein.

Gruppenarbeit war eine gewohnte Arbeitsform aus vielen Projekten, so dass die Kinder sich schnell einigten, wer welchen Schwerpunkt bearbeiten würde. Sie bekamen zwei Doppelstunden Zeit für die Arbeit an dem Vergleich der Lebensweisen.

- Lieder und Tänze
- Rubel, das Geld
- Essen und Trinken
- Märchen
- Schrift
- Spiele und Spielzeug

Die letzte Gruppe teilte sich noch einmal. Ein Teil der Kinder interviewte noch einmal Alexander zum Spielen in Kasachstan: Sie bereiteten ein Kartenspiel vor, in dem es um die russiche und deutsche Sprache ging. Der zweite Teil wandte sich mit vollem Eifer den Matrjoschkas zu, einem typischen russischen Puppenspielzeug.

Die Abschlussrunde dauerte am nächsten Tag zwei Stunden. Jede Gruppe stellte dar oder bot an, was sie herausgefunden oder hergestellt hatte. Der Besuch aus einer weiterführenden Schule an diesem Tag war zufällig günstig als zusätzliches Publikum, das begeistert die Auseinandersetzung mit dem Leben in Kasachstan verfolgte.

„Stell dir vor..."

Mit dieser Einleitung forderte ich die Kinder auf, sich auf ein Rollenspiel einzulassen, in dem es um folgende Situation ging:

Eine Großfamilie aus Kasachstan kommt in deiner Nachbarschaft an und zieht in eine Wohnung ein. Draußen auf der Straße stehen Erwachsene und unterhalten sich darüber. Sie wissen, dass die Familie aus Kasachstan kommt.

Mehrere Schülerinnen und Schüler spielten die Situation nach, mal positiv, mal negativ eingestimmt. Ich wollte sehen, wie das Thema neben den kognitiven Anteilen und dem emotionalen Engagement der Kinder auf deren soziales Verhalten gewirkt hat.

INFO Für den Unterricht

Eine grobe Strukturplanung

1. Die Geschichte „Auswanderung - Julias Geschichte" lesen und erarbeiten, Thema: Abschied
2. „Aussiedler" aus Kasachstan. Sind Aussiedler Deutsche? Begriffsklärung aus der Geschichte der Auswanderung
3. Die wichtigsten Abschnitte der Auswanderung, Manifest der Zarin Katharina II (1763), Vertreibung nach Sibirien und Kasachstan (1941)
4. Interview mit Alexander aus Kasachstan (3. Klasse): der Weg nach Deutschland, Ankunft, erste Eindrücke usw.
5. Vergleich: Leben in Deutschland – Leben in Kasachstan
6. Gruppenarbeit zu verschiedenen Lebensbereichen der kasachischen Kultur im Vergleich zu deutschen Traditionen:
   - Lieder und Tänze
   - Geld, Alltagsleben in Kasachstan
   - Essen und Trinken
   - Märchen aus Kasachstan
   - Schrift in der Schule
   - Spiele mit Sprache, Spielzeug
7. Vorstellen der Arbeitsergebnisse aus allen Gruppen
8. Reflexion über das Thema im Gesprächskreis, Rollenspiel „Stell dir vor...": Ankunft einer Großfamilie aus Kasachstan. Reaktionen von Kindern und Erwachsenen auf der Straße, die die Ankunft dieser Familie beobachten.

Kasachstan: Der Schulhof

F.: Wie findest du das?
C.: Nicht so gut.
F.: Warum nicht?
C.: Ich finde sie nicht nett.
F.: Sie sind doch ganz nett.
C.: Eigentlich kenne ich sie nicht.
F.: Sie waren doch früher auch Deutsche.
C.: Vielleicht.
F.: Hast du schon mal in drei Zimmern mit acht Leuten gewohnt?
C.: So viele in einem Zimmer! Gut, dass die Kinder zum Spielplatz kommen, dann sind wir mehr zum Spielen.

In einer zweiten Situation sprachen die Kinder mit einem Erwachsenen über die Familie aus Kasachstan.
E.: Was sie sich erlauben, diese Ausländer!
K.: Sie waren doch auch deutsch.
K.: Sie könnten doch auch deutsche Kinder sein.
E.: Wenn sie so lange in Russland gelebt haben, sind sie keine Deutschen mehr.
K.: Ich kriege Spaß mit ihnen zu spielen. Die kennen vielleicht ganz neue Spiele.
E.: Ihr spielt nicht mit Ausländern, meine Tochter jedenfalls nicht.
K.: Ich möchte aber mit diesen Kindern spielen.

Resümee

Zurückblickend muss ich sagen, dass ich zu Beginn des Projektes nicht sicher war, ob es gelingen würde, den Schülerinnen und Schülern den Unterschied zwischen Ausländern und Aussiedlern klar zu machen. Dazu kam der Zweifel, ob das Deutschtum zu stark betont werden würde und dadurch Missverständnisse entstehen könnten. Ich habe aber nach diesen zwei Wochen den Eindruck gewonnen, dass sich die Auseinandersetzung mit der Geschichte der Aussiedler gelohnt hat. Die Kinder waren eifrig, manchmal sehr angestrengt, dann wieder konzentriert und neugierig dabei. Ihre Gruppenarbeit haben sie engagiert gemacht und sind zu ungewöhnlichen und sehr detaillierten Ergebnissen gekommen. Der Vergleich des Lebens in Kasachstan mit dem Leben hier geriet zeitweilig in den Hintergrund. Dass sich bei den Kindern etwas getan hat, zeigen die Urteile der Kinder:

Johannes: Ich finde es ungerecht, wie sie in Russland behandelt wurden. Wenn sie herkommen, werde ich ihnen helfen, mit den Ämtern zurechtzukommen.

Anna: Sie haben das gleiche Recht hier zu leben wie wir.

Tim: Es gibt auch Leute, die was gegen Aussiedler haben, weil sie vielleicht keine Arbeit haben und die Aussiedler Arbeit bekommen haben. ■

Literatur

Bundeszentrale für Politische Bildung (Hrsg.): Aussiedler. Informationen zur politischen Bildung, Heft Nr. 222, München 1991

Fleischhauer, I.: Die Deutschen im Zarenreich. Stuttgart 1991

Gugel, G.: Ausländer, Aussiedler, Übersiedler. Tübingen 1990

Steenberg, S.: Die Rußland-Deutschen. München 1989

Wikipedia: Geschichte der Russlanddeutschen. (Ein sehr guter, relativ kurzer Überblick. Sehr gut geeignet für die Vorbereitung auf dieses Unterrichtsbeispiel)

Fortsetzung des Beitrags auf Seite 78

Auswanderung – Julias Geschichte

Als ich neun Jahre alt war, hörte ich die Eltern zum ersten Mal davon sprechen, dass sie mit uns nach Westdeutschland auswandern wollen.

Vielleicht fragt ihr euch, warum wir überhaupt nach Deutschland aussiedeln wollten? Weil da meine Oma und mein Opa leben, Papas Eltern. Und die Oma hat uns immer Briefe geschrieben und bei ihren Besuchen erzählt, wie schön es in Deutschland sei und das es alles zu kaufen gäbe, was es in Russland nicht gab. Vielleicht wollten die Eltern auch unter anderen Deutschen sein und ihre eigentliche Sprache wieder besser sprechen lernen, aber genau weiß ich das nicht.

Ich wollte auch selber zu meiner Oma nach Deutschland fahren. Aber ich habe ja auch eine Oma in Russland. Nun sehne ich mich manchmal nach dieser Oma dort, die ich auch sehr gern habe.

Meine Eltern hatten schon mehrmals versucht, die Ausreisegenehmigung zu bekommen. Die Behörden in Kasachstan wollten uns Deutsche offenbar nicht ins Ausland reisen lassen, nicht einmal ein Besuch wurde gestattet. Mama rannte wieder und wieder aufs Amt, und immer fehlte irgendein Formular oder irgendwas war nicht richtig ausgefüllt. Das waren aber bloß Schikanen, sie wollten uns gar nicht helfen.

Endlich nach zwei Jahren bekamen wir die Ausreisegenehmigung. Wir mussten alles zusammenpacken, was wir mitnehmen konnten, und das andere verkaufen. Unser Haus und unser Auto mussten wir natürlich auch verkaufen. Was übrig blieb, schickten wir zu unserern Verwandten, das meiste zu Oma. Das Geld, das wir für das Haus und das Auto gekriegt haben, mussten wir zurücklassen. Wir durften ja überhaupt keine russischen Rubel mit nach Deutschland nehmen und man tauschte uns nur sehr wenig Geld um. So kamen wir später ganz arm in Deutschland an, obwohl wir in Russland fast reich gewesen waren.

Das Abschiednehmen wurde noch schlimmer dadurch, dass wir so lange nicht abfliegen konnten, weil kein Flugzeug kam. Jeden Tag standen wir noch vor dem Morgengrauen auf und riefen am Flughafen an, ob das Flugzeug heute aus Moskau kommen würde. Jedes Mal hieß es: ja! Wir verabschiedeten uns unter Tränen, fuhren raus zum Flughafen – und dann hieß es wieder, in Moskau herrsche Nebel und das Flugzeug könne nicht starten. Und so fuhren wir wieder zurück in die Stadt. Am nächsten Morgen dasselbe Theater: ganz früh aufstehen und mit allen Koffern raus zum Flughafen – und dann wieder nichts!

Und dann klappte es endlich doch. Das Flugzeug aus Moskau war gekommen und nahm uns nach Moskau mit zurück. Über der Hauptstadt war eine dichte Wolkendecke, und wir dachten schon, wir könnten gar nicht landen, aber diesmal ging es glatt.

Als wir am Abfertigungsschalter standen, hörten wir schon einige fremde Sprachen um uns herum. Ich lauschte ganz gebannt, verstand aber so gut wie nichts. Es klang jedoch für mich sehr schön und aufregend. Bald würden wir auch zu diesen Ausländern gehören und keine sowjetischen Staatsbürger mehr sein.

Und dann wurde alles Mögliche kontrolliert, unsere Flugtickets, unsere Pässe und vor allem unser Handgepäck. Die Taschen wurden durchleuchtet, und auf einem Bildschirm konnte man dann erkennen, ob eine Bombe drin war oder nicht. Wir hatten aber zufällig keine Bombe dabei. Trotzdem kam dem Kontrollpersonal wohl irgendwas nicht ganz geheuer vor, und wir mussten die Taschen öffnen. Dabei entdeckten sie Papas Briefmarkensammlung und nahmen sie ihm gleich ab. Briefmarken darf man nämlich genauso wenig ausführen wie Rubel.

Ich war schrecklich aufgeregt, als wir in das Flugzeug stiegen, das uns nach Deutschland bringen sollte. Das sah auch so toll aus, innen war alles ganz vornehm und perfekt, und die Stewardessen waren so adrett und freundlich! Nach einer Stunde Flug aber wurde ich schrecklich müde, und von da ab habe ich gar nicht mehr so viel mitbekommen.

Wir landeten in Frankfurt, aber das kriegte ich damals auch nicht mehr mit, weil ich im Halbschlaf war. Es war schon Nacht, und wir fuhren gleich mit dem Bus weiter in das Lager Friedland, wo alle Aussiedler erst einmal hinkommen. Wir waren ja jetzt auch „Aussiedler".

Als wir ankamen, war es noch dunkel. Wir hockten auf unseren Koffern, warteten und froren, denn es war schon kalt. Oktober – und wir waren in Deutschland! Aber das wurde mir in dem Moment noch gar nicht so richtig klar. Und außer uns waren da noch so viele Familien mit ihren Kindern! Wir waren die letzten, denen gesagt wurde, wohin wir nun gehen sollten.

Wir mussten nur eine Woche bleiben, dann konnte uns Oma abholen. Sie kam mit dem Zug aus München, und ihr könnt euch kaum vorstellen, was das für eine Wiedersehensfreude war! Ich glaube, sie hatte sehr darunter gelitten, uns so lange nicht sehen zu können. Und nun waren wir alle beisammen. Weil Deutsch noch ihre richtige Muttersprache ist, konnte uns Oma auch in Friedland viel helfen, denn es waren noch etliche Formulare zu bewältigen. Ich glaube, der Papierkrieg ist hier in Deutschland genauso schlimm wie in Russland.

Und dann saßen wir endlich im Zug nach München. Dort sollten wir auch Opa wiedersehen.

Sachunterricht
Wirtschaft

Globalisierung ist besonders im Bereich Wirtschaft ein fast alles bestimmender Faktor. Es ist deswegen nicht schwer, entsprechende Themen auch für den Unterricht in der Grundschule zu finden. Für diesen Band wurden zwei höchst aktuelle Unterrichtsbeispiele ausgewählt.

BEISPIELE: Fairer Handel – ein Thema für die Grundschule, (Heft 140 / Mai 2017, S. 6 – 13)
Jeans, Jeans, Jeans …, Projektarbeit in zwei 4. Klassen, (Heft 3 / Sept. 2001, S. 5 – 10)

Fairer Handel – ein Thema für die Grundschule!?

Die Autorinnen stellen das von ihnen entwickelte und an Hamburger Grundschulen erfolgreich durchgeführte Projekt des Hamburger Aktionszentrums 3. Welt e.V. zum Thema Fairer Handel vor.

Christiane Baum und Friderike Seithel

Zum Frühstück Schoko-Croissant und Orangensaft, dann schnell das T-Shirt übergestreift und ab zur Schule, im Ranzen eine Banane als Pausensnack. Die muntere Viertklässlerin weiß sicher nichts von den Menschen, die hart arbeiten mussten für ihre Schokolade, Baumwollkleidung und gesunde Obstmahlzeit – vielleicht haben sogar Kinder die Kakaobohnen aus dem Fruchtfleisch geklaubt, haben Orangen und Baumwolle in brütender Hitze gepflückt oder schwere Bananenstauden geschleppt, anstatt zur Schule zu gehen wie sie. (Wie) Kann man ihr und ihren Klassenkameradinnen und -kameraden ein Verständnis von globalen Warenströmen, von menschenunwürdigen Arbeitsbedingungen und ungerechten Strukturen im Welthandel vermitteln? Und den Fairen Handel als Gegenmodell verständlich machen? Werden sie es begreifen können? Und warum sollten sie sich in ihren jungen Jahren schon damit auseinandersetzen?

Mit diesen Fragen haben wir uns im Rahmen eines Bildungsprojekts des Hamburger Aktionszentrums 3. Welt (AZ3W) e.V. in den Jahren 2012 bis 2015 befasst. Auf die Frage nach dem „Warum" gibt der Orientierungsrahmen für den Lernbereich Globale Entwicklung (ORGE) einige Antworten. Er betont u.a. die Bedeutung des Globalen Lernens für Vor- und Grundschülerinnen und -schüler:

„Langjährige Erfahrungen sowie empirische Forschungen haben gezeigt, dass Inhalte des Lernbereichs Globale Entwicklung so früh wie möglich in die Allgemeinbildung einbezogen werden sollten. Einstellungen gegenüber Menschen aus anderen Ländern bzw. Kulturen entstehen und verfestigen sich spätestens ab dem 5. Lebensjahr – ein weltweites Phänomen, wie internationale Vergleiche zeigen." (ORGE 2016, S. 75).

Der ORGE erläutert weiter, dass Kinder, die frühzeitig in lebensnahen Handlungskontexten lernen, sich in die Lebensverhältnisse von anderen Kindern hineinversetzen, daraus Offenheit gegenüber sozialer und kultureller Vielfalt entwickeln, Kompetenzen wie Kooperationsfähigkeit und Empathie einüben und ein größeres Verständnis auch für die eigene Lebenswelt aufbauen können. Wichtig ist dabei, dass die Unterrichtsthemen so gewählt werden, dass sie Anknüpfungspunkte an schon bestehende Erfahrungen der Kinder bieten und immer auch die Gemeinsamkeiten in den Blick genommen werden (ebd.).

Eigene Erfahrungen in der außerschulischen Bildungsarbeit zeigen, dass Kinder im Grundschulalter für Themen der sozialen Gerechtigkeit sehr empfänglich sind und dass sie wissen möchten, was sie selbst tun können, um Ungerechtigkeit zu beseitigen.

Für diese Lernziele bietet der Faire Handel als Unterrichtsthema hervorragende Anknüpfungspunkte mit Bezug zum Alltag der Kinder. So sind in den Hamburger Bildungsplänen für die Grundschule verschiedene Themen im Sachunterricht und im Aufgabengebiet Globales Lernen aufgeführt, mit denen er direkt verknüpft werden kann, wie z.B. „Kinderalltag hier und anderswo", „Vielfalt der Kulturen", „Gesundheit und Ernährung", „Die Welt bei uns zu Hause" oder „Produkte unseres Alltags". Durch Befassung mit dem Fairen Handel können Kinder Perspektivenwechsel üben sowie ein Verständnis für Solidarität, Gerechtigkeit und ein faires Miteinander entwickeln. Sie lernen, dass sie nicht untätig bleiben müssen, sondern durch ihr Handeln einen Beitrag zur Mitgestaltung der Welt leisten können. Die Grundsätze des Fairen Handels lassen sich dabei als einfach formulierte Werte wie Fairness, Gerechtigkeit, Verlässlichkeit, Kooperation oder Achtung voreinander vermitteln.

Das Grundschulprojekt vom Hamburger Aktionszentrum 3. Welt e.V.

Vor dem Hintergrund dieser Überlegungen stellten wir uns die Frage, wie der Faire Handel stärker in den Unterricht an Hamburger Grundschulen eingebracht werden könnte und welche Unterstützungsangebote Lehrkräfte dafür benötigten. Im Austausch mit anderen entwicklungspolitischen Hamburger Bildungsinitiativen entwickelte das AZ3W ein Angebot zum Fairen Handel für Grundschulen ab Klasse 3 mit folgenden Bestandteilen:

- Schulworkshops zur Einführung in den Fairen Handel
- Besuche in einem Weltladen mit Erkundungszirkel
- Bereitstellung von vor- und nachbereitenden Materialien
- ein Praktischer Leitfaden „Fairer Handel – ein Thema für die Grundschule?!"
- eine zweiteilige Lehrerfortbildung in Kooperation mit dem Grundschulreferat vom Hamburger Landesinstitut für Lehrerbildung und Schulentwicklung
- Lehrerberatung (nach Bedarf), Infostände auf der Schulanfangstagung u. Ä.

Bei der Entwicklung des Workshopkonzeptes, des Praktischen Leitfadens und der Lehrerfortbildung wurden wiederholt Grundschullehrerinnen konsultiert und ihr Feedback in die Weiterentwicklung des Projektes eingebunden. Auch das Projekt „Eine Welt in der Schule" unterstützte die Projektentwicklung mit einem ausführlichen Beratungsgespräch.

Schulworkshops: Bananen und Schokolade

Zur Heranführung an den Fairen Handel konzipierten wir Unterrichtseinheiten mit den Schwerpunkten „Kakao und Schokolade" und „Bananen", die jeweils eine Schuldoppelstunde (90 Minuten) dauerten und von Schulen an einem Termin nach Absprache gebucht werden konnten. Die Workshops wurden von einer Referentin des AZ3W durchgeführt und fanden in der jeweiligen Schule statt. Ergänzend konnten weitere variable Bausteine (im Umfang bis zu weiteren 90 Minuten) zu den Themen Kakao, Bananen und Fairer Handel gebucht werden. Diese Zusatzangebote wurden jedoch von keiner Klasse angenommen. Ziel der Schulworkshops war es, Grundschulkindern anhand eines beliebten Produktes und in Anknüpfung an ihre Alltagserfahrungen eine erste Vorstellung von weltweiten (Handels-)Zusammenhängen zu vermitteln, ihnen Erkenntnisse zur Vernetzung der eigenen und der südlichen Welt anzubieten und sie zum eigenen fairen Alltagshandeln anzuregen. Sie sollten sich mit Fragen nach der Herkunft von Kakao und Bananen befassen und nach dem Leben derjenigen Menschen, die diese Produkte anbauen und weiterverarbeiten. Und sie sollten am Ende des Workshops einige einfache Grundprinzipien des Fairen Handels verstanden haben, seine Bedeutung erkennen und fair gehandelte Produkte im Supermarkt entdecken können.

Die Workshops begannen jeweils mit einem Positionierungsspiel zur Abfrage des Vorwissens. Dazu wurden die Kinder aufgefordert, sich zu Aussagen wie:

- Ich esse gern Schokolade.
- Ich weiß, aus welchen Zutaten Schokolade hergestellt wird.
- Ich weiß, wie Kakao angebaut und geerntet wird.
- Ich kann ein Kinderrecht nennen.
- Ich habe schon einmal den Begriff „Fairer Handel" oder „Fair Trade" gehört.

entlang eines Kontinuums von „Trifft auf mich zu" – „Ich weiß nicht" – „Trifft nicht auf mich zu" im Raum zu positionieren. Dann wurden sie zu den Gründen für ihre Position befragt, wobei der Referentin als „Mikrofon" eine Kakaoschote oder Banane diente. Solcherart thematisch angeregt, erfolgte dann eine Erkundung der Welt: Eine große Weltkarte (nach der Peters-Projektion) auf PVC-Folie wurde auf dem Boden ausgebreitet, und die Kinder setzten sich drum herum. Mit Fragen wie „Welche Kontinente kennt ihr?" oder „In welchen Ländern habt ihr Familie?" gingen die Kinder mit dem Finger auf Reise. Anschließend erfolgte ein erster inhaltlicher Input: Durch Zusammentragen des vorhandenen Wissens erfuhren sie, wo und unter welchen Bedingungen Kakao oder Bananen wuchsen und warum man z.B. von einem „Kakaogürtel" spricht – der dann real durch einen breiten Gürtel auf der Weltkarte symbolisiert wurde.

Nach so viel Sitzen und Reden ging endlich die Reise los: Beim Schwerpunkt „Kakao und Schokolade" reisten die Kinder zum gleichaltrigen Mädchen Naki nach Ghana und lernten das Leben auf einer Kakaoplantage kennen. Beim Schwerpunkt „Bananen" ging es nach Ecuador, wo die Schülerinnen und Schüler das Mädchen Maria auf eine Bananenplantage begleiteten. Ausgestattet mit einem „Flugticket", auf das sie ihren Namen schrieben, gab es eine angeleitete Flugreise durch den Raum, die den Kindern zugleich ein wenig Bewegung verschaffte. Auch eine stille Fantasiereise ist möglich, wenn die Kinder eher zur Ruhe kommen sollen.

Im Land angekommen, wurde im Sitzkreis ein Brief von Naki aus Ghana (aus dem Bildungs-Bag „Schoko-Expedition ... zu Naki nach Ghana" vom Welthaus Bielefeld) vorgelesen und damit wieder die Aufmerksamkeit auf das Thema gelenkt. ▶

Oben und Mitte: „Wo wächst denn Schokolade?" Schülerinnen und Schüler eines Workshops sichten und sortieren Fotos und erfahren so vieles über Anbau, Ernte und Weiterverarbeitung von Kakao.

Unten: „Wow, ist das groß...!" Ein riesiges Bananenblatt aus dem Tropengewächshaus des Hamburger Botanischen Gartens ist eines der Highlights beim Workshop „Bananen".

Für den Bananenworkshop wandelten wir den Brief für die junge Maria aus Ecuador entsprechend ab. Die Kinder erfuhren in den Briefen vom Leben des jeweiligen Mädchens in der Stadt und dem in den Ferien anstehenden Besuch der Tante/des Onkels auf einer Kakao- bzw. Bananenplantage. Anschließend sollten sie gemeinsam Fotos zu Anbau, Ernte und Transport der Früchte in die richtige Reihenfolge bringen: von der Blüte bis zum Verladen aufs Schiff. Die sortierten laminierten Fotos wurden an einer Leine mit Wäscheklammern aufgehängt.

Zum erstem Bananen-Workshop organisierten wir ein riesiges Bananenblatt vom Tropengewächshaus des Botanischen Gartens in Hamburg, das Kinder und Lehrerin gleichermaßen begeisterte. Bei den Kakao-Workshops wurden Kakaoschoten und -bohnen verwendet. Und natürlich gab es immer etwas zu probieren: Bananen in jeglicher Form (frisch, getrocknet, als Chips) bzw. Schokolade und rohe Kakaobohnen.

Diese exotischen und teilweise ungewohnten Anschauungsmaterialien und Naschereien inspirierten die Kinder und weckten – zusammen mit den Fotos, der „Flugreise" und den (vermeintlichen) Briefen von Gleichaltrigen aus Ghana bzw. Ecuador – zumeist aufgeregtes Interesse am Thema.

Nach einer Pause wurde ein zweiter fiktiver Brief des Mädchens Naki (bzw. Maria) vorgelesen. Die Kinder hörten nun etwas über die harte Arbeit auf einer Kakao- bzw. Bananenplantage und den schwierigen Lebensbedingungen der Kakaobauern/Bananenpflücker. Aber zum Glück arbeitete die Tante /der Onkel seit Kurzem für eine Fairhandels-Kooperative und konnte nun von der Arbeit besser leben. Die Kinder gingen zur Schule und halfen nur noch nachmittags oder in den Ferien gelegentlich mit.

Die Aufgabe, den Schülerinnen und Schülern in den verbleibenden 30 Minuten des Workshops eine erste Idee vom Konzept des Fairen Handels zu vermitteln, stellte eine große Herausforderung dar. Hochkomplexe Themen wie Produktions- und Handelsstrukturen, menschenwürdige Arbeitsbedingungen, existenzsichernde Löhne oder verlässliche Handelspartnerschaft – die im Kern des Fairen Handels stehen – hätten sie zweifelsohne vollkommen überfordert. Und doch sollte das Besondere an dieser Art des Handel(n)s deutlich gemacht und auch die Frage angesprochen werden: „Was kann ich selber tun?" Wir lösten diese Aufgabe, indem wir zentrale Kernbegriffe des Fairen Handels auf Erfahrungswerte der Kinder transferierten.

In vier Kleingruppen zu jeweils 3 bis 5 Schülerinnen und Schülern ließen wir die Kinder diese Begriffe anhand von jeweils drei Fragen besprechen (s. S. 130 f. in diesem Band). Zu jedem Begriff sollten sie in gemeinsamer Diskussion ihre eigenen Regeln aufstellen und ihren Mitschülerinnen und -schülern in der Großgruppe vorstellen. Diese Aufgabe bewältigten die Kinder unterschiedlich, aber teils erstaunlich gut. An der bewährten Wäscheleine wurden die Begriffspaare dann nebeneinander gehängt und erläutert, sodass es den Kindern gelingen konnte, Verbindungen zwischen ihren Vorstellungen von einem fairen freundschaftlichen Umgang miteinander und guten Lernbedingungen (in der Schule) einerseits und dem Konzept des Fairen Handels andererseits herzustellen.

So konnten sie altersgemäß verstehen, um welche Grundsätze es bei der Idee des Fairen Handels geht, und begriffen die Notwendigkeit eines fairen Wirtschaftens und Handelns. Der nächste Schritt zum eigenen praktischen Handeln, nämlich dem Griff zum fair gehandelten Schokoriegel oder der Fair-Trade-Banane, war dann für viele Kinder gut nachvollziehbar.

Nach einem (zeitbedingt kurzen) Rückflug nach Hamburg – als aktive Bewegungsphase oder als stille Fantasiereise – wurde ihnen anhand des Fair-Trade-Siegels und einiger Verpackungen erklärt, woran sie im Supermarkt fair gehandelte Produkte erkennen konnten. In einem kurzen Brainstorming wurden dann – wenn noch Zeit blieb und kein Besuch im Weltladen geplant war – ein paar Ideen gesammelt, was sie noch alles tun könnten: z. B. einen Fair-Trade-Stand beim nächsten Schulfest betreiben oder den Kantinenbetreiber fragen, ob er nicht faire Schokolade/ Bananen in sein Sortiment aufnehmen könnte.

Zu Beginn des Workshops hatten die Lehrkräfte einen Beobachtungsbogen erhalten, auf dem sie sich zu vorgegebenen Fragen zur didaktischen Gestaltung, Lernatmosphäre, der Förderung des Lernprozesses u. a. Themen während der Veranstaltung Notizen machen konnten. Der ausgefüllte Bogen diente als Grundlage für ein Feedback-Gespräch mit der Referentin über den Ablauf der Stunde, das meist direkt im Anschluss an den Workshop durchgeführt wurde.

Des Weiteren erhielten die Lehrkräfte von uns noch einige Materialien zur Nachbereitung des Workshops im Unterricht und das Angebot, sich bei weiteren Fragen und Beratungsbedarf an uns zu wenden. Um das Gelernte zu vertiefen und den Kindern den Fairen Handel noch lebendiger und authentischer näherzubringen, empfahlen wir darüber hinaus einen Besuch im Weltladen. Dieses Angebot wurde jedoch – vermutlich aus Zeitgründen und zu weiten Anfahrtswegen – nicht von allen Klassen wahrgenommen.

Besuche im Weltladen

Beim Besuch im Weltladen Osterstraße in Hamburg-Eimsbüttel konnten die Schülerinnen und Schüler an Lernstationen spielerisch weiter in den Fairen Handel einsteigen und den Weltladen als besonderen Ort für nachhaltigen Konsum und faires Handeln erkunden. Sie erfuhren, was ein Weltladen überhaupt ist und welche Vielfalt an Produkten es dort gibt, lernten seine Mitarbeiterinnen und Mitarbeiter kennen und beispielhaft die Menschen hinter den Produkten. Methodisch setzten wir dabei – in leicht modifizierter Form – einige Stationen des vom Weltladen-Dachverband erarbeiteten und erprobten Erkundungszirkels für Grundschulen ab Klasse 3 ein.

Der Weltladenbesuch dauerte circa 75 Minuten und konnte im Anschluss an einen Workshop in der Schule als Erweiterung des Gelernten gebucht werden, aber auch als Einstieg vor einem Schulworkshop erfolgen. Da die Durchführung dieses Bildungsangebots nur in Kooperation mit einem örtlichen Weltladen möglich ist und den jeweiligen örtlichen Bedingungen angepasst werden muss, soll ein Weltladenbesuch an dieser Stelle nur empfohlen, aber nicht näher beschrieben werden.

Er ist als Ergänzung zur Behandlung des Themas in der Schule sehr sinnvoll, um den lebensweltlichen Bezug zum Kinderalltag hier herzustellen. Die Kinder begegnen Menschen, die sich für den Fairen Handel einsetzen, hören etwas über deren Motivation und Lebensgeschichte und können der Bedeutung des Ansatzes, den sie im Unterricht nur theoretisch kennengelernt haben, in der Praxis nachspüren.

Praktischer Leitfaden „Fairer Handel – ein Thema für die Grundschule?!"

Mit einer zweiteiligen Lehrerfortbildung zum Thema Fairer Handel in der Grundschule, die wir in zwei Jahren hintereinander erfolgreich durchführten, wollten wir interessierte Grundschullehrkräfte in Hamburg zusätzlich dabei unterstützen, das Thema Fairer Handel auch eigenständig in den (Sach)Unterricht zu integrieren. Demselben Zweck diente auch der im Projekt erstellte Praktische Leitfaden „Fairer Handel – ein Thema für die Grundschule?!" Er wurde in Zusammenarbeit mit Grundschullehrerinnen konzipiert und zusammengestellt.

Der Leitfaden enthält Hinweise auf thematische Anknüpfungspunkte im Grundschulunterricht, ordnet das Thema Fairer Handel in die Hamburger Bildungspläne ein und bietet eine Sammlung ausgewählter Materialien und Aktionsvorschläge für den Unterricht. Eine Liste mit Adressen und weiterführenden Links zu außerschulischen Partnern und Lernorten in Hamburg, zum Fairen Handel und zum Globalen Lernen rundet den Leitfaden ab. Er kann unter http://www.az3w.de/index.php/bildungsarbeit heruntergeladen werden.

Ergebnisse des Projektes

Insgesamt wurden in den Projektjahren 2014–2015 17 Schulworkshops und 6 Weltladenbesuche mit rund 330 Schülerinnen und Schülern aus 8 Hamburger Schulen durchgeführt Das Feedback der Lehrkräfte war durchweg sehr positiv: „toll durchdachte Unterrichtseinheit", „vielfältige und kindgerechte Methoden", „sehr schön auf Kinder eingegangen" , „gut und knackig angerissen" – so lauteten einige Antworten in den Feedbackbögen. Alle gaben an, dass sie die Workshops weiterempfehlen können. Etwas spärlicher waren die Rückmeldungen über die Nachgespräche der Lehrkräfte mit ihren Schülerinnen und Schülern: Aber auch diese zeigten, dass verschiedene Inhalte der Workshops längerfristig bei den Kinder hängen geblieben waren und Wirkung zeigten.

Fazit

Unser Fazit lautet: Ja, das Thema Fairer Handel kann bereits in der Grundschule ab Klasse 3 altersgemäß im Unterricht behandelt werden. Es bietet ausgezeichnete Möglichkeiten, wichtige soziale Kompetenzen bei den Kindern zu fördern und Haltungen wie Solidarität, Fairness, Gerechtigkeit, gutes Leben, Wertschätzung von Produkten und Arbeit zu vermitteln. Allerdings sind ein paar Bedingungen dabei zu beachten: Das Thema ist hochkomplex und kann ohne Vor- und Nachbereitung in einer einfachen Schuldoppelstunde (90 Minuten) nicht abgehandelt werden – es würde die Kinder schlicht überfordern. Es bedarf vielmehr einer Einbettung in weiterführende und benachbarte Unterrichtsthemen wie z.B. die eingangs genannten häufigen Themen des Sachunterrichts. Gut geeignet sind Unterrichtseinheiten zu Kinderarbeit (s. S. 58 ff. in diesem Band) oder Kinderrechten, zu Formen des Handels und Tauschens, zum Kinderleben in anderen Ländern oder auch die Vermittlung grundlegender geografischer Kenntnisse, die den Themenbereich Fairer Handel vorbereiten und ergänzen.

Des Weiteren wäre eine Einbindung in das gesamte schulische Leben (Angebot von Fair-Trade-Produkten im Schulkiosk oder auf Schulfesten, Beteiligung der Eltern o.Ä.) wünschenswert, damit die Kinder an Vorbildern und im Alltagshandeln ganzheitlich lernen und das Gelernte auch leben können. Optimalerweise stellt der Faire Handel deshalb kein Thema „on top" dar, das an einem Projekttag abgehandelt wird, sondern bei passenden Gelegenheiten immer mal wieder angesprochen (wie faires Verhalten allgemein) und so langfristig in Regelunterricht und Schulalltag eingebunden werden sollte. Eine externe Referentin zu dem Thema oder ein Weltladenmitarbeiter können nur Impulse und Denkanstöße geben, Fragen beantworten und authentische Erfahrungen mitbringen.

Allerdings gilt es, bevor man sich dem Thema mit seinen Schülerinnen und Schülern zuwendet, auch zu fragen: Haben die Kinder gedankliche und emotionale Kapazitäten dafür? Was beschäftigt sie zurzeit? Haben sie vielleicht gerade ganz andere Sorgen und Nöte, z.B. aufgrund von tagespolitischen Ereignissen wie Krieg und Flucht? Denn der Faire Handel gehört keineswegs zu den „Nahthemen" der kindlichen Erlebenswelt und erfordert ein gewisses Maß an „Weitsicht", Empathie- und auch Abstraktionsfähigkeit. Zwar ließe sich inhaltlich durchaus der Bogen schlagen von existenzvernichtenden Arbeitsbedingungen in der globalen Agroindustrie über Armut, Fluchtbewegungen und kriegerische Konflikte bis hin zu unserer Konsumwelt und (nicht-)existenzsichernden Arbeitsbedingungen hier – aber das sind dann keine Themen mehr für Grundschulkinder. ■

„Da hab ich Familie..." Mit dem Finger auf der Peters-Karte erkunden die Kinder die Welt und lernen, was es mit dem Kakaogürtel auf sich hat

Jeans, Jeans, Jeans...

Ein Projekt in zwei 4. Klassen, an dem alle Lehrerinnen und Lehrer teilnahmen, die in diesen beiden Klassen unterrichteten. Am Ende wurden die Ergebnisse allen Schülerinnen und Schülern sowie den Eltern der Schule präsentiert.

Ute Ritter

Auf der überregionalen Lehrerfortbildungstagung des Projektes „Eine Welt in der Schule“ beschäftigten wir uns in einer Arbeitsgruppe mit der Agenda-21-Thematik unter der Fragestellung: „Wie können wir Inhalte der Agenda 21 im Unterricht aufgreifen, ohne dass sie zu fern von der Lebenssituation der Schülerinnen und Schüler sind, aber trotzdem die Idee der Agenda 21 – also auch der Entwicklungsgedanke – transportiert wird?“ Sehr schnell kamen wir dabei auf den Themenschwerpunkt „Kleidung“, welcher bei Kindern und Jugendlichen viel Interesse findet und in ihrem Alltag eine große Rolle spielt.

Modebewusste Kids

Das Verlangen nach ständig neuer Kleidung ließ den internationalen Markt für Textilien und Bekleidung auf ein immer größeres Jahresvolumen anwachsen. Der Kleiderrausch des Nordens führte zu einem jährlichen Pro-Kopf-Verbrauch von 17 – 20 Kilogramm Bekleidung in Deutschland. Zum Vergleich: In Indien beträgt der jährliche Pro-Kopf-Verbrauch an Bekleidung zwei Kilogramm. Mode ist ein Thema, das auch Grundschülerinnen und -schüler interessiert. Kleidung und Mode gehört in den 4. Klassen oft zu den Pausen- und Freizeitgesprächen. Mode ist ein Massenphänomen geworden, dem sich kaum jemand in den Industriestaaten entziehen kann. Ginge es nur um die praktische Funktion und die funktionellen Aspekte der Kleidung (Schutz vor Kälte, Hitze oder anderen Umwelteinflüssen), würden uns einige wenige Kleidungsstücke für ein ganzes Leben genügen. Trotzdem erwerben wir jedes Jahr für jede Saison etwas Neues. Kleidung wird nicht erneuert, weil sie kaputt ist, sondern weil sie dem Trend nicht mehr entspricht. Viele Kinder legen großen Wert darauf, Kleidung einer bekannten Firma zu tragen. Levis, Adidas, Fishbone, Eastpak, Nike, Wrangler, Tommy Hilfinger ... – die Liste der Markennamen, die einem in manchen Klassenzimmern auf Pullis, Hosen, Jacken, Schuhen und Rucksäcken entgegenspringt, scheint endlos lang. Die Eltern sind bereit (oder fühlen sich genötigt), für Markenartikel viel Geld auszugeben. Niemand möchte gerne Außenseiter sein, und deswegen nehmen Eltern und Kinder Einiges auf sich, um mit den Anderen mithalten zu können. Kinder geraten in Streit mit ihren Eltern, die nicht immer bereit sind, den hohen Preis zu zahlen, um die begehrten Objekte zu kaufen.

Die Einstellung der Kinder, dass man nur mit Markenartikeln wer ist, wird tagtäglich durch die Werbung in Rundfunk und Fernsehen gefördert. Sie lässt die Kinder glauben, mit den richtigen Marken hat man viele Freunde und ist „in“. Das Konsumverhalten bei den meisten Kindern ist anerzogen und wird durch die Medien und durch Altersgenossen verstärkt. Häufig sind es Einzelkinder, die von klein auf erleben, dass die Eltern für sich selbst und für ihr Kind großen Wert auf Markenkleidung legen.

Kinderreiche Familien und Familien mit geringem Verdienst können sich so teure Kleidungsstücke nicht leisten. Wer aber nur unbekannte, oft als „Markenschrott“ bezeichnete Kleidungsstücke trägt, der läuft Gefahr, deswegen von anderen Kindern gehänselt oder geärgert zu werden, und das ist überhaupt nicht spaßig bzw. erfordert sehr viel Selbstbewusstsein.

Nur wenige Kinder wissen, dass z. B. die oft heiß geliebte Jeans fast einmal um die Erde wandert, bevor wir sie kaufen können, dass, bevor ein Kleidungsstück im Laden verkauft wird, es bei Anbau, Herstellung, Veredlung und Transport mit einer Vielzahl von Chemikalien behandelt wird. Diese gelangen auch ins Abwasser, in den Boden und in die Luft. Sie wissen nicht, dass viele Kleidungsstücke zumeist in Asien, Mittel- und Südamerika und in osteuropäischen Ländern unter Missachtung der Menschenrechte hergestellt werden.

Wenn wir weniger kaufen, können wir auf Herstellungsbedingungen und Gütezeichen achten und für fair und schadstofffrei hergestellte Textilien ein bisschen mehr bezahlen. Außerdem macht es Spaß, sich seine eigene Mode auszudenken, öfter mal second hand einzukaufen, eine Kleidertauschbörse einzurichten oder getragene Kleidung an Freunde und Verwandte weiter zu reichen. Deshalb nahmen wir uns an unserer Schule vor, in der Klassenstufe 4 das Thema »Mode« als Projekt zu gestalten.

„Jeans – Jeans – Jeans und Mode“

Unter diesem Titel planten wir unser Projekt und alle Lehrerinnen und Lehrer, die in den vierten Klassen unterrichten, zogen mit. Den Kindern und auch den Kolleginnen und Kollegen haben diese Thematik und die vielfältigen Arbeitsformen viel Spaß bereitet. Für unser Projekt „Mode/Jeans“ setzten wir uns einige Schwerpunkte wie:

- Kleidung früher – heute – anderswo
- Mode, Marken und Konsum inkl. der sozialen Komponente (Armut in Deutschland)
- Rohstoffgewinnung
- Arbeitsbedingungen bei der Herstellung
- sozial-verträgliche (faire/saubere) Kleidung
- Altkleiderproblematik
- Wertschätzung der Kleidung – Pflege
- Gesundheit/Allergien/Gifte in der Kleidung
- Herstellung von Stoffen/Drucken/Nähen

An unserer Schule in Gera nahmen 52 Kinder an dem Projekt teil. Die Lehrerinnen und Lehrer der Fächer Deutsch, Heimat- und Sachkunde, Mathematik, Ethik, Musik, Kunsterziehung, Schulgarten und Werken berieten gemeinsam, wie sie in ihrem Unterricht thematisch und handlungsorientiert an dem Projekt arbeiten könnten. Viele Ideen wurden zusammengetragen und die Vorschläge der Kinder und Eltern einbezogen. Mit großer Begeisterung wurde in kleinen und größeren Gruppen gearbeitet, Aufträge übernommen, Interviews durchgeführt, gebastelt, genäht, getanzt, gesungen, Theater gespielt usw. Die Schülerinnen und Schüler übernahmen gerne Aufträge, die sie zu Hause vorbereiten mussten. Jede Gruppe gestaltete ein Poster mit den Ergebnissen ihrer Arbeit. Der Höhepunkt war die Präsentation aller Ergebnisse vor den Schülerinnen und Schülern der 1., 2. und 3. Klassen sowie vor den Eltern.

Woraus besteht eine Jeans?

Das Thema Baumwolle interessierte alle Kinder sehr. Nachdem sie eine Dia-Serie über die Entstehung der Baumwolle (Wachstum, Ernte usw.) gesehen hatten, wollten sie natürlich auch ausprobieren, ob Baumwolle bei uns im warmen Klassenzimmer wächst. Jedes Kind züchtete und pflegte eine Baumwollpflanze. Unsere Pflanzen gediehen prächtig und wir verkauften sie später an die Eltern. Überall im Klassenraum standen unsere Baumwollpflanzen, die bald eine stattliche Höhe von 15 cm erreicht hatten. Die Kinder hegten und pflegten ihre Pflänzchen und stellten fest: Baumwolle braucht sehr viel Wasser. Über den Baumwollanbau in vielen Gebieten der Welt wie China, Russland, Indien, USA, Brasilien und Pakistan, über die Arbeit der Baumwollpflücker und die Kinderarbeit sammelten die Kinder Informationen und gestalteten ein Poster.

Weltweit wird derzeit auf ca. 320 000 Quadratkilometer Ackerland Baumwolle angebaut. Das entspricht fast der Fläche der gesamten Bundesrepublik Deutschland. Es sind Flächen, auf denen die oft dringender benötigten Grundnahrungsmittel nicht mehr angebaut werden können. Aber Baumwolle kann gegen harte Dollars exportiert werden und diese Devisen brauchen viele ärmere Länder.

In Kasachstan wurde für Baumwollplantagen mehr Wasser entnommen als nachfließen konnte. Jahrzehntelang! Heute ist der riesige Aralsee fast ausgetrocknet.

Das Etikett „100% Baumwolle" entdeckten die Kinder in vielen ihrer Sachen. Es war auch spannend mehr über den Anbau und die Ernte zu erfahren, auch über das Leben der Familien, die diese Arbeit machen.

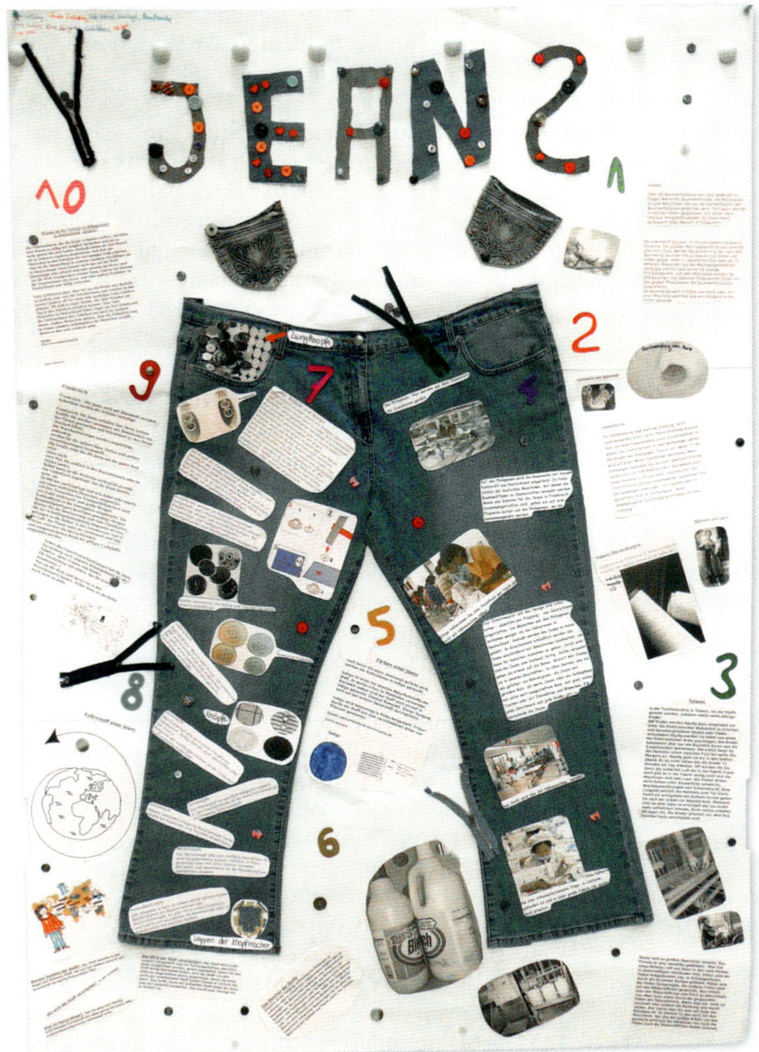

Die vielen Wege zum Konsumenten: Das überdimensionale Poster zeichnet den globalisierten Entstehungsprozess der Jeans nach

Jeansgeschichten

Viel Spaß bereitete allen Kindern das Schreiben einer Reizwortgeschichte zum Thema „Jeans". Einige Kinder schrieben einen richtigen Krimi, wo Papa und Mama Jeans entführt wurden und zu Jeanskissen verarbeitet werden sollten. Ein Fußballspiel, Jeans gegen Trainingshosen, war auch sehr lustig, oder die Geschichte, in der die Jeans auf einen Stein fiel und Oma sie vor dem Wegwerfen rettete, indem sie einen Flicken draufsetzte. Einige Geschichten wurden als Schattenspiel vorgetragen. Mit viel Fleiß und tollen Ideen, wobei uns auch der Hort und die Eltern unterstützten, bastelten sie die Figuren und übten die kleinen Theaterstücke ein.

Mit großem Interesse lasen die Kinder über die Erfindung der Jeans. Den Artikel nutzten wir gleich als Leseübung und stellten einige Fragen zur Sinnerfassung. Neugierig wurden alle Kinder, als sie im Film »Reise einer Jeans« sahen, welchen Weg ihr Lieblingskleidungsstück zurücklegte, bevor sie es im Laden kaufen konnten. Der Film ist interessant und spannend gemacht, weckt die Neugierde der Kinder und vermittelt anschaulich Wissen. Er brachte den Kindern aber auch nahe, unter ▶

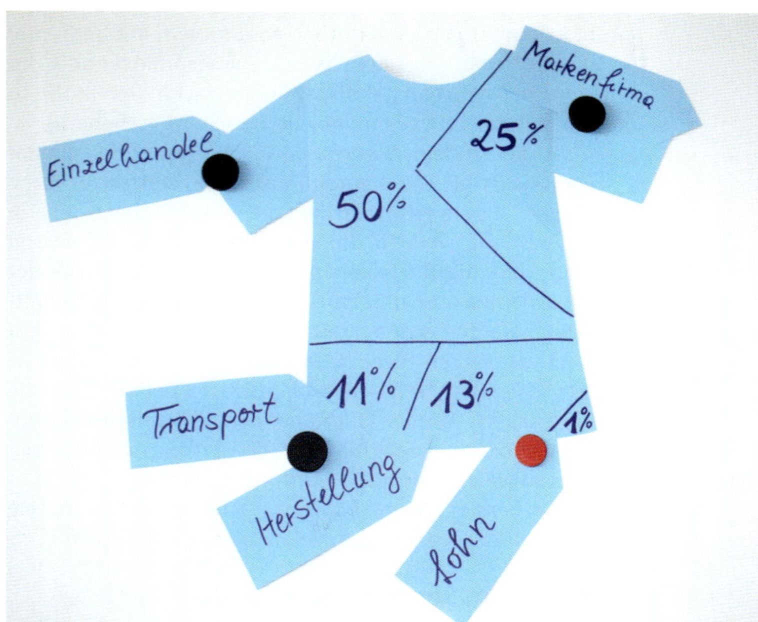

Wer verdient was? Kostenaufstellung der Produktion eines T-Shirts.

welchen Bedingungen ihre Lieblingshosen produziert werden. Auf der Landkarte suchten wir alle Orte auf und berechneten in Mathematik, wie viel Kilometer die Jeans zurücklegt, bevor sie in Deutschland auf den Ladentisch kommt. „Kannst du dir denken, warum eine Jeans nicht komplett in Deutschland hergestellt wird?“ Da gab es viele Diskussionen unter den Kindern. Schick, billig und pflegeleicht soll eine Jeans sein. Zu günstigen Preisen kann man diese Qualität in Deutschland nicht herstellen. Das geht nur in Ländern, wo die Menschen weniger Lohn für ihre Arbeit bekommen – oft kommt es dabei leider zu massiven Menschenrechtsverletzungen.

Auf einer alten Jeans stellten die Kinder einmal dar, wie groß der Anteil Lohn im Verhältnis zu den Produktionskosten und zum Gewinn ist. Die Arbeiter erhalten nur 1 bis 5 %!

Wir erzählten den Kindern, dass es auch „fair“ hergestellte Kleidung bei uns zu kaufen gibt. Eine oft gestellte Frage war darauf: „Werden diese sauberen Kleider (sauber heißt – sozial verträglich) nicht schrecklich teuer?“ An unserem Beispiel erarbeiteten sich die Kinder, dass die tatsächlichen Ausgaben für Löhne nur einen sehr kleinen Teil des Preises ausmachen, den man für eine Jeans bezahlen muss.

Einige Kinder spielten Reporter und interviewten ihre Mitschülerinnen und Mitschüler zum Thema Kleidung:

- Wie wichtig sind Klamotten für euch?
- Wer sucht denn deine Sachen aus?
- Wenn ihr mit euren Eltern Klamotten kaufen geht, seid ihr euch da immer einig?
- Wie viele Jeans habt ihr eigentlich?
- Was ist denn so toll an Jeans?
- Wie wichtig sind für euch Markenartikel?

Die Ergebnisse veröffentlichten sie dann in der Schule. Die Eltern waren übrigens über die Antworten ihrer Kinder teilweise sehr erstaunt.

Was passiert mit den „alten“ Sachen?

Wenn Kleidung so wichtig ist und wir so viel davon verbrauchen, stellt sich natürlich das Problem mit dem „Modemüll“. Wohin mit dem alten Lieblingspullover oder der Hose, aus der man herausgewachsen ist? In den Müll? Zu schade! Was könnte mit den alten Sachen geschehen?

In die Altkleidersammlung – schlugen einige Kinder vor. Das ist für einen guten Zweck. Wie überrascht waren sie aber, als sie erfuhren, dass die besterhaltenen Teile in Deutschland wieder in die Second-Hand-Läden gehen und einige daran gut verdienen. Ca. 30 % unserer Altkleider enden in den afrikanischen Ländern. Die importierten Altkleider werden dort verkauft, und die einheimische Textilindustrie kann gegen die Billigimporte nicht konkurrieren. So geraten die fantasievollen Muster der Kleiderstoffe in Afrika ins Abseits. Quer über den afrikanischen Kontinent sind durch diese Altkleiderverwertung der Industriestaaten viele Arbeitsplätze verloren gegangen.

Viel besser ist es, hochwertige Sachen zu kaufen und sie später über Second-Hand-Läden selbst zu verkaufen.

Besuch im Second-Hand-Laden

Einige Kinder besuchten einen Second-Hand-Laden und stellten der Besitzerin Fragen. Hier ein Auszug:

- Was wird bei Ihnen am meisten gekauft?
- Kann ich auch allein etwas kaufen oder verkaufen?
- Woher kommen Ihre Waren?
- Bekomme ich das Geld gleich?
- Wer kauft bei Ihnen ein?
- Wie müssen die Waren sein, wenn ich sie zu Ihnen bringe?
- Wie sind Ihre Öffnungszeiten? u. a.

Dieses Interview spielten die Kinder dann zur Information den Mitschülerinnen und Mitschülern sowie den Eltern vor und zeigten in einer kleinen Modenschau Kleidung, die sie dort preiswert erstanden hatten. Viel Spaß bereitete es auch Kleidung zu verändern und Vorschläge zu machen, wie man langweilige Jeans aufpeppen kann. Es kamen viele tolle Ideen zustande, die dann auf Postern ausgestellt wurden. Im Schulhaus wurde eine große Tafel mit den Vorschlägen der Kinder gestaltet.

Im Werken bastelten alle Kinder eine Jeans-Maus. Dabei probierten sie auch einmal im Akkord zu arbeiten. Schon beim Annähen der Knöpfe (für Augen und Nase) brauchten einige Schülerinnen und Schüler fast eine Stunde. „Ganz schön anstrengend“, war der einhellige Kommentar zu dieser Arbeit. Die fertigen Mäuse wurden mit Reis oder Watte gefüllt und als Kuscheltiere verschenkt oder auch selbst benutzt.

Im Zeichenunterricht bastelten die Kinder lustige Puppen und bekleideten sie nach ihren Entwürfen mit Jeans-Kleidung. Das hat allen unheimlich viel Spaß gemacht und sah auch sehr vielfältig aus.

Aus einem Pappteller, Tapetenleim, Toilettenpapier und Wasserfarben wurde ein Gesicht geformt. Mit Wollfäden wurden Haare aufgeklebt. Zwei Holzstäbe bildeten die Grundlage für die Kleidung. Darauf konnte jeder nach seinen Entwürfen die Kleidung der Puppe befestigen. Mit Kleidungsresten wurden noch lustige Sachen hergestellt. Die Kinder merkten auch, wie man die langweilig gewordene Kleidung durch einige Dinge verändern kann und schon sieht sie modisch und flippig aus. Und das Ganze kostet nicht einmal viel Geld.

Rollenspiele über Mode

Noch einmal zum Thema „Markenklamotten“. Zu einer Karikatur dachten wir uns einen Sketch aus und spielten die Situation, die ja gar nicht so ungewöhnlich ist, nach. Wie reagierten Luca, Ina, Benjamin oder Sandra, wenn man von Klassenkameraden ausgelacht wird wegen der Kleidung?

Mutter: Tina, komm mal her, ich habe dir eine hübsche Jacke mitgebracht.

Tina: Prima, zeig doch mal her. Toll, die sieht wirklich gut aus. Aber sag mal, wo ist denn das Schild?

Mutter: Was für ein Schild?

Tina: Na, das Schild eben! Du weißt schon ...

Mutter: Ich weiß nicht, was du meinst. Doch, warte mal, hier ist ein Anhänger, den meinst du sicher.

Tina: Was? Kaufhalle – 19,95 €? Das zieh‘ ich nie an! Meinst du, ich mach mich zum Gespött der ganzen Klasse?

Dann erklärt die Mutter Tina, dass sie ja sparen müssen, weil sie in den Urlaub fahren wollen. Schließlich sieht Tina das ein. Sie trifft ein paar Freunde und verteidigt ihre Jacke. Zum Schluss sprechen die Kinder alle an und fragen: Und ihr? Wie wichtig sind euch Markenklamotten?

Sprecht in eurer Klasse mal darüber.

Ich kaufe viele Sachen im Second-Hand-Laden, die sind billig und ich finde meist etwas Schickes.

Meine Mutter bringt die Sachen, die mir nicht mehr passen, auch dorthin. Da bekommen wir noch Geld dafür und schützen die Umwelt.

Einige Kinder unserer Klasse waren dort und haben nachgefragt.

Eine Klasse übte das Märchen „Des Kaisers neue Kleider" ein.

Das gab einen Heidenspaß. Die Kinder schrieben sich selbst ihre Texte und diskutierten lange darüber, wie sie das Märchen darstellen könnten. Dabei kamen natürlich auch der Wert der Kleidung, Bedeutung der Mode, Mode und Charakter usw. zur Sprache. Alle Kinder durften mitspielen und zum Schluss wurde Menuett getanzt.

Präsentation der Ergebnisse

Die Eltern und die Schülerinnen und Schüler der Klassenstufe 1 – 3 unserer Schule waren natürlich auch neugierig und wollten gerne genauer erfahren, was so in den vierten Klassen los ist. Also wurden alle an einem Nachmittag zur Präsentation eingeladen. Folgendes Programm hatten wir geplant:

1. Gedicht
2. Tanz „Blue" Klasse 4a
3. Sketch
4. Interview
5. Des Kaisers neue Kleider
6. Die Reise einer Jeans
7. Schattenspiel
8. Kleidung aus dem Second-Hand-Laden
9. Tanz „Jeans On" Klasse 4b
10. Modenschau

Zur Begrüßung erhielt jeder Gast ein von den Kindern entworfenes Kreuzworträtsel. Das Lösungswort hieß übrigens Jeans. Der Raum war mit den Arbeiten der Kinder geschmückt. An den Wänden hingen Plakate zu verschiedenen Themen: Farbe Blau, Modevorschläge für Jeans, Mode in den einzelnen Jahrhunderten, Seidenraupe und Baumwolle. Zusätzlich präsentierten die Kinder stolz ihre Baumwoll-Pflänzchen, die Jeansmäuse und die Kleiderpuppen.

Viel Spaß machte besonders den Jungen das Tanzen nach den Liedern „Blue" und „Jeans on".

Auf der Landkarte wurde die lange Reise der Jeans gezeigt und von den Kindern erklärt. Anschließend zeigten sie ihre Arbeiten, erzählten, wie man diese herstellt und was sie dabei gelernt haben. Durch das ganze Programm führte ein als Jeans verkleideter Schüler.

Am Ende seiner Reise forderte unser „Jeans-Schülerinnen und -schüler" die Eltern und Kinder auf, sich für saubere Kleidung (Kleidung ohne Ausbeutung der Natur und der Menschen) einzusetzen.

Zum Schluss gab es eine Modenschau mit einigen spaßigen Einlagen, aber auch mit Beispielen, wie man mit wenigen Kleidungsstücken, die man immer wieder anders kombiniert, fetzig aussehen kann. Die gezüchteten Baumwoll-Pflänzchen wurden an die Eltern verkauft (der Erlös ging in die Schulgarten-Kasse) und alle stellten sich noch einmal hinter die Forderung:

Kein Mode-Spaß auf Kosten anderer Menschen und der Umwelt! ■

INFO Die Erfindung der Jeans

Eine Geschichte aus dem Jahre 1850

„Verflixt, schon wieder ein Riss in der Hose", schimpfte Jack, „so ein dünner Stoff taugt einfach nichts, wenn man dabei ist, nach Gold zu graben." Jack befand sich zusammen mit einigen anderen Männern an einem Fluss in der Nähe eines Goldgräberlagers in Kalifornien. „He, Jack", rief ihm jetzt sein Freund Pete zu, der einige Meter entfernt mit einem Sieb im Fluss stand, „geh einfach mal nach Sacramento und frag nach Levi Strauss. Das ist ein Auswanderer aus old Germany, vor kurzem angekommen. Der näht aus Zeltplanen die festesten Hosen der Welt, Hosen, die einfach alles mitmachen. Und damit die Nähte nicht reißen, verstärkt er sie an den Taschen sogar mit Kupfernieten." „Guter Tipp, Pete. Werd' mir die Hosen mal ansehen. Wie heißt der Mann noch? Levi Strauss?" Bald konnte der Schneider Levi Strauss die vielen Aufträge nicht mehr allein schaffen. An die Stelle seiner Schneiderwerkstatt trat eine Fabrik. Aus dem armen Schneider wurde ein reicher Geschäftsmann. Das Unternehmen gibt es heute noch.

Schülerinnen präsentieren die Ergebnisse und Erkenntnisse ihrer Recherchen rund um die Jeans ihren Mitschülern

Sachunterricht

Naturwissen-schaften

Unter diesem Schwerpunkt, der biologische, chemische und physikalische Aspekte verbindet, gibt es zahlreiche Phänomene, die in das Aufgabengebiet der „Bildung für nachhaltige Entwicklung" fallen: Vielfalt der Arten, Erhaltung des Regenwaldes, Überfischung der Meere, Energie sparen, Wasserhaushalt usw. Ein Thema, das in besonderer Weise das Zusammenspiel von Biologie, Chemie und Physik erforderlich macht, ist der Klimawandel. Das folgende Unterrichtsbeispiel gibt davon Zeugnis. Das zweite naturwissenschaftliche Beispiel hat einen eher biologischen Schwerpunkt, wobei auch hier der Ressourcenverbrauch eine tragende Rolle spielt.

BEISPIELE: Prima Klima? Eine Projektwoche in einer 4. Grundschulklasse, (Heft 4 / Dez. 2008, S. 4 – 7)
Das O-Saft-Rätsel – gelöst!, (Heft 142 / Mai 2018, S. 4 – 7)

Prima Klima?

Eine Projektwoche in einer 4. Grundschulklasse, in der sich die Schülerinnen und Schüler fünf Tage lang sehr intensiv mit dem Klimawandel auseinander setzten.

Andrea Hübler

Die 4. Klasse einer Berliner Grundschule, mit der ich als Klassenlehrerin das Tthema Klima behandelt habe, setzt sich aus 28 Schülerinnen und Schülern zusammen. Ein Drittel der Klasse ist sehr leistungsstark. Während einer Wochenplanarbeit im Herbst vergangenen Jahres diskutierten die Kinder Themen, die sie interessant fanden oder die sie besonders bewegten. Ein Schüler wählte das Thema Klima. Besonders beschäftigte er sich mit den Auswirkungen, die die Vernichtung des Regenwaldes auf das Klima hat. Diese Diskussion nahm ich zum Anlass, um auf eine bevorstehende Projektwoche im Februar aufmerksam zu machen. Die Kinder erhielten den Auftrag, bis zur Projektwoche Artikel aus Zeitschriften und Zeitungen zum Thema Klima zu sammeln. Die Projektwoche fand an fünf Tagen statt, wobei der letzte Tag einem Theaterbesuch in Berlin gewidmet war. Da sich in unserem Schulgebäude jeweils ein Klassenraum und ein Hortraum nebeneinander befinden, nutzten wir beide Räume. Dies war durch die Unterstützung unserer Gruppenerzieherin, Kerstin Schulz, möglich, die während der ganzen Woche mithalf. So konnte die Klasse in mehrere kleine Gruppen aufgeteilt werden. Im Gegensatz zur sonstigen Wochenplanarbeit stellte ich in dieser Woche die Gruppen täglich neu zusammen. Dabei waren jeweils leistungsstärkere und leistungsschwächere Kinder in einer Gruppe.

Zielsetzung

- Den Schülerinnen und Schülern sollen wichtige Klimabegriffe sowie Klimaphänomene verdeutlicht werden.
- Die Schülerinnen und Schüler sollen die unterschiedlichen Aspekte des Klimawandels erfassen. Ihnen sollen die Auswirkungen des Klimawandels auf die Natur und auf das Leben der Menschen bewusst werden. Dabei werden die einzelnen Kontinente betrachtet.
- Die Schülerinnen und Schüler sollen einen Einblick in den weltweiten politischen Umgang mit der Thematik des Klimawandels bekommen.
- Den Schülerinnen und Schülern soll bewusst werden, dass ihr Handeln auch Einfluss auf das Leben der Menschen in anderen Ländern hat.
- Sie sollen Konsequenzen für ihr eigenes Handeln entwickeln.

Klimaphänomene

Zu Beginn der Projektwoche wurden einige organisatorische Abläufe geklärt. Jedes Kind erhielt einen Projekthefter mit folgendem Arbeitsauftrag für die Projektwoche:

Sammelt in diesem Hefter die Ergebnisse und Lösungen der Projektwoche. Ihr könnt hier auch weitere Informationen zu dem Thema Klima sammeln. Im Anschluss an die Projektwoche wird der Hefter bewertet, arbeitet daher sauber und ordentlich.

Als Einstieg für den ersten Tag diente ein Bild, das durch einen Tornado zerstörte Häuser in Florida zeigt. Die Schülerinnen und Schüler beschrieben das Bild und stellten Vermutungen an, was passiert sein könnte. Einige meinten, dass es ein Erdbeben gegeben haben könnte oder einen Bombenanschlag. Andere Schülerinnen und Schüler vermuteten einen Tornado. Nachdem das Phänomen auf diesem Bild erklärt worden war, erhielten die Kinder sechs weitere Bilder zu den Themen Regenwald, Überflutung, Eis- und Schneeschmelze, Dürre und Mensch (Straßenverkehr).

Jeweils drei bis vier Schülerinnen und Schüler bekamen die Aufgabe, die Bilder genau zu beschreiben und wichtige Informationen zum jeweiligen Thema zu finden. Nachdem die Klasse wieder im Sitzkreis zusammengekommen war, stellte jede Gruppe ihre Arbeitsergebnisse vor. Besonders günstig war, dass in fast allen Gruppen sämtliche Schülerinnen und Schüler während der Präsentation mit einbezogen waren. Die Bilder sowie die wichtigsten Arbeitsergebnisse wurden an die Tafel geheftet.

- Gletscher schmelzen (Argentinien)
- Gase werden von Menschen freigesetzt, dadurch Temperaturerhöhung
- Das trägt zur Klimaveränderung bei und lässt Gletscher schneller schmelzen
- Schmelzwasser fließt in Ozeane und ist zu zwanzig Prozent für die Anhebung des Meeresspiegels verantwortlich
- Hochwassergefahr erhöht sich
- Arktische Eisberge treiben ins offene Meer
- Eisberge lösen sich vom Südpol ab. Natürlicher Vorgang, der aber in den letzten Jahren stärker wurde
- Malediven
- 1200 Inseln gehören zu den Malediven. Die meisten ragen nur knapp aus dem Wasser
- Die weltweite Temperaturerhöhung wird den Meeresspiegel ansteigen lassen. Die Inseln werden irgendwann teilweise oder völlig im Meer versinken
- Bevölkerung müsste umgesiedelt werden (psychische und politische Probleme)
- Vogelkolonien sowie Meeresschildkröten sind in Gefahr
- Bangladesch
- Monsun und das Ansteigen der Flüsse durch Schmelzwasser aus dem Himalaya gehören zum Leben der Bewohner
- Überflutungen wurden in den letzten Jahren dramatischer
- Luftströmungen in der Atmosphäre sind gestört
- Dämme können errichtet und ein Alarmsystem aufgebaut werden
- Venedig
- In der Lagune verschmilzt das Land mit dem Meer und bildet dabei kleine Inseln, die je nach Jahreszeit mal aus den Fluten auftauchen, mal vom Wasser überspült werden
- Die Lagune verwandelt sich in Meer; da die Stadt auf

lehmigem Untergrund steht, versinkt sie allmählich
• Gründe: Erweiterung der Kanäle, Industrieausbau in der Region, Abpumpen unterirdischer Wasserreserven
• Schwimmende Dämme sollen Wasser aussperren
• Kahlschlag in Brasilien
• In den tropischen Regenwäldern gibt es wertvolle Hölzer, die teilweise billig verkauft, überall auf der Welt verwendet werden
• Jede Stunde wird auf der Erde eine Fläche so groß wie 2360 Fußballfelder entwaldet
• Wald produziert Sauerstoff und nimmt einen Teil des Kohlendioxids auf
• Tropische Regenwälder haben einen unermesslichen Reichtum an Pflanzen und Tierarten
• Völker leben dort seit ewigen Zeiten in Harmonie mit ihrer Umwelt
• Wüste breitet sich aus
• In Mali und in vielen Teilen der Welt dehnen sich die Wüsten aus
• Klimawandel, Entwaldung und Landwirtschaft tragen dazu bei
• Menschen können etwas dagegen tun, z. B. keine Wälder mehr abholzen, wassersparende Methoden in Viehzucht und Landwirtschaft anwenden und untereinander solidarischer sein
• Verkehr
• Am Beispiel Japans wird gezeigt, wie Industrienationen durch praktische Transportmittel (Auto, Flugzeug usw.) an verpesteter Luft fast ersticken
• Waren und Menschen sind ständig auf Reisen
• Die Umwelt muss bezahlen, weil Flugzeuge, Lastwagen, endlose Autoschlangen besonders während des Berufsverkehrs Kohlendioxid frei setzen

Mit einer Zusammenfassung der wichtigsten Klimaphänomene und dem Auffinden der verschiedenen Regionen im Atlas, die diesen Regionen zugeordnet werden konnten, endete der Tag. Den Schülerinnen und Schülern wurden mit Hilfe der Bilder und Texte die Probleme, welche es weltweit im Zusammenhang mit den Klimaveränderungen gibt, bewusst gemacht, ohne Katastrophenbilder zu zeigen. Es wurde darauf hingewiesen, dass es Klimaveränderungen schon immer gab, dass bestimmte Veränderungen aber der Mensch zu verantworten hat. Dies trifft besonders auf die Bevölkerungen aus den Industrienationen zu.

Stationenlernen

Der zweite Projekttag stand ganz im Zeichen des Stationenlernens. An diesem Tag erweiterte ich die Projektzeit auf fünf Stunden, da sonst die Zeit nicht ausgereicht hätte. Zu Beginn besprachen wir noch einmal mit Hilfe des Tafelbildes die einzelnen Klimaphänomene. Im weiteren Verlauf konnten jeweils sieben Kinder an vier Stationen ein vielfältiges Angebot erkunden. Nach ungefähr 30 Minuten wurde stets gewechselt. Zu Beginn der Arbeit erhielten die Schülerinnen und Schüler eine Einführung (Regeln für die Arbeit, Benutzung der Arbeitsmittel, Verhalten beim Durchführen der Experimente). Folgende Stationen durchliefen die Schülerinnen und Schüler:

Station 1: Finde heraus, worin sich Wetter und Klima unterscheiden. Dazu bekamen die Kinder Arbeits- ▶

Die Schülerinnen und Schüler schreiben und diskutieren über einzelne Phänomene des Klimawandels

Überflutungsgefahr bei steigendem Meeresspiegel

blätter mit zwölf verschiedenen Aufgaben. Die letzten Aufgaben beinhalteten Kontrollaufgaben.

Station 2: Fertige eine kleine Übersicht mit wichtigen Begriffen zum Thema Klima und Umwelt an. Zu zahlreichen Begriffen (z. B. Atmosphäre, globale Erwärmung, Treibhauseffekt, Kyoto-Protokoll) sollten sich die Schülerinnen und Schüler einen Überblick verschaffen.

Station 3: Finde mit Hilfe der Arbeitsblätter heraus, wie Tages- und Jahreszeiten entstehen. Vervollständige die Lückentexte und überprüfe anschließend noch einmal die Ergebnisse, indem du mit dem Originaltext vergleichst.

Station 4: Suche dir mit einem Partner einen Versuch aus, den du durchführen möchtest. Fertige dazu ein Versuchsprotokoll an!

Die Stationen 1 und 3 erwiesen sich als schwierig. Hier wäre es wünschenswert, an jeder Station einen „Betreuer" zu haben. Von den durchgeführten Versuchen waren die Schülerinnen und Schüler dagegen regelrecht begeistert. Im Sitzkreis werteten wir die Ergebnisse des Tages aus. Ein Teil der Kinder bekam Kärtchen mit Begriffen. Diese wurden im Laufe des Tages erarbeitet. Auch die Versuchsergebnisse wurden vorgestellt.

Eisbär, Dr. Ping

Auch der dritte Tag begann mit einer kurzen Zusammenfassung des Vortages. Als Einstieg für diesen Tag hörten wir das Klimamusical „Eisbär, Dr. Ping". Erzählt wird die Geschichte vom Eisbär und dem Pinguin. „Am Nordpol und am Südpol leben der Eisbär und der Pinguin. Als Ihre Schollen immer kleiner werden, beschließen sie, zu den Menschen zu gehen und ihnen klar zu machen, dass es so nicht mehr weitergehen kann. In einer Stadt treffen sie auf zwei Kinder. Auch in deren Wohnung treiben die Stromfresser Ampere, Volt und Watt ihr Unwesen. Die Kinder bekommen von Eisbär und Pinguin die Lizenz zum „Abschalten"

Den Kindern gefielen einzelne Lieder so gut, dass wir sie noch einmal hörten und mitsangen. Nach kurzer Diskussion und inhaltlicher Auswertung des Musicals ging es an die Tagesaufgaben. Es wurden sechs Gruppen gebildet, die sich mit je einem Klimaphänomen beschäftigten.

- Die Bedrohung der tropischen Regenwälder
- Wandel von Klima und Eisbedeckung in der Arktis
- Hitze und Dürre, Waldbrände in Kalifornien
- Klimawandel – eine Herausforderung für Tuvalu
- Dürre im Sudan
- Das Klima in Deutschland

Jede Gruppe bekam zu ihrem Thema einen Arbeitsauftrag. Nach ca. siebzig Minuten Gruppenarbeit trafen wir uns wieder im Sitzkreis. Jede Gruppe stellte ihre Ergebnisse vor. Wichtig waren die Mitarbeit aller Beteiligten und die klare Gliederung der Vorträge, so dass alle Schülerinnen und Schüler die jeweilige Problematik klar nachvollziehen konnten. Der letzte Vortrag bezog sich auf Klimabesonderheiten bzw. -veränderungen in Deutschland. So war eine Überleitung zum nächsten Projekttag gegeben.

Vierter Projekttag

Am letzten Arbeitstag wurden die Schülerinnen und Schüler mit Ausschnitten einer Sendung der Sendereihe Quarks & Co zum Thema Klima eingestimmt. Zwei Familien aus Köln und dem Sauerland traten in den CO2-Wettbewerb. Was die Familien in dem zweiwöchigen Wettbewerb erreichten, konnte man in der Sendung verfolgen. Die Schülerinnen und Schüler hatten mehrere Wochen Zeitungsartikel zum Thema Klima (in Deutschland) gesammelt. Einige Beispiele wurden vorgetragen. Anschließend wurden wieder Gruppen gebildet. Jedes Kind sollte für sich Klimatipps aufschreiben. Die Gruppe beratschlagte dann, welche Tipps sie besonders wichtig fand und schrieb die Ergebnisse auf ein A 3-Blatt. Nach einstündiger Arbeit traf sich die Klasse wieder im Sitzkreis und jede Gruppe stellte die Ergebnisse vor und begründete die Tipps. Einige Ergebnisse sind nebenstehend vorgestellt.

Gruppe 1
Wie können wir den CO2-Ausstoß verringern?
- weniger Fernsehen schauen
- weniger Computer spielen
- weniger mit dem Auto fahren

Gruppe 2
Besseres Klima
- nicht so viele Kraftwerke und Fabriken bauen
- weniger Auto fahren
- mehr Pflanzen anbauen
- Regenwälder schützen

Gruppe 3
Tipps für das Klima
- nicht so viel Auto fahren, weil Autos ganz viel CO_2 ausstoßen
- wenig Strom verbrauchen
- Bäume nicht abholzen

Die anderen Gruppen kamen zu ähnlichen Ergebnissen. In der Folgezeit wurden gemeinsame Ziele zusammengetragen und auf ein großes Plakat geschrieben. Zum Abschluss sahen wir uns noch einmal an, mit welchen Themen wir uns in der vergangenen Woche beschäftigt hatten, welche Klimaphänomene wo auf der Welt existierten und wie Politiker weltweit mit dem Thema umgehen.

Ziel dieses Tages war es, dass die Schülerinnen und Schüler den Transfer zu ihrer Umgebung herstellten und Konsequenzen für ihr eigenes Handeln entwickelten. Sie sollten dabei zum nachhaltigen Handeln angeregt werden. Mit Hilfe der Zeitungsartikel und der Weltkarte wurde ihnen noch einmal bewusst, dass der Klimawandel eine globale Angelegenheit ist. Die Kinder haben somit einen Einblick in den weltweiten Umgang mit der Thematik des Klimawandels bekommen. Auch an diesem Tag wurde den Schülerinnen und Schülern nochmals vor Augen geführt, dass bestimmte Wetterphänomene immer wieder auftreten. Nur im Falle einer Häufung bzw. eines Auftretens zu ungewöhnlichen Zeiten oder mit unbekannten Extremwerten kann man von einer Veränderung sprechen. Beim Auswerten der Zeitungsartikel sollten ebenfalls keine Katastrophen im Mittelpunkt stehen, sondern ein verantwortlicher Umgang mit dem Thema. Jeder von uns kann einen Beitrag zum Schutz der Umwelt und somit des Klimas leisten. Durch unsere Konsumentscheidungen (z. B. fairen Handel) können wir mit beeinflussen, wie die Land- und Forstwirtschaft in südamerikanischen oder afrikanischen Ländern betrieben wird. Zum Schluss sangen wir auf Wunsch der Kinder nochmals einige Lieder aus dem Klima-Musical.

Prima Klima

Den Abschluss des Projektes bildete ein Besuch des Grips Theaters in Berlin. Auf dem Spielplan stand das Stück „Prima Klima". Das Theaterstück ist offizielles Projekt der Weltdekade 2007/2008 und wurde von der UNESCO ausgezeichnet. Durch ein Rollenspiel, verpackt in eine humorvolle Geschichte, erhielten die Kinder nochmals vielfältige Informationen. Begriffe wie Treibhauseffekt oder globale Erwärmung wurden einfach und verständlich dargestellt. Außerdem wurden Lösungsansätze aufgezeigt. Das Grips Theater bietet zum Theaterstück sehr interessantes Material sowie eine unterrichtsbegleitende Auswertung durch Theaterpädagogen an. Das Theaterstück „Prima Klima" war somit ein gelungener Abschluss der Projektwoche.

Auswertung

Die Schülerinnen und Schüler hatten in der gesamten Zeit sehr interessiert und aktiv mitgearbeitet. Viel Spaß hatten sie besonders während der Stationenarbeit. Die Kinder waren diskussionsfreudig und hatten viele eigene Ideen und Lösungsansätze. Durch diese intensive Mitarbeit konnten die Projektmaterialien, Sammlungen und Projekthefter auf einem zeitnah stattfindenden Elternabend präsentiert werden. Um einige Schwerpunkte zu festigen, habe ich für offene Fragen noch weitere Unterrichtsstunden verwendet. Besonders zu den Arbeitsblättern der Stationen 2 und 3 am zweiten Projekttag gab es noch Klärungsbedarf. Diese Arbeitsbögen erwiesen sich für viele Schülerinnen und Schüler der vierten Klasse als schwer lösbar. Für eine fünfte oder sechste Klasse sind diese Blätter jedoch gut zu nutzen. Jüngere Klassen sollten an den Stationen einen Helfer haben. Eine weitere Möglichkeit wäre natürlich auch, das Material zu kürzen und zu vereinfachen. In den folgenden Wochen konnte ich häufig beobachten, wie einige Kinder versuchten, die aufgestellten Regeln umzusetzen. Ihre Aufmerksamkeit dem Thema gegenüber war geweckt. ■

Arbeitsblätter und Informationen zum Thema Klima (z.B. vereinfachte Darstellung des Treibhauseffekts, Aufgaben für Stationsarbeit, Fotos - vom Tornado zerstörtes Haus/ Regenwaldabholzung/ Überflutung ..., Klimatipps) finden sich unter **www.weltinderschule.uni-bremen.de** als Materialseiten.

Treibhausgase bei der Energiegewinnung (oben) und die Folgen von Dürre und Stürmen

Literatur und Medien

Arthus Bertrand, Y.: Die Zukunft unserer Erde – Die dauerhafte Entwicklung der Erde für Kinder erzählt. München 2004.

Berger, U.: Die Klimawerkstatt, Spannende Experimente rund um Klima und Wetter. Band 1., Freiburg 2004.

Harpain, Ph./Kaluzza, S./Keller, J./Vorwerk, E.: Grips Theater Berlin: Prima Klima

Horn, R./Netz, H.-J.: Eisbär, Dr. Ping und die Freunde der Erde. Bund Freunde der Erde, Kontakte Musikverlag, Lippstadt 2007.

Lanig, J./Schneider, A./Tiemann, D.: Klimakatastrophe – Energie sparen! Infos, Hintergründe, Projektideen. Mühlheim an der Ruhr 2007.

Sauerborn, P.: Natur- und Umweltkatastrophen – Menschengemacht? Informationen, Hintergründe, Projektideen. Mühlheim an der Ruhr 2005.

Wertenbroch, W.: Lernwerkstatt Klimawandel – Die Menschheit am Scheideweg? Kerpen 2007.

Das Klimamusical „Eisbär Dr. Ping" gefiel den Kindern besonders gut (Kontakte Musikverlag)

Das O-Saft-Rätsel – gelöst!

Mit Lisinha und Marcelinho auf Detektivsuche in Brasilien: Kurz vor Ende des Schuljahres 2016/17 beschäftigten sich Schülerinnen und Schüler der Berliner „Grundschule an der Marie" in Berlin-Pankow in einer Lerneinheit mit der Frage, wie der Orangensaft in dem südamerikanischen Land produziert wird und wie viel „virtuelles Wasser" dafür aufgewendet werden muss.

María Rosa Zapata de Polensky

Rohstoffe und Fertigprodukte, die aus fernen Ländern stammen und zu unserem täglichen Konsum gehören, werden gerne im Unterricht thematisiert, um die bestehenden Verbindungen zwischen der Lebenswelt der Schülerinnen und Schüler und den Ursprungsländern der Produkte zu veranschaulichen. Bei der Beschäftigung mit Lebensmitteln wie zum Beispiel Bananen oder Schokolade oder Gegenständen wie dem eigenen T-Shirt, den Jeans oder dem Handy können die Kinder viel über die Menschen in diesen Ländern und deren Lebensbedingungen lernen.

Auch „unser" Orangensaft eignet sich gut als Thema für einen interessanten Unterricht. Er ist nach dem Apfelsaft der beliebteste Saft der Deutschen und kommt größtenteils aus Brasilien. Wird dabei in besonderer Weise die gesamte Wassermenge berücksichtigt, die zur Herstellung dieses Produktes notwendig ist, so kann den Schülerinnen und Schülern das Konzept „virtuelles Wasser" vermittelt werden, das ihnen eine weitere Dimension der globalen Zusammenhänge aufzeigt und sie zur Reflexion über den eigenen Konsum anregen kann.

Virtuelles Wasser

„Virtuelles Wasser" wurde als Begriff vom Londoner Professor John Anthony Allan 1998 eingeführt, um auf die gesamte Menge Wasser aufmerksam zu machen, die tatsächlich für die Herstellung eines Produktes verbraucht wird. Im Fall des Orangensafts wird zum Beispiel besonders auf die Bewässerung der Bäume auf den Plantagen und das Waschen der geernteten Orangen und Anlagen in den Saftfabriken hingewiesen. Weil das dafür verbrauchte Wasser beim Fertigprodukt nicht sichtbar ist, wird von virtuellem Wasser gesprochen.

Der Workshop

Unser Workshop lehnt sich methodisch an das Prinzip des entdeckenden Lernens an. Auf einer Phantasiereise in drei Lernstationen sollen die Schülerinnen und Schüler spielerisch herausfinden, warum behauptet wird, dass eine Orange 80 und ein Glas Orangensaft 200 Liter Wasser „beinhaltet". Dabei soll ihnen klarwerden, dass in fernen Ländern viel Wasser verbraucht wird, um unsere Konsumprodukte fertigzustellen.

Die Einheit wurde für Schülerinnen und Schüler der 6. Klasse und für eine Dauer von zweieinhalb Stunden konzipiert, kann aber je nach Bedürfnissen und mit Hilfe der Materialien unseres Orangenkoffers verändert und angepasst werden.

In der Grundschule an der Marie

Am 29. Juni durften wir unsere Einheit in der „Grundschule an der Marie" in Berlin-Pankow erproben. Nach der Begrüßung und Vorstellung der zwei Referentinnen wurde das Thema des Workshops angekündigt und groß an die Tafel geschrieben. In einer Warm-up-Phase wurden die Schülerinnen und Schüler nach ihrer Lieblingssaftsorte gefragt und aufgefordert, sich im Raum linear aufzustellen, je nach ihren Präferenzen für Orangen- oder Apfelsaft. Sie waren alle schnell mit dabei und erzählten lebhaft über ihre Wahl.

Anschließend wurden die „Notizzettel" der Detektive – ein zweimal gefaltetes DIN-A4-Blatt – verteilt und anhand der Titelseite wurde die zentrale Frage des Workshops vorgestellt.

Die Schülerinnen und Schüler zeigten sich sehr interessiert, gaben erste mögliche Antworten auf das Rätsel und stellten Vermutungen an, die als „Hypothesen" festgehalten wurden.

Bevor sie in zwei Gruppen auf Detektivsuche jeweils in die Plantage und die Saftfabrik geschickt wurden, stellte die brasilianische Referentin kurz ihr Land im Dialog vor. So werden in Brasilien Kindernamen meistens mit den Verniedlichungsendungen „inho" (maskulin) oder „inha" (feminin) verziert – und die Schülerinnen und Schüler schrieben ihre Namen auf ihren Notizzettel „auf Brasilianisch" hin. Sie erläuterte den Ablauf des Workshops und danach ging es mit Stift und Schreibpapier los auf „Detektivreise nach Brasilien".

Auf der Plantage mit Lisinha

Auf der ersten Station mussten die „Detektive" fünf kurze, von einer Identifikationsfigur namens Lisinha verfasste Texte lesen und sie den vorhandenen Fotos zuordnen. Bei einer intensiven Beschäftigung mit den Fotos und der Präsentation der Ergebnisse mit anschließender Diskussion wurde ihnen klar, wie die Orangen wachsen, wie sie geerntet werden und wie hart und sogar gefährlich die Arbeit auf der Plantage sein kann.

Sie trugen in ihren Notizzetteln ein, was sie über den Wasserverbrauch und vorhandene Probleme beobachtet hatten, und gingen dann in die Saftfabrik.

In der Saftfabrik mit Marcelinho

Zur Einstimmung wurde hier zuerst ein kurzer Ausschnitt aus dem Film „Von der Orange bis zum Saft" (https://www.youtube.com/watch?v=3W8kV4jD73o, Minute 7:44 bis 9:01) gezeigt, in dem die Arbeit in einer Saftfabrik in Brasilien zu sehen ist. Dann bekamen die Kinder fünf Bilder zu diesem Prozess, die Marcelinho, die zweite Identifikationsfigur, gezeichnet hatte. Die Aufgabe war, die Zeichnungen zu interpretieren und in die richtige Reihenfolge zu bringen.

Auch hier wurde viel über Wasserverbrauch, Arbeitsbedingungen sowie über den Herstellungsprozess gelernt und diskutiert. Besonders interessant fanden die Schülerinnen und Schüler, dass der Saft aus Brasilien als Konzentrat nach Europa geschickt wird, um Platz auf dem Schiff und auf diese Weise Geld zu sparen. Zugleich reduziert der Transport als Konzentrat auch den Treibstoff- und Energieverbrauch und damit die negativen Auswirkungen auf die Umwelt.

Nachdem sie ihre Notizen geschrieben hatten, fanden sich die zwei Gruppen wieder im Plenum, in einem Abfüllbetrieb in Deutschland.

In einem deutschen Abfüllbetrieb

Nach einem Brainstorming, in dem die Kinder darüber spekulierten, wie es mit dem Saftkonzentrat weitergeht, erfuhren sie anhand eines weiteren Filmausschnitts (YouTube-Film, Minute 11:28 bis12:35), wie das Konzentrat rückverdünnt und unser O-Saft fertiggestellt wird.

Des Rätsels Lösung

Dann war es so weit, um zur Anfangsfrage zurückzukommen. Nach den geführten „Recherchen" und Diskussionen fiel es den Schülerinnen und Schülern nicht mehr schwer zu sagen, wo die angegebenen großen Mengen Wasser bei der Orange und dem Glas O-Saft herkommen. Sie sprachen vom „Wasser, das man nicht merkt" und vom „unsichtbaren Wasser". Der Begriff „virtuelles Wasser" wurde dann eingeführt und sie trugen ihn als des Rätsels Lösung in ihren Zettel ein.

Ein kurzer Hinweis der Referentinnen auf die berechneten Mengen virtuellen Wassers bei drei weiteren Produkten – Computer (30.000 Liter), Hamburger (2.400 Liter), Baumwoll-T-Shirt (2.000 Liter) – versetzte die Kinder in Erstaunen (siehe dazu www.vdg-online.de, www.waterfootprint.org bzw. www.carpus.org/default.aspx?ID=59&DetailID=106). Sie hatten viele Fragen und wollten Genaueres wissen. Aus Zeitgründen musste aber die Diskussion auf eine Workshop-Nachbereitungsstunde vertagt werden.

Verkostung und Hinweis auf fair gehandelte Produkte

Nach der geleisteten Arbeit wurden die Detektive mit einer Kostprobe des im Film gezeigten GEPA-Orangensafts „Merida" belohnt. Beim Trinken wurde auf den für sie am nächsten liegenden Eine-Welt-Laden hingewiesen, der diesen Saft im Angebot hat (siehe dazu www.gepa.de/service/geschaefte-in-ihrer-naehe.html), sowie auf andere fair gehandelte O-Säfte. Interessant fanden die Schülerinnen und Schüler auch die kleinen Kostproben-Becher. Sie sahen aus wie aus Plastik, waren aber in Wirklichkeit aus Milchsäure und kompostierbar!

Für uns Referentinnen war es ein sehr schöner Vormittag in der „Grundschule an der Marie" und den Schülerinnen und Schülern hatte es auch gut gefallen. „Es war voll cool!", sagte ein Schüler bei der Auswertungsrunde. ■

Fortsetzung des Beitrags auf Seite 97

Die Säcke werden zu den Lastern gebracht, die die geernteten Orangen abholen und in die Saftfabrik bringen.

Wir erkennen Orangen häufig an der leuchtenden Schale. In sehr warmen Ländern bleiben die Früchte von außen aber grün. Damit sie wirklich orange aussehen, benötigen die Früchte kalte Nächte oder eine besondere Ethylenbehandlung. Bei Orangen, die in einer Saftfabrik verarbeitet werden, spielt die Farbe keine Rolle.

Die Pflücker sammeln die geernteten Orangen in Säcken und schleppen sie bis zur Sammelstelle. So ein Sack wiegt etwa 30 Kilo!

Auf der Plantage, wo mein Vater arbeitet, tragen die Pflücker Arbeitskleidung. Sie müssen sich vor der Sonne schützen, aber auch vor Bienen- und Wespenstichen. Weil Pestizide gesprüht werden, um Schädlinge zu töten, müssen sich die Bauern auch davor schützen, um nicht krank zu werden. In anderen Plantagen wird nicht auf die Sicherheit und Gesundheit der Arbeiter aufgepasst und außerdem werden sie für die harte Arbeit, die sie verrichten, sehr schlecht bezahlt.

Bei uns in Brasilien sehen die Orangenbäume so aus. Sie brauchen viel Sonne und Wärme. Mein Vater arbeitet auf so einer Orangenplantage und er sagt, dass die Bäume viel Wasser brauchen. Wasser gibt es bei uns nicht im Überfluss und wir müssen sparsam damit umgehen.

Die Orangen wachsen zum Teil hoch in den Bäumen und werden von Leitern aus geerntet. Die Erntearbeit ist hart und kann auch gefährlich sein, wenn die Leitern nicht in gutem Zustand sind oder auch wegen der langen Stacheln zwischen den Blättern. Gefährlich sind auch die Spinnen und Schlangen, die sich im Gras zwischen den Bäumen verstecken.

Der Orangenkoffer enthält vielfältige Materialien und kann beim Entwicklungspolitischen Bildungs- und Informationszentrum in Berlin ausgeliehen werden.

Und ihre eigene Welt wird ein Stück größer ...

Blick von der anderen Seite: Sabine Weiche ist Lehrerin an der „Grundschule an der Marie" in Berlin-Pankow und ihre sechste Klasse war die Klasse, die das O-Saft-Rätsel löste. Ihre Erfahrungen mit diesem Projekt.

Sabine Weiche

Meine sechste Klasse besteht aus 28 Kindern, 14 Jungen und 14 Mädchen. Sie sind seit der ersten Klasse zusammen, bestehen auf ihren Klassenrat und sind sehr sozial und sehr offen dafür, Wissen zu erlangen, das ihnen hilft, die Zusammenhänge ihrer Welt besser zu verstehen und es in ihr Wissen einzuordnen.

Uns haben schon viele Referenten besucht und es wurden dabei zahlreiche Themen aus dem Bereich des globalen Lernens behandelt: Kakao, Kinderrechte, Flucht, Reichtum, Geld ... Die Kinder haben sich dabei bewusst und mit Gestaltungsideen aus diesen Workshops mit den Zusammenhängen des Miteinanders der Menschen auf diesem Planeten auseinandergesetzt und haben anschließend ihre Welt ein bisschen anders gesehen.

Auch ist Wasser bei uns seit der ersten Klasse immer wieder Unterrichtsthema (in Sachkunde, Naturwissenschaften, Gesellschaftswissenschaften, Deutsch, Mathematik oder Kunst) und die Schülerinnen und Schüler wissen vom besonderen Wert dieses Leben schenkenden Elementes und seinen besonderen Eigenschaften.

Die Themen Orangensaft und virtuelles Wasser waren für sie jedoch neu.

Im Mathematikunterricht hatten wir bereits die Saftmengen beim Direktsaft, Saft aus Konzentrat, Nektar und Saftgetränken berechnet und herausgefunden, welches Getränk am meisten Zucker und welches am meisten Fruchtanteile enthält. Wir haben zum Themenfeld „Maße" die mitgebrachten Verpackungen und Inhaltsstoffe verglichen und anhand der Prozentangaben Kreisdiagramme gezeichnet und Erkenntnisse über die Verhältnisse visualisiert.

Beim Workshop ist den beiden Referentinnen von Anfang an gelungen, die Kinder für sich zu gewinnen, sie neugierig auf das Thema zu machen und sie für die Phantasiereise nach Brasilien zu motivieren. Der Begriff des virtuellen Wassers hat ihnen neue Perspektiven eröffnet. Der Aufbau der Einheit half den Kindern, diese Problematik klar zu benennen und zu verbalisieren, so dass diese Erkenntnis von ihnen auch auf andere Produkte übertragen werden konnte. Dabei war großartig zu sehen, mit welchem Eifer sie dieser neuen Spur folgten.

Es ist wirklich immer sehr beeindruckend mit anzusehen, wie das „Fremde" meine Schülerinnen und Schüler begeistert – die Augen leuchten, viele Verknüpfungen werden gebildet, es rattert in den Köpfen und ihre eigene Welt wird jeweils noch ein Stück größer und weiter.

Besonders effektiv ist Lernen, wenn Kinder die Inhalte mit ihrem eigenen Leben verknüpfen können, Handlungsmöglichkeiten in ihrem Bereich sehen (selbstwirksam werden), oder sich einfach bewusster werden, über die globalen Zusammenhänge der Produkte, die sie in ihrem Alltag benutzen. Denn dieses Wissen gibt ihnen Handlungsspielraum (zum Beispiel jede zweite Schokoladentafel fair zu konsumieren, eine Flüchtlingsunterkunft zu unterstützen, einmal die Woche eine faire Banane im Eine-Welt-Laden zu kaufen, eine Umweltgruppe zu gründen).

Der Workshop hat mich angeregt, das Thema „virtuelles Wasser" auch anhand anderer Produkte weiter zu behandeln und zu vertiefen. So haben wir ausgehend von den Erfahrungen der Kinder in einem Projekt weitere Produkte aus dem Alltag der Kinder, auf virtuelles Wasser untersucht (Brot, Schokolade, Joghurt, T-Shirts, Fleisch, Handy). Das ließ sich gut im Rahmen des Gesellschaftswissenschaften-, Kunst- oder Naturwissenschaftenunterrichts integrieren. ■

Hilfreich sind auch die beiden Arbeitsblätter auf S. 132 f. in diesem Band: Das O-Saft-Rätsel

7. Religion/Ethik

Neben dem Lernbereich Sachunterricht bietet der zumeist konfessionell bestimmte Religionsunterricht traditionell viele Ansätze für Themen, die man der „Bildung für nachhaltige Bildung“ zurechnen kann. Neben der Moral steht häufig die Überwindung von Hunger und Elend im Mittelpunkt des Religionsunterrichts. Das ist durchaus begrüßenswert, wenn diese Phänomene nicht einseitig in Richtung Mitleid mit den Armen behandelt werden. Auch die Darstellung unterschiedlicher Religionen gehört hierher. Das folgende Unterrichtsbeispiel ist eher der Ethik zuzurechnen, kann aber auch im Religionsunterricht behandelt werden.

BEISPIEL: Wir bauen eine bessere Welt, (Heft 136 / Dez. 2014, S. 12 – 15)

Wir bauen eine bessere Welt

Wie kann das Thema »Utopia«, das Suchen und Finden und Definieren einer besseren Welt, im Schulunterricht aufbereitet werden? Die Autorin hat mit einer 4. Grundschulklasse Erfahrungen gesammelt.

Ingrid Eder

Felix Finkbeiner, damals neun Jahre alt, erregte 2007 die Öffentlichkeit, als er vor der UN für eine zukunftsorientiertere, bessere und nachhaltigere Welt plädierte. Er forderte als Repräsentant seiner Generation und der Kinder von heute die Abgeordneten zum Handeln auf, um den Kindern eine hoffnungsvolle und lebenswerte Zukunft zu garantieren. Dies sei für die Kinder eine Frage des Überlebens. So führte er in seiner Rede unter anderem an, dass Kinder und Jugendliche auf der Welt zwei große Hauptkrisen sehen: die Gerechtigkeitskrise und die Klimakrise.

Beides sind Probleme, die nur im Miteinander gelöst werden können. Daher ist es für Heranwachsende unserer Zeit von großer Bedeutung, ein kompetentes, soziales und bewusstes Ich zu entwickeln als auch ein Bild der Gesellschaft, welches von gegenseitigem Verständnis und gerechtem Handeln geprägt ist.

Das folgende Unterrichtsvorhaben versucht für die Grundschule dieses Bild didaktisch reduziert aufzubereiten, um Kindern eine Hoffnung und ein Bewusstsein für Alternativen und Lösungswege mitzugeben, die sie auch in den außerschulischen Kontext weitertragen. Hierbei sollen die Schülerinnen und Schüler die Idee einer sozialen, humanen, ausgehend von den Grundbedürfnissen nach Max-Neef idealen Welt für sich und ihre Mitmenschen konzipieren.

Die menschlichen Grundbedürfnisse nach Manfred Max-Neef

Manfred Max-Neef, chilenischer Ökonom und Alternativ-Nobelpreisträger, verbrachte viele Jahre in den Slums Südamerikas. Dort sah er sich konfrontiert mit Menschen, die es trotz dieser extremen Lebenswelt schafften, zu überleben und miteinander auszukommen. Diese Gemeinschaften waren geprägt von den Prinzipien der Selbsthilfe, Eigenorganisation und Kooperation. Daraus leitete Max-Neef eine Sammlung an menschlichen Grundbedürfnissen ab, die essenziell, global und absolut sind.

Diese sind die Subsistenz (Streben nach bloßem Überleben), der Schutz, das Verstehen, die Teilhabe an politischer, sozialer, kultureller Mitbestimmung, die Muße, das kreative Schaffen, die Identität, die Freiheit und Transzendenz.

Auf dem Weg zu einer perfekten Welt

Als Einstieg in die Unterrichtseinheit wird der Arbeitsauftrag: »Was ist eine Utopie, also eine perfekte Welt?« gewählt. Die Kinder arbeiten mit der Think-Pair-Share-Methode nach Peter Gallin und Urs Ruf heraus, dass ein Utopia eine Welt ist, in der jeder jeden wertschätzt und die Bedürfnisse aller berücksichtigt werden. Im Laufe der Erarbeitung werden ihnen die Begriffe Max Neefs als Impuls zugeführt und zur Diskussion gestellt.

Der Begriff »Gesellschaft« wird im Unterrichtsgespräch durch das »Miteinander« ersetzt, da es weniger abstrakt klingt. Als »Idee einer perfekten Welt« wird der Begriff der Utopie eingeführt und von dem Arbeitsauftrag begleitet, dass die Kinder sich überlegen sollen, was für sie alles zu einer perfekten Welt gehört. Zu Anfang habe ich bewusst kein Anschauungsmaterial gezeigt, damit die Kinder sich möglichst unbeeinflusst mit dem Thema auseinandersetzen.

a) Einstieg in die Unterrichtseinheit:

Einführung durch den Lehrer als stummer Impuls: Utopia ist eine Idee einer perfekten Welt. Als Karte im Sitzkreis, Tafelanschrift etc. erfolgt die Einführung in das Thema.

Kinder lesen die Anschrift vor und stellen Vermutungen über die folgende Stunde an.

b) Erarbeitung nach der Think-Pair-ShareMethode:

Nachdem der Lehrer noch mal das Thema formuliert hat (»Genau, heute beschäftigen wir uns damit, was wir uns unter einer perfekten Welt vorstellen«), verteilt er leere Blätter zum Weißblatt-»Test«.

1. Phase:

In der Think-Phase sollen die Kinder selbstständig für sich den Begriff erarbeiten. In der kurzen Denkphase sollen sie Assoziationen und Überlegungen sammeln, die sie mit einer perfekten Welt verbinden:

- Material: Leeres Blatt mit der Überschrift: »Was bedeutet eine perfekte Welt für mich?«
- Formulierter Impuls des Lehrers: »Sammle alles, was in einer perfekten Welt für dich gegeben sein muss!«
- Kinder setzen sich mit ihren eigenen Vorstellungen auseinander, konkretisieren diese und formulieren sie schriftlich aus.

2. Phase:

In der Pair-Phase tauschen sich die Schülerinnen und Schüler mit ihrem Partner über ihre Ergebnisse aus.

- Impuls: »Versucht, euch auf die zehn Punkte zu einigen, die euch beide am wichtigsten erscheinen!«

3. Phase:

In der Share-Phase werden die Ergebnisse der Partnerarbeiten im Plenum vorgestellt. Damit werden die Arbeiten auch wertgeschätzt.

- Diskussion/Reflexion der Ergebnisse
- Impuls: »Findest du manches in mehreren Ergebnissen wieder? (Die Spielkonsole? Der Apfelbaum? Familie? Freunde? Schutz?) Wo findest du Unterschiede? Vermute, warum!«

Nach diesen Phasen des Think-Pair-Share, welche bei mir insgesamt etwas mehr als eine Schulstunde dauerten, folgt eine Festigung der erreichten Ergebnisse. Bei mir erfolgte diese direkt im Anschluss, da ich eine Doppelstunde dafür zur Verfügung hatte.

Festigung und Hinführung zu den Bedürfnissen

Zunächst hängt die Lehrerin Bilder von Kindern aus ärmeren Weltteilen an die Tafel. Die Schülerinnen und Schüler erhalten die Aufgabe, lediglich zu beschreiben, was sie sehen.

Anschließend sollen sie klären, welche Bedürfnisse hier nicht befriedigt werden. Zum Vergleich können auch Gegenbeispiele gewählt werden (Mann auf der Straße lebend und eine Frau im eigenen Haus vor dem Kamin sitzend, Menschen beim gemeinsamen Essen und Hungerleidende).

Die Aussagen der Kinder werden an der Tafel gesammelt. Bereits an der Außentafel fixierte Wortkarten mit den Bedürfnissen nach Max-Neef werden gezeigt und mit den »Top 10« der Schülerinnen und Schüler verglichen.

Es folgt eine Definition der Grundbedürfnisse (Bedürfnisse, die jeder Mensch hat. Ich, du und alle anderen. Wenn man sie nicht beachtet, geht es einem sehr schlecht).

Vertiefung der Ausarbeitung (Ich / Du und Ich / Wir)

Die Kinder haben nun ihre Vorstellung einer perfekten Welt konkretisiert und sich mit den universellen Grundbedürfnissen des Menschen auseinandergesetzt. Um ihnen ein Verständnis zu vermitteln, wie Bedürfnisse dauerhaft und für alle gleich beachtet und erfüllt werden können, wird das Unterrichtsthema in drei Phasen aufgeschlüsselt, die »Ich«, »Du und Ich« und »Wir« genannt werden:

Ich (2 x 45 Minuten)

Zunächst sollen sich die Kinder ihrer eigenen Bedürfnisse bewusst werden. Der Unterricht dreht sich somit zunächst hauptsächlich um die eigene Person.

Die Schülerinnen und Schüler sollen

...für ihre persönlichen Bedürfnisse sensibilisiert werden.
...sich so ein Bild von ihrer Person machen, welche sie auch wertschätzen lernen.
...lernen, bereits erfüllte Bedürfnisse zu erkennen.

Mögliche Fragen/Impulse, mit denen sich die Kinder auseinandersetzen:

- Entsprechen die Grundbedürfnisse nach Max-Neef auch den meinen?
- Würde ich noch etwas ergänzen? Warum?
- Was genau steckt hinter den Begriffen wie Schutz, Muße, ...? (Mindmap erstellen)

Durchführung:

Ich habe die Stationenarbeit immer in der ersten Stunde statt des täglichen Wochenplanarbeitens durchgeführt. Wir arbeiteten an den Materialien so circa zwei Schulstunden. Pro Bedürfnis hatte ich eine Auswahl an Aufgaben zur Verfügung gestellt. Die Kinder wurden nach den Bedürfnissen aufgeteilt und konnten dazu innerhalb der zwei Schulstunden die Aufgaben bearbeiten.

Diese wurden dann in der zweiten Stunde von den Gruppen vorgestellt. Jedes Kind arbeitete innerhalb der Stationen für sich oder im Team und war nicht verpflichtet, alle Aufgaben zu schaffen. Durch das Präsentieren in der Gruppe vor den anderen Kindern fand jede Schülerin und jeder Schüler Wertschätzung. ▶

Ausgedörrtes Land: Eine intakte Umwelt als Voraussetzung einer intakten Welt

Kinderarbeit, Armut versus die Idee von einer perfekten Welt: Utopia als Unterrichtsprojekt

Als Ergebnis am Ende dieser Arbeitsphase sollte von den Kindern erkannt werden, dass die Befriedigung der Grundbedürfnisse die fundamentale Bedingung darstellt, um sich wohlzufühlen und glücklich zu sein!

Im Folgenden werden Umsetzungsmöglichkeiten innerhalb einer Stationenarbeit anhand zweier Bedürfnisse aufgezeigt.

1. Bedürfnis:
Schutz, Geborgenheit, Sicherheit, Vertrauen in die persönliche Zukunft

Dieses Bedürfnis zielt sowohl auf das Gefühl von Geborgenheit durch äußere Faktoren (Freunde, Familie), auf Schutz und Sicherheit durch Materialitäten wie ein Dach über dem Kopf, Kleidung... und auch auf das Vertrauen in die eigene Person und in seine eigene Zukunft.

Lernziele:
Die Schülerinnen und Schüler sollen

- ihre eigenen Stärken erkennen und benennen können.
- sich bewusst werden, welche Dinge und Menschen sie mit dem Oberbegriff verbinden.
- lernen, auf sich selbst stolz zu sein, auf ihre Fertigkeiten, Fähigkeiten und Handlungen.

Hilfreich hierbei erschien es mir, Ängste und Konflikte zu thematisieren: Nur wenn den Kindern bewusst ist, was ihnen Angst macht und warum, können sie dagegen vorgehen und ein Gefühl von Sicherheit entwickeln.

Materialien:

- Wer bin ich – Arbeitsblatt: In der Mitte darf sich das Kind selbst malen/Foto und außen herum seine Hobbys, Stärken, Bedürfnisse usw. notieren.
- Sendung mit der Maus: »Gute Nacht, Carola«: http://www.youtube.com/watch?v=yOqbJdkhoG8 (Die furchtlose Carola – mit ihrem durchaus furchtsamen Pinguin – ist die Heldin in dieser Geschichte. Sie sorgt dafür, dass das Böse besiegt wird. Denn wer sich nicht fürchtet, hat mehr Zeit zum Spielen, sagt Carola.)
- Was uns schützt und vor was: Begriffe (Memory): Dunkelheit – Licht, Haus – Kälte, Alleinsein – Freunde, Albtraum – Kuscheltier. Neben bereits ausgefüllten Kärtchen, wie oben genannt, werden leere Kärtchen zur Verfügung gestellt, welche die Kinder vor dem Spiel durch eigene Begriffspaare ergänzen sollen. Hier kann thematisiert werden, dass die Paare subjektiv und situationsabhängig variabel sein können. (Bei dem einen ist es das Kuscheltier, bei dem anderen der eigene Hund oder das Lieblingsbuch, das Geborgenheit vermittelt.) Es gibt kein Richtig oder Falsch.
- Gemeinsamer Kummerkasten der Klasse zum Thematisieren von Ängsten, Konflikten
- Kinderbuch »Mutig, Mutig« (L. Pauli/K. Schärer, Atlantis-Verlag, Zürich 2006). Eine Geschichte darüber, dass Mut/mutig sein für jeden Menschen andere Formen annehmen kann. (Dieses Buch kann auch in der Phase von »Ich und Du« verwendet werden.)
- Über die Ängste der Kinder sprechen Mögliche Fragen: »Was wünschst du dir am meisten, wenn du Angst hast? Bei wem fühlst du dich sicher? Sag es demjenigen!«

2. Bedürfnis:
Teilnahme an politischer, sozialer und kultureller Mitbestimmung

Von der direkten Lebenswelt ausgehend wird das Thema auf weitere Zusammenhänge erweitert.

Materialien und Ideen:

- Gesprächsimpuls für Gruppenarbeiten: »Sammelt Alltagssituationen, in denen ihr mitbestimmen dürft (bei der Unterrichtsgestaltung, Freizeit, Zeit mit Freunden etc.), und andersrum: wo nicht (politische Wahlen etc.)!«
- Gedankenspiele: »Du willst mit deinen Freunden ein Spiel spielen – wie einigt ihr euch auf eines? Ist es dir wichtig, dass deine Meinung bzw. deine Idee wahrgenommen wird?«
- Erneutes Heranziehen der Bilder: Kinder im Slum – wie sehr dürfen diese Kinder über ihr eigenes Leben bestimmen? Welche Möglichkeiten haben sie nicht? Kinder auf Kakaofarmen, Menschen, die im Müll nach Nahrung suchen etc. Aufklärungs- und Gesprächsbedarf beachten!

Du und Ich (45 Minuten)

Die Kinder werden selbst den Einwand bringen, dass das bisherige Ergebnis sehr »utopisch« gedacht ist. So wurde bei mir im Reflexionssitzkreis am Ende der Stationenarbeit zu den Bedürfnissen festgestellt, dass wenn doch jeder lebt, wie er will, und nur auf seine eigenen Bedürfnisse schaut, oft ein anderer im Nachteil sein muss. Kommt dieser Einwand nicht, kann er durch die Lehrerin selbst erfolgen!

Die Kinder sollen in der folgenden Phase erkennen, dass Grundbedürfnisse in der Gemeinschaft auch friedlich, tolerant und rücksichtsvoll erfüllt werden können.

Durchführung:
Wir haben im Unterrichtsgespräch zusammen Grundsätze ausgearbeitet, die zum rücksichtsvollen Umgang beitragen. Dies dauerte circa eine Schulstunde, wobei sich die Schülerinnen und Schüler zunächst im Sitzkreis über Erfahrungen und Ideen austauschten, um danach an den Gruppentischen Grundsätze auszuarbeiten.

Impuls der Lehrerin im Sitzkreis:
Wie kann Rücksichtslosigkeit vermieden werden?

In der Gruppe wurden Umgangsweisen und Kommunikationsregeln ausgearbeitet. Diese waren bereits inhaltlich aus den Klassenregeln bekannt.

Dann fanden wir uns im Sitzkreis wieder und die Gruppen stellten ihre erarbeiteten Plakate vor. Durch meine Anleitung fixierten wir Folgendes an der Tafel:

Wir haben für uns festgelegt:

- Goldene Regel: Was du nicht willst, das man dir tu, das füg auch keinem andren zu.
- Meine Freiheit endet dort, wo die des anderen beginnt.

Wir wünschen uns Verständnis:

- Ich muss sagen, was ich möchte, wie ich mich (dabei) fühle, und es begründen können. So kann ich verstanden werden.
- Ich versuche, auch meine Mitmenschen zu verstehen! Ihnen geht es wie mir.

Wir (variabel, das Einzelbeispiel: 2 x 45 Minuten)

Die Kinder sollen im letzten Arbeitsauftrag angeregt werden, über den Horizont des Klassenzimmers hinaus zu denken. Sie haben sich sowohl mit den eigenen Bedürfnissen als auch mit ihrem Umfeld auseinandergesetzt. Nun werden die Zusammenhänge ausgeweitet auf globale und kommerzielle Bereiche.

Fragen/Impulse im Unterrichtsgespräch zur Hinführung:

- In unserer Gemeinschaft des Klassenzimmers werden die Bedürfnisse aller berücksichtigt, aber wie sieht es anderswo (z. B. in Deutschland oder in anderen Ländern) aus?
- Kann es passieren, dass wir durch Alltagshandlungen anderen schaden, ohne es zu bemerken?
- Warum leben Menschen in Hunger? In Armut? Ohne Schutz? Ohne Familie/Freunde? Ohne Zeit für Kreatives?
- Können wir etwas direkt dagegen tun? Können wir indirekt etwas dagegen tun? Auf was müssen wir als Gemeinschaft achten? Auf was musst du selbst achten?

So wird herausgearbeitet, wie wir in Beziehung zu Menschen in Armut stehen, welche Auswirkungen unbewusstes Leben auf andere haben kann und wie man sich dagegen einsetzen kann. Diese Erarbeitung kann durch unterschiedliche Unterrichtsweisen und Materialien globalen Lernens geschehen. Das hat Auswirkungen auf die Dauer der letzten Phase.

Weitere Erfahrungen bei der Umsetzung

Ich selbst hatte die Möglichkeit, einen Teilaspekt dieses Konzeptes in einer Praktikumsklasse umzusetzen. In der Einführung des Begriffs »Utopie« waren die Schülerinnen und Schüler sehr eifrig und konzentriert und nahmen sich die Zeit, wichtige Aspekte für eine perfekte Welt zu finden. Das verdeutlicht, dass auch Kinder Defizite in unserer Gesellschaft wahrnehmen. Die Kinder in meiner Klasse nannten besonders Aspekte wie unser Garten, Spielplätze, die Bäume, meine kleine Schwester und meine beste Freundin.

Während der ersten Phase (Ich) habe ich statt Subsistenz die Phrase »leben können« verwendet. Selten wurden abstrakte Begriffe wie »Schutz« genannt, dennoch fanden sich viele Begriffe, die den jeweiligen Grundbedürfnissen Max-Neefs wie unser Haus, meine Familie (Schutz) entsprechen.

Wir haben viel im Unterrichtsgespräch thematisiert. Arbeitsblätter wurden selten eingesetzt. Vielmehr habe ich die Begriffe oder Aussagen gesammelt und mit den Kindern ein Plakat gestaltet, auf dem die wichtigsten Aussagen notiert waren.

Der Kummerkasten diente sowohl den einzelnen Kindern als auch dem Klassenverband. Ich konnte feststellen, dass die Kinder sämtliche Notizen im Kummerkasten sehr ernst genommen haben. Es wurde mit viel Verständnis im Klassenrat über Lösungen bei persönlichen Problemen und auch bei Problemen bezüglich des Klassenklimas diskutiert.

Durch das Unterrichtsvorhaben wurden die Kinder angeregt, sich mit ihren Hoffnungen und Bedürfnissen auseinanderzusetzen. Ihnen wurde ein Gefühl dafür vermittelt, was ihnen selbst wichtig ist, und sie konnten erfahren, dass auch die Mitschülerinnen und Mitschüler ebendiese Werte (Identität und deren Anerkennung, gesellschaftliche Teilnahme etc.) wünschen.

Ebenso wurde deutlich, welche Bedürfnisbefriedigungen bereits ohne Einschränkung in der heutigen Zeit in unserer Gemeinschaft möglich sind, wodurch oder durch wen diese ermöglicht wurden (z. B. Martin Luther King) und unter welchen Umständen diese eben noch nicht erfahrbar sind (eventuell Mobbing, Ausgrenzung im Klassenverband, Kinderarbeit im globalen Kontext, Lohndumping etc.).

Es wurde aber auch deutlich, dass man selbst im kleinen Kontext etwas verändern kann. ■

Stärken erkennen, auf sich selbst stolz sein: Nur wer sich seiner bewusst wird, kann Bewusstsein für die Welt entwickeln

8. Mathematik

Wie wenig man bei Mathematik an „Bildung für nachhaltige Entwicklung“ denkt, lässt sich erahnen, wenn man zugibt, dass es in der jahrzehntelangen Geschichte des Projektes „Eine Welt in der Schule“ kein einziges erprobtes Unterrichtsbeispiel für die Klassen 1 – 4 gibt, das seinen Schwerpunkt in Mathematik hat. Selbstverständlich gibt es einzelne Beispiele bei denen Zahlen eine Rolle spielen, z. B. wenn es um das Wachstum der Weltbevölkerung geht oder wenn Prozentsätze im wirtschaftlichen Bereich erforderlich sind. Das geschieht beiläufig, nicht schwerpunktmäßig.
Um trotzdem zu zeigen, dass Mathematik im Rahmen der „Bildung für nachhaltige Entwicklung“ eine maßgebliche Rolle spielen kann, folgt nun ein Unterrichtsbeispiel, das man etwa ab Klasse 6 durchführen kann. Mit leichteren Mathematik-Aufgaben könnte man auch in Klasse 4 beginnen.

BEISPIEL: Kenia … ein Land unter der mathematischen Lupe, (Heft 4 / Dez. 2004, S. 13 – 17)

Kenia – ein Land unter der mathematischen Lupe

Sein konkretes Fundament hat dieses Projekt in der intensiven Zusammenarbeit einer deutschen Schule mit einer Schule in Kenia, für die Gelder gesammelt wurden, um Kamele zu kaufen. Auf diese Weise sollte diese Schule mit Milch und Fleisch versorgt werden.

Lars Holzäpfel

Wozu lernen wir das?" „Das werde ich nie brauchen!" ... So klingt es oft in den Ohren der Lehrkräfte. Gerade im Mathematikunterricht hört man häufig solche Schüleräußerungen. Motivation ist im Mathematikunterricht erfahrungsgemäß immer wieder ein zentrales Thema. Während es schwierig ist, Schülerinnen und Schüler innermathematisch zu motivieren – allenfalls stecken individuelle Neugier-Motive dahinter –, gelingt es durch außermathematische Themenorientierungen oftmals leichter. Die Mathematik wird belebt und erfahrbar, sie wird plötzlich relevant und ermöglicht, Sachverhalte genau und präzise darzustellen bzw. zu beschreiben. Im Rahmen eines Projekts zum Thema „Kenia – Ein Land voller Gegensätze" konnte ich in meinem Mathematikunterricht beobachten, wie Schülerinnen und Schüler voller Begeisterung und Faszination am Thema waren und dabei nahezu vergaßen, dass sie gerade Mathematikaufgaben bearbeiteten. Sie fingen an, sich für die verschiedensten Zusammenhänge zu interessieren und kreierten auf diese Weise selbst immer wieder neue Aufgabenstellungen. Es entwickelte sich geradezu ein mathematischer Forschungsdrang.

Mathematikunterricht

Wenn man davon ausgeht, dass Mathematik als Hilfswissenschaft Modelle bereitstellt, die dazu beitragen sollen, Zusammenhänge in abstrakter Form zu verdeutlichen und zu beschreiben, dann wird deutlich, dass die zugrunde liegende Thematik eine entscheidende Rolle spielt. Gerade im schulischen Bereich kann eine Mathematik, die rein um ihrer selbst Willen praktiziert wird, bei Schülerinnen und Schülern schnell sinnlos erscheinen – das Ergebnis ist jedem Mathematiklehrer bekannt! Und dennoch muss betont werden, dass auch das Eintrainieren und Üben von Algorithmen – sozusagen das Vokabellernen – einen unverzichtbaren Bestandteil des Mathematikunterrichts bilden muss, denn ohne die zu Grunde liegende Sachkenntnis kann ein sinnvolles und zielgerichtetes Lernen im Rahmen von Anwendungsaufgaben, wie sie hier vorgestellt werden, nicht stattfinden. Mathematik ist mehr als nur Jonglieren mit Zahlen!

Kenia – ein themenorientiertes Projekt

In Form eines kurzen Vortrags wurde den Schülerinnen und Schülern von vier Klassen die Lebenssituation der Samburu und auch die Schule, die es zu unterstützen gilt, dargestellt. (Vier Klassen deshalb, weil die Klassenlehrer dieser Klassen als Team zusammenarbeiten.) Aus allen Klassen meldeten sich zahlreiche Interessierte und so wurde eine Projektgruppe gebildet. In der unterrichtsfreien Zeit wurde von einem Planungsteam – bestehend aus drei Schülerinnen und Schülern jeder Klasse – die Projektkonzeption entwickelt. Das Ergebnis war eine öffentliche Veranstaltung, bei der Schülerinnen und Schüler über die Problematik von Entwicklungsländern und speziell über die der Samburu-Nomaden informierten. Kenia stand als Beispiel-Land im Zentrum des Abends. Grund dafür: Die Möglichkeit eines direkten Kontakts nach Kenia sowie zahlreiche Informationen und Materialien über dieses Land konnten seitens einer Lehrperson bereitgestellt werden. Andernfalls wäre der organisatorische Aufwand größer gewesen. Verschiedene Schülergruppen wurden gebildet, die sich wiederum mit verschiedenen Unterthemen beschäftigten. Dass hierbei Verbindungen zu Unterrichtsfächern hergestellt wurden, ist selbstverständlich. Allerdings muss erwähnt werden, dass insbesondere das Fach Mathematik einen übergeordneten Charakter aufwies, da – im Sinne einer Hilfswissenschaft – in allen Fächern mathematische Zusammenhänge auftreten und ausgearbeitet werden konnten.

Die Unterthemen waren:

- Vortrag über Kenia
- Textilien: Herstellung und Handel
- Blumen aus Kenia
- Tourismus in ein Entwicklungsland
- Das Land: geografischer Überblick; Bevölkerung
- Samburu-Nomaden
- Entwicklungshilfe
- Traditionelle Medizin
- Kenianisch kochen
- AIDS in Kenia
- Werbung: Plakate und Handzettel konzipieren, vervielfältigen und verteilen

Da das Projekt sehr heterogene Unterthemen beinhaltete und viele Kleingruppen verschiedene Themen bearbeiteten, konnten Verbindungen zum jeweiligen Unterrichtsstoff hergestellt werden. Dieses Verfahren hatte sich bewährt, da es dadurch nicht zu großen organisatorischen Problemen führte und auch die Kollegen, die daran nicht mitarbeiten wollten, davon nicht tangiert wurden. Auch unter den Schülerinnen und Schülern gab es einige, die sich zunächst nicht gemeldet hatten. Sie konnten auf diese Weise im Rahmen des Unterrichts davon erfahren, ohne aktiv mitmachen zu müssen – dies ist d er Grund dafür, dass sich der eine oder andere dann doch noch zur Mitarbeit entschlossen hat oder einfach „nur" am Thema interessiert war.

Arbeitsphase

Alle Kleingruppen arbeiteten nahezu selbstständig an ihren Themen. Gemeinsam mit den Lehrerinnen und Lehrern wurden kleine Unterrichts-Sequenzen geplant und so kam es, dass das Thema in den Unterricht aufgenommen wurde. Im Mathematikunterricht konnten alle Unterthemen aufgenommen werden, da sämtliche Berechnungen möglich waren. Klassenstufenunabhängig konnten Aufgaben dazu entwickelt werden. Es muss erwähnt werden, dass nicht alle Gebiete der Mathematik sich hierfür eignen! Dennoch: mit etwas Vorausplanung ist es möglich: Diagramme und Schaubilder, Prozentrechnung, aber auch Funktionen. Die Schülerinnen und Schüler fanden stets Aufgabenstellungen.

Kleine Schülerreferate wurden gehalten. Dabei musste zunächst der Sachverhalt dargestellt werden – eine inhaltliche Auseinandersetzung war also notwendig. Die Mathematik wurde als Hilfswissenschaft kennen gelernt: Beispielsweise konnte aufgrund eines Diagramms ein Sachverhalt erst anschaulich vermittelt werden. Liest eine Schülerin oder ein Schüler nur die Zahlen vor, kann man sich nicht viel darunter vorstellen. Erst ein Diagramm veranschaulicht den Sachverhalt. Und dann wird noch ein Vergleichsdiagramm herangezogen, z. B. von Deutschland.

Vor dem Hintergrund, dass Schülerinnen und Schüler bei der Abendveranstaltung verschiedene Stände aufbauten, an denen sie ihre Arbeit präsentieren, wurden Präsentationen bzw. Referate als Training verstanden, um den Besuchern kompetent gegenübertreten zu können.

Die Abendveranstaltung

Schülerinnen und Schüler sowie eine Lehrperson präsentierten zu Beginn der Veranstaltung einen Diavortrag über Kenia. Im zweiten Teil des Abends bestand die Möglichkeit, sich an den Ständen zu informieren, afrikanisches Essen zu probieren oder fair gehandelte Waren einzukaufen. Im Zentrum der Veranstaltung stand die Information. Diese Abendveranstaltung war somit auch die Zusammenführung aller Arbeitsergebnisse. Die einzelnen Arbeitsgruppen sahen dort erstmalig die Arbeitsergebnisse der anderen. Neugierig und gespannt wurden diese betrachtet. Aufgrund dessen, dass selbst viel Arbeit in die eigene Sache gesteckt wurde, war eine entsprechende Anerkennung der Arbeitsergebnisse anderer spürbar. Stolz wurde auch den Eltern gegenüber die eigene Arbeit präsentiert. Interessierte Besucher würdigten die einzelnen Präsentationen und Plakate. Durch gezieltes Nachfragen und Hinterfragen wurden die Schülerinnen und Schüler herausgefordert, all ihr erarbeitetes Wissen über ihr Themengebiet einzusetzen.

Reflexion/Auswertung

Reflexionen zum Abschluss von Projekten sind wichtig für die weitere Projektarbeit. Stärken und Schwächen konnten erkannt werden. Insbesondere soziale Prozesse werden im Rückblick nochmals aufgearbeitet und geklärt.

Das Thema: „Kenia – ein Land voller Gegensätze"

Die Frage nach Bildungsinhalten und Lehrplänen überhaupt muss aufgrund einer sich stets verändernden Gesellschaft und Problemen der Gegenwart immer wieder neu erörtert werden. Die Grafik (rechts) soll die Einbindung des Mathematikunterrichts veranschaulichen. Ausgehend von der zentralen Themenstellung werden mathematische Aspekte nun nicht mehr um ihrer selbst willen betrachtet, sondern stehen im Kontext zu weiteren Lernfeldern. ▶

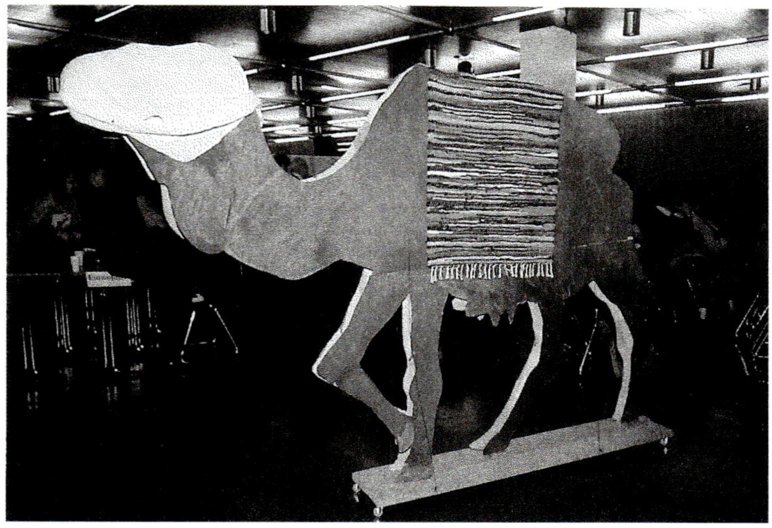

Um Kamele geht es in den Mathematikaufgaben

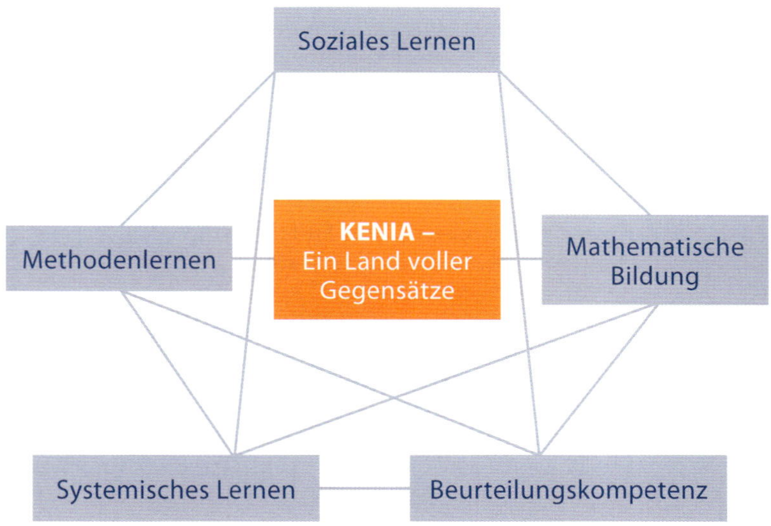

Vernetztes Lernen: Einbindung des Mathematikunterrichts

Vom mathematischen Aspekt her betrachtet, ermöglicht dieser Kontext

- die Förderung der Beurteilungskompetenz dadurch, dass Zusammenhänge auf Grundlage von Berechnungen klarer eingesehen werden können. So wird beispielsweise durch Visualisierungen in Form von Diagrammen mancher Sachverhalt erst transparent. Täuschungen können demnach genauer beleuchtet werden.
- systemisches Lernen: Verschiedene Zusammenhänge können durch Mathematisierung erst erkannt und schließlich dargestellt werden.
- Methodenlernen in Form von Strategien, die zur Lösung von Problemen entwickelt werden müssen. Ein Grundcharakter der Unterrichts-Sequenz besteht darin, den Schülerinnen und Schülern die Aufgaben nicht im traditionellen Sinne „fertig" zu liefern, sondern Informationen zu geben, auf deren Basis eigene Aufgaben kreiert werden können. Die Mathematik muss also erst „gesucht" werden.
- soziales Lernen auf verschiedenen Ebenen. Zum einen geht es darum, über Informationen zum Thema „Eine Welt" globale Zusammenhänge hinsichtlich arm und reich zu (v)erarbeiten, was bedeutet, dass die weltweite soziale Ungerechtigkeit genauer betrachtet und vermittelt wird. Andererseits geht es darum, sich auch innerhalb der Lerngemeinschaft zu verständigen und in Gruppen zusammenzuarbeiten. Das gemeinsame Betrachten von selbst kreierten Aufgaben, die Diskussionen darüber fördern den sozialen Umgang innerhalb der Lerngemeinschaft.

Die folgenden Aufgabenbeispiele sollen Anregungen liefern und Mut machen, sich auf ein solches Vorhaben einzulassen. Es ist also nicht die Intention, „Kopiervorlagen" zu geben, denn damit wären die oben diskutierten Aspekte hinfällig. Vielmehr geht es um eine Sensibilisierung für einen „neuen Weg" im Mathematikunterricht. Die zugrunde gelegte Thematik ist daher auch austauschbar.

Informationsquellen für Schülerinnen und Schüler:

- Internet: Vorher eine Schlagwortsammlung zusammen mit den Schülerinnen und Schülern erstellen, damit systematisch gesucht wird. Das bedeutet in erster Linie, dass die Zielformulierungen vor der Internetnutzung geklärt werden müssen.
- Bücherei: Erfahrungsgemäß nutzen nur wenige Schülerinnen und Schüler die Möglichkeit, Bücher auszuleihen. Daher muss diesbezüglich Unterstützung geleistet werden.
- Presse: Viele Informationen bekommt man aus der täglichen Presse. Schülerinnen und Schüler werden motiviert, diese aufmerksam zu studieren. Hier zeigt sich, dass das zielgerichtete Herangehen an Zeitungen und Zeitschriften für viele Schülerinnen und Schüler eine Hilfestellung innerhalb der Informationsflut darstellt. Der Fokus auf ein Thema lässt die Zeitung plötzlich klarer und übersichtlicher erscheinen.
- TV: Von der ansonsten dominierenden „Berieselung" durch Fernsehen werden einige der Schülerinnen und Schüler motiviert, gezielt nach Infomations-Sendungen zu suchen.

Hintergrundinformationen zu Aufgabentypen

Auf der Grundlage selbst entwickelter Lösungswege lernen die Schülerinnen und Schüler ihren Weg zu „verteidigen". Hierzu müssen mathematische Argumente angebracht werden. Aufgaben dieser Art müssen so offen gestellt werden, dass innerhalb der Lerngruppe verschiedene Lösungswege gegangen werden, um anschließend in Diskussionen einsteigen zu können.

Aufgabentyp „Routine" dient als Grundlagenbildung: Bei diesen Aufgaben steht ein Routinetraining im Vordergrund. Algorithmen werden eingeübt und oftmals wiederholt.

„Transfer" wird bei Aufgabenstellungen trainiert, die mathematisch dieselbe Grundstruktur aufweisen, inhaltlich jedoch anders gestellt sind. Hierbei sollen die Schülerinnen und Schüler lernen, das Gelernte flexibel einzusetzen. Auch die umgekehrte Aufgabenstellung („Rückwärtsrechnen") sollte mit einbezogen werden.

Bei dem Aufgabentyp „Erfindung" entwickeln die Schülerinnen und Schüler selbst ihre Aufgabenstellungen auf der Grundlage der von ihnen gesammelten Informationen.

Bei der zusammengestellten Aufgabenauswahl wurden exemplarisch einige Aufgabenbeispiele herausgegriffen, um Anregungen zu geben. Es wurde darauf Wert gelegt, verschiedene Aufgabentypen darzustellen. Problemlöseaufgaben offene/kreative Aufgaben, Routineaufgaben sowie Aufforderung zu Begründung und mathematischer Argumentation – diese Vielfalt ist beliebig erweiterbar von Seiten der Lehrkraft. Inhaltlich wurde auf die Themenbereiche Proportionalität, Funktionen und Prozentrechnen zurückgegriffen.

Hintergrundinformationen zu Kenia und den dort lebenden Samburu-Nomaden

Kenia

Die „Republic of Kenya" lieg in Ostafrika direkt am Äquator. Sie hat eine gemeinsame Grenze mit Äthiopien und Sudan im Norden, Uganda im Westen, Tansania im Süden und Somalia im Osten. Kenia ist mit einer Gesamtfläche von 582 646 Quadratkilometern ungefähr 1,6 mal so groß wie die Bundesrepublik Deutschland. In der Hauptstadt Nairobi leben über drei Millionen Einwohner.

Während der Kolonialzeit war Kenia eine englische Siedlerkolonie. Unter dem Führer Jomo Kenyatta wurde das Land am 12.12.1963 unabhängig. Die heutige Regierungsform ist ein Präsidialsystem mit den Zügen einer parlamentarischen Demokratie. Seit 1991 gibt es ein Mehrparteiensystem.

Geografische Gegebenheiten

Das Land bietet geografisch-klimatisch gesehen extreme Gegensätze. Die höchste Erhebung ist der Mount Kenya mit 5199 m. „Ewiger Schnee am Äquator? – Als der Entdecker des Mount Kenya davon berichtete, wurde er ausgelacht." Einen krassen Gegensatz dazu bieten die Wüstengebiete im Norden Kenias. Dort steigen die Temperaturen oftmals auf über 45° C im Schatten. In den weiten Steppenlandschaften findet man eine faszinierende Tierwelt mit Löwen, Elefanten, Giraffen, Geparden, Zebras, Antilopen und vielen anderen Großtieren, die in keinem anderen Teil der Welt auf so kleinem Raum anzutreffen sind. Die zahlreichen Tee- und Kaffeeplantagen liegen im fruchtbaren Hochland, das sich vom Mount Kenya bis zur Küste hin erstreckt. In dieser Gegend werden auch Bananen, Ananas, Mangos, Papayas, Avocados usw. angebaut.

Die verschiedenen Völker Kenias

Aufgrund der Vielfalt der Klimazonen und geografischen Gegebenheiten entwickelten sich in Kenia die unterschiedlichsten Kulturen. Einerseits gibt es das Nomadentum im Norden, andererseits sesshafte Menschen im Hochland und an der Küste. Demzufolge leben in Kenia rund 40 verschiedene Völker mit ebenso vielen Sprachen. Diese Sprachen haben teilweise weniger gemeinsam als z.B. Englisch und Italienisch. Drei große Gruppen sind jedoch erkennbar: die Niloten (z.B. Luo, Kalenjin, Maasai), die Kuschiten (z.B. Somali) und die Bantu (Gusli, Kikuyu, Luyia, Embu, Kamba, Taita, Meru, Taveta u.a.).

Die Amts- und Nationalsprache Swahili (seit 1974) und die aus der Kolonialzeit stammende Geschäftssprache Englisch ermöglichen eine Verständigung. Das ist insbesondere für die Politik des Landes notwendig. Swahili kommt aus dem Islamischen und setzte sich bis nach Mosambik als Verkehrssprache durch. Aufgrund der Schulausbildung sind mittlerweile beide Sprachen, vor allem unter jüngeren Menschen, sehr verbreitet, so dass sich die einzelnen Völker mittlerweile auch untereinander verständigen können.

Der Samburu Distrikt

Kenia ist in verschiedene Verwaltungseinheiten, so genannte Distrikts, eingeteilt. Der Samburu Distrikt liegt im Norden Kenias und erstreckt sich mit einer Gesamtfläche von ca. 21 000 Quadratkilometern von Archer's Post im Süden bis an das südliche Ende des Turkana-Sees. Wamba, Oldonyiro, Maralal und South Horr sind die größten Städte in diesem Gebiet, die man auch mit dem Auto erreichen kann.

Hier leben überwiegend Nomaden vom Volk der Samburu, vereinzelt findet man auch Menschen von den Völkern Turkana, Rendille und Somali. Die Vegetation bietet den Tieren der Nomaden nur wenige Weideplätze, so dass oftmals weite Strecken zurückzulegen sind, um noch fruchtbare Gebiete anzutreffen.

Das Land wurde in den letzten Jahrzehnten stets neu eingeteilt und Gebiete abgeschnitten. Beispielsweise beschnitten britische Kolonialherren einen wichtigen Lebensraum, weil sich weiße Farmer in den zwanziger und dreißiger Jahren auf dem südlichen Leroghi-Plateau ansiedelten. Folglich verloren die Samburu lebenswichtiges Weideland. Die nordöstlichen Weiden mussten aufgrund der Distrikt-Einteilung abgetreten werden, die nun zum Marsabit Distrikt zählen. Nicht zuletzt wurden nach der Unabhängigkeit Kenias einige Nationalparks (Samburu, Buffalo Springs, Maralal und Losal) eingerichtet. Den Nomaden drohen hohe Strafen, wenn sie ihre Tiere im Park grasen lassen. Da der Samburu-Nationalpark in einer sehr niederschlagsreichen Gegend liegt, wurde den Hirten somit eine überlebensnotwendige „Futterreserve" in Dürrezeiten entzogen. All diese Einschränkungen konzent- ▶

Der Nahrungsmittelvorrat für 150 Kamele reicht für 30 Tage. Wie lange reicht derselbe Vorrat für 45, 75, 100, 300 (15, 20, 30) Tage? Trage die Werte in die Tabelle ein und notiere, wie du vorgegangen bist (Rechenschritte).

Anzahl der Kamele	Anzahl der Tage
150	30

Stelle den Zusammenhang grafisch dar:

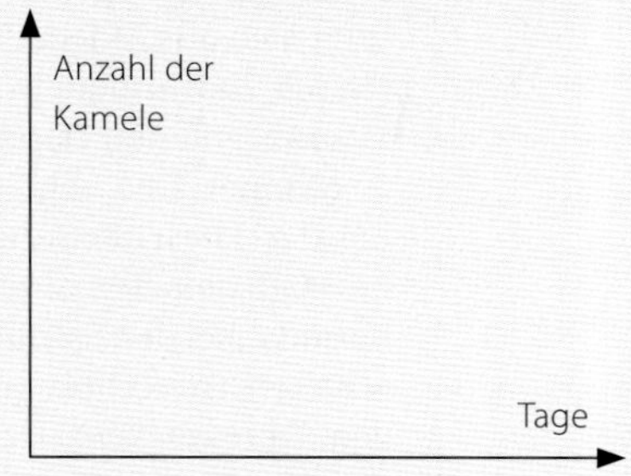

Merke: Es gilt: „je ....desto ....!"

Wie würde das Schaubild ungefähr aussehen, wenn man die Anzahl der Tiere (Elefanten, Löwen, Zebras, Giraffen ...) im Verlauf der Jahre 1900 bis 2000 betrachtet. Beachte hierbei die Dürrezeiten. Erkläre in wenigen Sätzen, weshalb du den Graphen entsprechend dargestellt hast.

Beispiel (Ausschnitt) einer Lösung

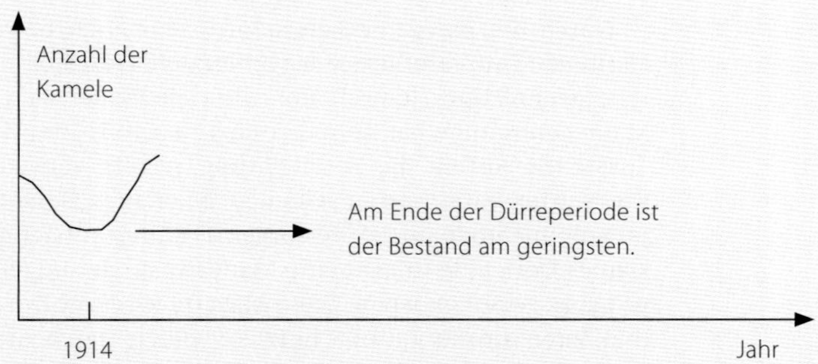

Jährlich vermehrt sich die Kamelherde um ungefähr 15 Tiere. Zeichne ein Schaubild. Beginne im Jahr 2010 mit 150 Tieren. Wie viele Kamele sind es heute? Was könntest du für das Jahr 2030 voraussagen?

rieren immer mehr Menschen und Tiere auf einer immer kleiner werdenden Fläche. Die dadurch entstehende Armut und der gleichzeitige Einfluss von fortschreitender Infrastruktur wie Krankenstationen, Straßen, Elektrizität erschüttern das traditionelle System und bringen jahrhundertealte Strukturen aus dem Gleichgewicht.

Traditionell sind die Samburu Nomaden, die hauptsächlich von Ziegen und Kühen leben. Ihre Hauptnahrung setzt sich aus Milch, Blut (wird mit Milch vermischt) und Fleisch zusammen. In Dürrezeiten ist es die Aufgabe der „Moran", mit den Tieren zu fernen Weideplätzen zu ziehen.

Männer sind sehr dominant, was sich beispielsweise bei der Eheschließung zeigt. Oftmals werden sehr junge Mädchen mit alten Männern verheiratet, außerdem herrscht bei den Samburu Polygamie. Frauen müssen hart arbeiten (Feuerholz holen, Hütte bauen, Kinder versorgen, Tiere melken ...), sie dürfen vor Männern nicht reden und werden beschnitten. In den letzten Jahren bildeten sich immer mehr Frauengruppen, die sich gegenüber den Männern nun auch durchsetzen können. Folglich haben sich die Lebensbedingungen, beispielweise durch immer weniger Beschneidungen der Frauen, bereits enorm verbessert.

Die Hütten der Samburu sind – wie bei anderen Nomadenvölkern auch – sehr einfach konstruiert. Ein ca. 1,5 – 2 Meter hohes Astgerüst wird mit Kuhdung und Lehm überzogen. Die Grundfläche beträgt ungefähr drei auf fünf Meter. Je nach Größe können in einer Hütte drei bis sechs Personen leben.

Durch die polygame Lebensform entstehen bei den Samburru Großfamilien. Jede verheiratete Frau lebt in ihrer eigenen Hütte. Je nachdem, wie viele Frauen sich ein Mann genommen hat, können es bis zu acht Hütten sein. Zusätzlich besteht die Verpflichtung, nähere Verwandte wie Mutter, Vater und in seltenen Fällen auch Geschwister aufzunehmen und zu versorgen. Dadurch entsteht ein kleines Dorf, eine so genannte Manyatta, in der ungefähr 10 bis 25 Personen leben. Diese Mayatta wird mit Dornen und Ästen umzäunt, um Schutz vor wilden Tieren zu finden. Während der Nacht sind auch die eignen Tiere (Ziegen und Rinder) innerhalb der Manyatta in kleinen Gehegen untergebracht. Da diese Tiere heilig sind, werden sie besonders gut bewacht. Die Samburu besitzen beispielsweise Speere, mit denen sie gegebenenfalls auch gegen Löwen und Geparden kämpfen, um die eigenen Tiere zu beschützen.

Die religiösen Gebräuche und Überzeugungen der Samburu machen den Gott Nkai zum Mittelpunkt. Dieser Gott lebt in den Bergen von Ng'iro, Marsabit und Kulal. Ihm werden Tiere geopfert und die Toten überlassen. Die Samburu glauben an ein Leben nach dem Tod. Deshalb ist für alte Menschen, die sich dem Tode nahe fühlen, die größte Hoffnung, ein Begräbnis mit dem Gesicht zu den Bergen, dem Sitz Gottes, zu empfangen.

Heutige Situation, Lebensbedingungen und Zukunft der Samburu

Dürreperioden gab es in dieser Gegend schon immer. In regelmäßigen Abständen setzen die Regenfälle bis zu einigen Monaten aus. Dies geschah in den Jahren 1914, 1921/22, 1928, 1933, 1938, 1951/52, 1960/61, 1970 – 73 usw.

Sicherlich wird es auch in Zukunft immer wieder solche Trockenzeiten geben. Jahrhundertelang überlebten die Samburu diese Perioden, da sie Strategien entwickelten, um diesen Problemen zu begegnen. So wurden beispielsweise Absprachen über die Einteilung des Weidelandes unter den Stammesältesten getroffen. Auch der Tierbestand konnte sehr schnell wieder aufgestockt werden.

Bezüglich der Lebensmittelkonsumierung hat sich in den letzten Jahren zwangsläufig einiges verändert. Das Land verträgt nicht beliebig viele Tiere. Deshalb mussten neue Ernährungsmöglichkeiten gefunden werden, die auf die jetzigen Gegebenheiten abgestimmt sind. Wo die Menschen früher von Blut, Milch, Fleisch und Honig lebten, gibt es heutzutage zusätzlich auch Mais (vor allem in Form von Mehl), Hülsenfrüchte, Bohnen und weitere verschiedene von außen eingeführte Produkte. Mais und Bohnen sind im Vergleich zu Fleisch sehr billig.

Durch eine sich stets verbesserte Wasserversorgung ist in manchen Gebieten mittlerweile Ackerbau möglich. Dort können Mais, Bohnen oder Papayas angebaut werden. Die dafür notwendigen Kenntnisse und auch die neue Lebensform – nämlich Sesshaftigkeit – erfordern große Lernprozesse.

Eine weitere Umstellung gibt es im Bereich der Viehzucht. Tiere haben einen relativ hohen Marktwert. In der Stadt können diese verkauft und dafür andere Lebensmittel eingekauft werden. Zwar wurde unter den Samburu schon immer mit Tieren gehandelt, jedoch nur innerhalb des Volkes. Die Folgen dieser Umstellung sind für ein Nomadenvolk groß, denn an dieser Stelle findet die Konfrontation mit der „Außenwelt" statt. Verschieden Kulturen prallen somit hart aufeinander. ■

INFO Das Kipsing-Kamel-Projekt

Konkret bezieht sich das vorliegende Unterrichtsbeispiel auf ein Entwicklungshilfe-Projekt, das zugunsten einer Schule der Samburu-Nomaden in Kipsing initiiert und gefördert wurde. Die Idee war, Kamele anzuschaffen, um die Schule mit Milch und Fleisch zu versorgen. Kamele können in dieser Gegend gut leben. Sie kommen bis zu 14 Tage ohne Wasser aus. Man kann also bei Wasserknappheit in Dürreperioden notfalls mit einem Teil der Herde zu entfernteren Wasserstellen ziehen. Die Gefahr der Überweidung ist sehr gering, da Kamele das Gras beim Fressen abbeißen und nicht wie beispielsweise Ziegen samt Wurzeln herausreißen. Milch hat viele Nährstoffe und überträgt wesentlich weniger Krankheiten als Wasser. Somit kann auch Krankheiten wie Typhus oder Cholera vorgebeugt werden.

Ein weiteres wichtiges Argument für die Anschaffung von Kamelen ist die Anknüpfung an die Tradition. Zwar hatte das Volk der Samburu bisher keine Kamele, doch der Umgang mit Tieren ist diesen Menschen sehr vertraut. Somit wird die Lebensweise, Kultur und Tradition der Samburu-Nomaden respektiert. Die Unabhängigkeit ist gewährleistet, da keine Technik eingeführt wird. „Hilfe zur Selbsthilfe" ist somit verwirklicht.

	1 oder 2?	a, b, c, d?
Anzahl der Kamele → Wasservorrat pro Kamel in Liter Begründung		
Zeit → Temperatur (Abkühlen eines Feuers) Begründung		
Geldwert in Euro → Geldwert in Kenya-Shilling (ohne Gebühr) Begründung		
Anzahl der Kamele → Milchproduktion in Liter Begründung		

Entscheide, ob für folgende Zusammenhänge gilt:
1 „je mehr, desto mehr" oder
2 „je mehr, desto weniger"
und ob sie
a) proportional,
b) nicht proportional,
c) antiproportional,
d) nicht antiproportional sind.
Begründe jeweils deine Antwort mit kurzen Sätzen.

Um die kleinen Dörfer der Umgebung mit Nahrungsmitteln (Mais, Bohnen …) zu versorgen, werden die Kamele als „Transportmittel" eingesetzt. Insgesamt sollen 850 kg Lebensmittel transportiert werden.
Dieses Gewicht muss auf mehrere Kamele verteilt werden. Der Kamelhirte Sopa hat bei der Berechnung einige Fehler gemacht. Korrigiere die rechte Spalte!

Anzahl der Kamele	Last pro Kamel in kg
2	420 425
3	280
5	170
10	80
20	42,6

Zeile für Zwischenschritte

Die Klasse 6a unterstützt mit dem Kuchenverkauf eine Schule in Kenia. Bei der Bank erfährt sie, dass die Überweisungsgebühr für Auslandsüberweisungen 8,25 Euro beträgt.
Damit der Verlust nicht allzu groß ist, beschließt die Klasse, noch mehr Geld zu sammeln, so dass die Gebühr einen Prozentsatz weniger als 0,75% des gespendeten Betrags ausmacht. Wie viel Geld muss die Klasse mindestens sammeln?

Teil C:
Materialien zur Bildung für nachhaltige Entwicklung

Der dritte Teil dieses Bandes liefert eine Sammlung von Materialien zum Lernbereich Globale Entwicklung. All diese Materialien können über das Projekt „Eine Welt in der Schule" bezogen werden. Hervorzuheben sind dabei die Materialkisten sowie die Klassensätze. Beide erfreuen sich einer großen Beliebtheit und werden gerne in Schulen eingesetzt. Eine Zusammenstellung doppelseitiger, kopierfähiger Arbeitsblätter zu unterschiedlichen Unterrichtsinhalten und die Vorstellung einzelner Karten, die über die Website des Projekts heruntergeladen werden können, ermöglichen eine kurzfristige unterrichtliche Thematisierung von Inhalten aus dem Lernbereich Globale Entwicklung. Den Abschluss bildet eine Liste mit den Webadressen und Telefonnummern von Einrichtungen und Institutionen aus dem Lernbereich Globale Entwicklung, die weitere Hilfen für die Unterrichtsplanung anbieten.

1. Projekt „Eine Welt in der Schule"

40 Jahre Globales Lernen und nachhaltige Entwicklung

Was hat unsere Kartoffel mit Peru zu tun? Haben Kinder überall auf der Welt die gleichen Rechte? Wie leben die Menschen in Ägypten? Wir leben in einer Welt, in der unser Verständnis für globale Zusammenhänge eine immer wichtigere Rolle spielt. Der Lernbereich „Eine Welt – Globales Lernen – Globale Entwicklung" bietet die Chance, sich dieser Komplexität auf verschiedenen Wegen zu nähern und eigene Handlungsoptionen zu entwickeln. Globale Zusammenhänge stecken in vielen unterschiedlichen Themenbereichen, sind hoch aktuell und haben für Kinder bereits im Grundschulalter fast immer einen erkennbaren Lebensweltbezug. Sich eine eigene Meinung zu bilden und Position zu beziehen, sollte altersunabhängig sein und bereits früh geübt werden. Die Zukunft von Kindern liegt im Morgen, ein Grund mehr, sie schon heute bei aktuellen Themen und Entscheidungen mit einzubeziehen.

Mit einer umfangreichen Materialsammlung und einer langjährigen Erfahrung unterstützen wir aus dem Projekt heraus auf vielfältige Art Lehrkräfte bei ihren Unterrichtsvorhaben im Bereich des Globalen Lernens. Mit Ideen, inhaltliche Anregungen, Materialien, Arbeitsblätter oder weitere Informationen stehen wir für ein Unterrichtsprojekt beratend zur Seite.

Zeitschrift „Eine Welt in der Schule"

In der Zeitschrift „Eine Welt in der Schule" werden praxisbewährte Unterrichtsbeispiele für die Grundschule und für die Sekundarstufe I aus dem Themenfeld „Eine Welt – Globales Lernen – Globale Entwicklung" vorgestellt. Unter dem Slogan „Aus der Praxis – Für die Praxis" beschreiben Lehrkräfte aus Schulen des gesamten Bundesgebiets ihre Projektkonzepte und -erfahrungen und geben Tipps für die konkrete Umsetzung im Unterricht. Darüber hinaus enthält jede Ausgabe aktuelle Informationen zum Lernbereich, spezielle Angebote des Projektes „Eine Welt in der Schule" sowie Rezensionen von Unterrichtsmaterialien usw.

Die Zeitschrift erscheint zweimal pro Jahr und kann für 18,- € pro Jahr abonniert werden.

Bundesweiter Ausleihservice

Ob ein Multikulti-Mitmach-Liederbuch mit Liedern aus verschiedenen Ländern gesucht wird, ein Heft zum Thema Weltwunder, oder ob es sich um eine Sammlung von Aktionsheften zum Thema „Biologische Vielfalt" handelt – all diese Publikationen laden dazu ein, Kindern die Welt näher zu bringen. Über 2.500 weitere Einzelmaterialien wie auch Spiele aus aller Welt sowie verschiedene Medien, hält das Projekt „Eine Welt in der Schule" in einer Bibliothek bereit, damit Themen aus den Bereichen des Globalen Lernens und der Bildung für nachhaltige Entwicklung im Unterricht behandelt werden können. Der Blick in ein anderes Land, das Bearbeiten einzelner Themenfelder wie zum Beispiel „Ernährung weltweit" und die Darstellung von Vernetzungen und Abhängigkeiten untereinander können somit in den Schulalltag integriert werden. Ein Onlinekatalog unter einewelt.iopac.de/iopac/index.htm lädt zum Suchen, Stöbern und Bestellen ein.

Materialpakete

Zu speziellen Themen, wie z.B. Kinderrechte, Fairer Handel, Schokolade und vieles mehr sind Realien, Fotodokumentationen, Unterrichtsanregungen, Bücher zusammengestellt worden. Die Materiapakete sind im Laufe unserer Projektarbeit zusammen mit Lehrkräften für den Unterricht entwickelt oder von anderen Institutionen aus dem Lernbereich „Eine Welt – Globale Entwicklung" erworben worden.

Klassensätze

Auch bei der Suche nach einer Klassenlektüre kann das Projekt „Eine Welt in der Schule" unterstützend tätig sein. Über 20 ausleihbare Klassensätze, geeignet vom Anfangsunterricht bis zu den höheren Jahrgängen der Sekundarstufe I, stellen wir zur Verfügung..

Holzpuzzles

Ein Puzzle kann ein Spiel zum reinen Zeitvertreib sein. Es kann aber auch genutzt werden, um im Unterricht Inhalte zu transportieren. Wie groß oder klein ist Deutschland im Verhältnis zu einzelnen Ländern? Und wo liegen eigentlich die ...?

Mit einem Afrika-, Lateinamerika- und Asienpuzzle aus Holz und einer flächengetreuen Darstellung der einzelnen Länder kann diesen Fragen im Unterricht nachgegangen werden. Den Puzzles liegt jeweils eine Handreichung bei, die Vorschläge für die Arbeit mit dem Puzzle enthält.

Sämtliche Materialien können bundesweit für einen Zeitraum von vier Wochen ausgeliehen werden.

Lehrerfortbildungen und Praxistreffen

Zu unseren überregionalen Lehrerfortbildungen und Praxistreffen laden wir in regelmäßigen Abständen Lehrkräfte aus dem gesamten Bundesgebiet ein. Mit Unterstützung externer Referentinnen und Referenten erarbeiten wir dort gemeinsam mit den Lehrkräften möglichst praxisnah und schülerorientiert neue Konzepte für den Unterricht, um Unterrichtsskizzen und die dazugehörigen Inhalte zur Verfügung stellen zu können.

Neben der direkten Erprobung der Konzepte im Unterricht fließen die Ergebnisse der Treffen in die Entwicklung von Materialkisten und in Veröffentlichungen mit ein.

Zusätzlich führen wir nach Absprache kollegiumsinterne Lehrerfortbildungen durch.

Mehr Informationen sind gewünscht?

Unter **www.weltinderschule.uni-bremen.de** finden Sie neben einem Überblick über unsere Arbeitsfelder Unterrichtsvorschläge, Materialien und Arbeitsblätter zum Downloaden.

Kontakt

Projekt „Eine Welt in der Schule“/
Grundschulverband e.V.
Universität Bremen (FVG - Raum M 0141)
Celsiusstraße 2
28359 Bremen
Tel.: 0421/2 18-6 97 75
einewelt@uni-bremen.de
www.weltinderschule.uni-bremen.de

Materialkiste Blaues Wunder

2. Materialpakete

In Kisten verpackt warten mehr als 25 Materialpakete im Archiv des Projekts „Eine Welt in der Schule“ darauf, von Lehrerinnen und Lehrern in die Klassenzimmer geholt und im Unterricht eingesetzt zu werden.

Ägypten-Kiste

Hieroglyphen, der Skarabäus und Papyrus erinnern an das alte Ägypten; Arabisch in Wort und Schrift, der Reichtum der Gewürze und der Islam sind Themen, die auch heute noch eine Rolle spielen.
Zielgruppe: Klasse 3-6, Projekt „Eine Welt in der Schule“

Blaues Wunder

Ist Wasser ein Menschenrecht? Was verbirgt sich hinter einem Wasser-Fußabdruck? Inklusives Bildungsmaterial mit fünf Modulen zum Thema Wasser und einem Leitfaden für die Arbeit in heterogenen Gruppen.
Zielgruppe: Klasse 3-4, bezev e.V.

Brasilien-Kiste

Brasilien, ein Land der Gegensätze? Vielfältiges Material für den Einstieg in eines der flächenmäßig größten Länder der Erde anhand des Alltags der Menschen und deren Kultur, zahlreichen Projektideen sowie verschiedenen Schwerpunktthemen wie z.B. Fußball und Straßenkinder.
Zielgruppe: Klasse 3-6, Projekt „Eine Welt in der Schule“

Cashew. Lernen mit Kernen.

Wo kommen die kleinen Kerne her und was steckt in ihnen? Warum wachsen sie außerhalb der Frucht? Und wie werden die kleinen Kerne ein Spielball im Welthandel? Antworten gibt es im inklusiv aufbereiteten Material.
Zielgruppe: Klasse 9-10, bezev e.V.

China-Kiste

Eine Reise in das bevölkerungsreichste Land der Erde mit Unterrichtsmaterialien, interessanten Realien zum Anfassen und einem besonderen Fokus auf chinesische Schriftzeichen.
Zielgruppe: Klasse 4-8, Projekt „Eine Welt in der Schule“

Costa Rica-Kiste

Costa Rica zeichnet sich durch eine große Biodiversität aus und wird häufig als die Schweiz von Mittelamerika bezeichnet. Neben Material zum Naturreichtum des Landes

Brasilien-Kiste

China-K iste

Costa-Rica-Kiste

Materialkiste Echt gerecht?! Fairer Handel

Materialkiste Emmas Schokoladen

Indonesien-Kiste

Kakao-Kiste

berichtet eine deutsche Austauschschülerin von Land und Leuten.
Zielgruppe: Klasse 5-10, Projekt „Eine Welt in der Schule“

Echt gerecht?! Fairer Handel

Vier Module mit den Themenschwerpunkten Schokolade, Spielzeug, Bananen und Kleidung nehmen das Thema „Fairer Handel“ unter die Lupe. Die Kiste enthält inklusives Bildungsmaterial für die Arbeit mit heterogenen Gruppen.
Zielgruppe: Klasse 3-4, bezev e.V.

Emmas SchokoLaden

Woher kommt eigentlich unsere Schokolade und wie wird sie hergestellt? Anhand des Kinderbuchs „Emmas Schoko-Laden“ sowie weiterem vielseitigen Unterrichtsmaterial wird diesen Fragen auf den Grund gegangen.
Zielgruppe: Klasse 3-6, Projekt „Eine Welt in der Schule“

Indonesien-Kiste

Bilder mit aktuellen Straßenszenen, der Klang indonesischer Popmusik, der Geschmack indonesischer Küche, das Gefühl von fremden Geld in der Hand und Geschichten aus dem Land bringen Indonesien ein Stück näher.
Zielgruppe: Klasse 3-7, Projekt „Eine Welt in der Schule“

Kakao-Kiste

Eine bunte Materialkiste rund um das Thema Kakao, mit vielen interessanten Fakten zur Schokoladenherstellung, zum fairen Handel und einer großen Auswahl an Realien zum Riechen und Anfassen.
Zielgruppe: Klasse 1-6, Projekt „Eine Welt in der Schule“

Kartoffelwelten

Die Ursprünge der Kartoffel liegen in Peru, auch wenn sie inzwischen in fast jedem Land der Welt wächst und einen wichtigen Bestandteil zur Sicherung der Welternährung leistet. Ein Wundergemüse, das zum Erforschen und Entdecken einlädt und einen besonderen Blick auf Peru lenkt.
Zielgruppe: Klasse 1-6, Projekt „Eine Welt in der Schule“

Kinderrechte-Kiste

Welche Rechte haben eigentlich Kinder? Und wo kommen sie her? Kinder- und Menschenrechte sowie Kinder aus aller Welt stehen im Fokus dieser Materialsammlung, die mit speziellem Material von UNICEF zu Kinderrechten bereichert ist.
Zielgruppe: Klasse 1-5, Projekt „Eine Welt in der Schule“

Mexiko-Kiste

Mexiko ist reich an Festen, Bräuchen und alten Kulturen. Hochkulturen der Azteken und Mayas prägten vor hunderten von Jahren Land und Leute. Bräuche wie der Día de los Muertos (Tag der Toten) oder der Karneval der Kulturen sind heute noch von hoher Relevanz.
Zielgruppe: Klasse 3-7, Projekt „Eine Welt in der Schule“

Orangensaft-Kiste

Wo kommt der Orangensaft her, der sich morgens auf Frühstückstischen findet? Welche Farbe haben Orangen und werden sie fair gehandelt? Und was hat Brasilien mit dem Ganzen zu tun? Antworten lassen sich an den unterschiedlichsten Orten finden.
Zielgruppe: Klasse 4-8, Projekt „Eine Welt in der Schule“

Peru-Kiste

Eine lange Küste, die Anden und der Regenwald bzw. Wolken- und Nebelwald prägen die Geografie des Landes. Wie sieht das Leben der Kinder und Familien aus? Welche alten Traditionen sind noch zu finden und welche aktuellen Einflüsse erreichen dieses Land?
Zielgruppe: Klasse 3-8, Projekt „Eine Welt in der Schule"

Regenwald-Kiste

Feucht, warm und bunt – der Regenwald versteckt eine Menge besonderer Pflanzen und Tiere in seinem Blätterwald. Eine grüne Lunge, deren Bedeutung für unsere Erde nicht hoch genug angesetzt werden kann.
Zielgruppe: Klasse 3-9, Projekt „Eine Welt in der Schule"

Südafrika-Kiste

Arm und Reich, Berge und Meer, Reichtum der Tierwelt und aussterbende Arten – Südafrika ist in vielerlei Hinsicht ein Land der Gegensätze. Kultur, Geografie und die Bräuche der Menschen ermöglichen einen interessanten Zugang zu diesem eindrucksvollen Land.
Zielgruppe: Klasse 5-10, Projekt „Eine Welt in der Schule"

Tansania-Kiste

Tansania hat viel zu bieten, den Kilimandscharo, die Tiere der Serengeti, das Volk der Massai oder die Gewürzinsel Sansibar. Über Lieder- und Kochbücher kommt man dem wunderbaren Land nähern.
Zielgruppe: Klasse 4-8, Projekt „Eine Welt in der Schule"

Thailand-Kiste

Das bei Touristen beliebte südostasiatische Land Thailand hat mehr zu bieten als Traumstrände und alte Ruinen. Religion, Sitten und Bräuche und Musik bestimmen den Alltag der Kinder in diesem fernen Land.
Zielgruppe: Klasse 1-6, Projekt „Eine Welt in der Schule"

Unser Klima – unser Leben

Klima ist ein globales Thema, das uns alle betrifft. Naturkatastrophen und Wetterextreme, aber auch Diskussionen über den Klimaschutz verdeutlichen die Notwendigkeit, Klima und Klimawandel weltweit zu betrachten. Wer ist am meisten betroffen und was kann jeder Einzelne für den Schutz des Klimas tun? Verschiedene Module und inklusive Unterrichtsmaterialien regen zum Nachdenken und Handeln an.
Zielgruppe: Klasse 5-10, bezev.e.V.

BildungsBag Global denken – anders essen,

Das Essverhalten eines jeden Einzelnen hat nicht nur Auswirkungen auf die eigene Gesundheit, sondern steht auch in einem globalen Zusammenhang. Von was werden unsere Essgewohnheiten bestimmt und gibt es Alternativen dazu?
Zielgruppe: Klasse 7–11, Welthaus Bielefeld

BildungsBag GhanAfrika

Wo versteckt sich kultureller Reichtum in einem Land? Was macht eine positive Entwicklung aus? Und wann lässt sich von einem Miteinander unter Partnern sprechen? Am Beispiel von Ghana werden Auswirkungen von Globalisierungsprozessen in Afrika aufgezeigt.
Zielgruppe: Klasse 6-10, Welthaus Bielefeld

Materialkiste Kartoffelwelten

Orangensaft-Kiste

Regenwald-Kiste

Materialkiste „Unser Klima – unser Leben"

BildungsBag SchokoExpedition

BildungsBag KlimaKids

BildungsBag Entwicklung ist kein Märchen

Holzpuzzle

BildungsBag SchokoExpedition

Eine Schoko-Expedition führt Reisende zu Naki nach Ghana, die von ihrem Alltag erzählt. Kakao und die Produktion von Schokolade sowie der Faire Handel stehen dabei im Vordergrund.
Zielgruppe: Klasse 3-5, Welthaus Bielefeld

BildungsBag KlimaKids

Auswirkungen des Klimawandels lassen sich am Beispiel des Inselstaates Tuvalu im Pazifischen Ozean deutlich aufzeigen. Mit Experimenten zum Treibhauseffekt und dem „WeltSpiel Treibstoff-Pflanzen" wird das Wissen um den Klimawandel vertieft und durch eine Projekteinheit „Was tun?!" zum Handeln für eigene Energiesparpläne angeregt.
Zielgruppe: Klasse 3-6, Welthaus Bielefeld

BildungsBag Entwicklung ist kein Märchen

Weltweit ist die extreme Armut zurückgegangen, grundsätzlich ist die Lebenserwartung gestiegen, die Kindersterblichkeit mehr als halbiert und das Pro-Kopf-Einkommen hat zugelegt. Zeit, sich die Zahlen genauer anzuschauen und die Perspektive auf Entwicklung neu zu überdenken.
Zielgruppe: Klasse 8-13, Welthaus Bielefeld

Holzpuzzle

Wie fühlen sich Staatsgrenzen an und warum sind manche Grenzen wie mit dem Lineal gezogen? Aus wie viel einzelnen Ländern setzt sich ein Kontinent zusammen? Mit Puzzles aus Holz und einer flächengetreuen Darstellung der einzelnen Länder kann diesen Fragen im Unterricht nachgegangen und Kontinente in ihren Ausmaßen und Formen „begreifbar" und „befühlbar" gemacht werden. Es stehen derzeit folgende Holzpuzzles (jeweils mit Begleitheft) zur Verfügung:

- Afrika 60 x 100 cm
- Asien 110 x 105 cm
- Südamerika 60 x 100 cm

Zielgruppe: ab Grundschule, Engagement Global/Bildung trifft Entwicklung

3. Klassensätze

Die ferne „fremde" Welt kann auch über Literatur in das Klassenzimmer geholt werden. Ein Bilderbuch oder ein Roman lässt häufig den Alltag anderer Menschen und Kulturen lebendig werden. Es gibt zahlreiche Kinder- und Jugendbücher, die geeignet sind, mit Hilfe ihrer spannenden Geschichten und ihren informativen und attraktiven Fotos oder Illustrationen, Zugänge zu zuvor unbekannten Inhalten zu erschließen.

Das Projekt „Eine Welt in der Schule" verfügt über ein umfangreiches Angebot an Titeln in Klassensatzstärke. Zu vielen Titeln kann auch begleitendes Unterrichtsmaterial bestellt werden.

African Kids – Eine südafrikanische Township-Tour, Lutz van Dijk

In African Kids führt Lutz van Dijk durch die südafrikanischen Townships aus Sicht der 11jährige Sive. Zwischen Hütten aus Holz, Pappe und Blech erzählt sie von ihren Freunden und deren Geschichten, die bestimmt sind von ihrem harten Alltag, aber auch von deren Lebenslust und Humor und der Suche nach einem selbstbestimmtem Leben.
Erscheinungsjahr: 2012, Altersempfehlung: Ab 12 Jahre

Aminatas Entdeckung, Monika Bulang-Lörcher; Hans-Martin Große-Oetringhaus

In ihrem kleinen Dorf im Senegal gerät der Alltag von Aminata durcheinander, als zahlreiche Babies erkranken. Während die Erwachsenen ratlos sind, macht Aminata sich auf die Suche nach den Ursachen und findet mit Unterstützung aller eine Lösung.
Ergänzend zu dem Klassensatz gibt es eine CD-ROM, welche auf über 70 Seiten u.a. Hintergrundinformationen, Arbeitshilfen und kopierfähige Vorlagen bietet.
Erscheinungsjahr: 1994, Altersempfehlung: Ab 5 Jahre

Charlies House, Reviva Schermbrucker

Charlie lebt in einem Township am Rande von Kapstadt. Eines Tages beobachtet er Handwerker, wie sie eine Wellblechhütte für seine Familie im Township Guguletu bauen. Das inspiriert ihn, sich ein eigenes Haus zu bauen. Für die Wände benutzt er Lehm, mit Papierstreifen tapeziert er, die Zimmer werden mit Lehm und Resten aus Müll eingerichtet und mit viel Phantasie entsteht nach und nach sein Traumhaus. Mit Begleitheft.
Erscheinungsjahr: 1989, Altersempfehlung: Ab 4 Jahren

Das Lied der bunten Vögel, Kobna Anan; Omari Amonde

In dem Märchen aus Ghana singen und tanzen fünf farbige Vögel aus dem tiefen Urwald gemeinsam für einen Bauern, der sie dafür mit Futter versorgt. Als sich ihre Zusammenarbeit aufgrund von Futterneid auflöst, müssen sie die Erfahrung machen, dass der Bauer sie und ihren schönen Gesang nicht mehr erkennt. Erst als sie wieder zusammenfinden, erklingt das Lied so schön wie eh und je.
Erscheinungsjahr: 1989, Altersempfehlung: Ab 6 Jahren

Das Mädchen mit dem roten Tuch, Ji-li Jiangs

Mit dem Beginn der Kulturrevolution in China steht die zwölfjährige Ji-li plötzlich vor der Frage, wie weit sie als begeisterte Anhängerin Maos gehen wird: Sind seine Ideen und Ziele es wert, ihre eigene wohlhabende Familie zu verraten und wie wichtig ist ihr die eigene Zukunft in der kommunistischen Partei?
Erscheinungsjahr: 2001, Altersempfehlung: Ab 12 Jahren

Der kleine Shang, Eleanor Frances Lattimore

Mit viel Witz und Übermut entdeckt der fünfjährige Shang aus China die Welt um sich herum. In 19 kurzen Geschichten ist der kleine Shang in seiner Experimentierfreudigkeit zu begleiten, die immer wieder zu einer Überraschung führt.
Erscheinungsjahr: 1999, Altersempfehlung: Ab 5 Jahren

Der Schlangengarten, Susanne Koehler; Frank Ruprecht

Paco ist ein Junge aus dem Urwald, der seine Faszination für Schlangen entdeckt. Besonders eine seltene wunderschöne Schlange hat es ihm angetan und er verbringt viel Zeit mit ihr. Er lernt Lesen und Schreiben, um mehr über die Schlangen zu erfahren, stellt aber fest, dass er schon alles weiß. Er wird zu einer Konferenz eingeladen, wo er als Gastredner einen Vortrag über seine Schlangen halten darf.
Erscheinungsjahr: 1987, Altersempfehlung: Ab 6 Jahren

Die Abenteuer der kleinen Sojabohne, Susanne Wetzstein und Schüler*innen der Klasse 4c

Eine kleine Sojabohne reift zusammen mit ihren Geschwistern auf einer Plantage in Afrika heran und wird schließlich von den Arbeitern geerntet. Sie fällt neben den Transportkorb und beobachtet, was mit ihren Geschwistern in Europa passiert. Diese Erfahrungen gibt sie bei ihrer Rückkehr nach Afrika an ihre Freunde weiter. Mit Begleitheft.
Erscheinungsjahr: 2009/2010, Altersempfehlung: Ab 8 Jahren

Die Brücke aus Gras, Christine; Kurt Rosenthal

Die beiden Kinder Theresa und Adrian leben auf unterschiedlichen Seiten eines reißenden Flusses, die mit einer Brücke aus Gras verbunden sind. Sie machen sich auf dem Weg, um dem Geheimnis des Inka Pachacutec auf die Spur zu kommen, der die Brücke vor vielen hundert Jahren gebaut hat. Als sie zurückkommen, ist die Brücke von dem Bösewicht Ruberto bedroht.
Erscheinungsjahr: 1993, Altersempfehlung: Ab 8 Jahren

Die Reise einer Fleeceweste, Wolfgang Korn

Anhand einer Fleeceweste wird deren Lebenskreislauf von der Produktion über deren Nutzung und Entsorgung bis hin zum Wiederauftauchen im Senegal aufgezeigt. Die abenteuerlichen Reise führt die Fleeceweste von Dubai über Bangladesch nach Deutschland, um dann im Atlantik ihre letzte Bestimmung zu finden.
Erscheinungsjahr: 2009, Altersempfehlung: Ab 12 Jahren

Die standhafte Turmuhr und der rastlose Vogel, Mahdocht Kaschkuli; Amin Hasanzadeh

In dem iranischen Märchen trifft ein Vogel auf der Suche nach einem Nistplatz auf eine Turmuhr. Der Uhrenkasten scheint der ideale Nistplatz zu sein, aber dafür muss der Vogel die Turmuhr überreden, den Weg in die weite Welt zu wagen, plötzlich erhält die Zeit verschiedene Dimensionen. Das Buch ist zweisprachig, auf Persisch und Deutsch.
Erscheinungsjahr: 2007, Altersempfehlung: Ab 8 Jahren

Emmas Faire FashionShow, Stephan Sigg

Tante Emma hat einen Modeladen und möchte auf fair gehandelte Mode umsteigen. Sie sucht Unterstützung bei ihrer Freundin Rita, einer berühmten Modedesignerin aus Mailand und bei Anastasia, der Gewinnerin einer Model-Casting Show. Aber ihre Anfragen laufen ins Leere. Wird es Emma trotzdem schaffen, ihre Idee umzusetzen? Eine spannende Geschichte um fair gehandelte Textilien.
Erscheinungsjahr: 2013, Altersempfehlung: Ab 9 Jahren

Emmas SchokoLaden, Stephan Sigg

Der SchokoLaden ihrer Tante Emma ist ein Paradies für Natascha und sie ist begeistert, als sie und ihre Mutter sich in den Ferien plötzlich um den Laden kümmern sollen. Ihre Tante ist spontan nach Südamerika gereist, um den Kakaoanbau genauer unter die Lupe zu nehmen. Schnell stellt sich die Frage, was kann an Schokolade nicht in Ordnung sein?
Erscheinungsjahr: 2006, Altersempfehlung: Ab 9 Jahren

Erstermann und Erstefrau, Diana Pitcher

17 Schöpfungsmythen aus verschiedenen afrikanischen Kulturen sind in dem Buch zusammengetragen, wie z.B. Erstermann und Erstefrau (Südafrika); Das Kalebassen-Kind (Ostafrika); Der Hund (Kongo); See, Sonne und Mond (Nigeria); Die Schlange (Westafrika), die einen Einblick in die geistige Welt afrikanischer Kulturen geben.
Erscheinungsjahr: 1991, Altersempfehlung: Ab 10 Jahren

Hey! – Ja?, Chris Raschka

Mit 34 kurzen einsilbigen Wörtern und einer besonderen Illustration wird die Geschichte einer Freundschaft von zwei Jungs erzählt, die mit einem Paar Baseballschuhen beginnt.
Erscheinungsjahr: 1993, Altersempfehlung: Ab 6 Jahren

Irgendwie Anders, Kathryn Cave; Chris Riddell

‚Irgendwie Anders' möchte sein wie alle anderen, sehnt sich nach Freundschaft und macht doch alles anders und wohnt ganz alleine auf einem Berg. Eines Tages bekommt er Besuch von einem seltsamen Etwas, das anders aussieht, aber meint, genauso zu sein wie er.
Erscheinungsjahr: 1994, Altersempfehlung: Ab 6 Jahren

Im Schatten des Zitronenbaums, Kagiso Lesego Molope

Südafrika befindet sich im Umbruch. Die Rassentrennung ist gerade aufgehoben und Tshidiso findet sich in einer Schule mit weißen und schwarzen Mädchen wieder. Alle geben sich Mühe, doch während des Sportunterrichts kommt es zum Streit. Mit Begleitheft.
Erscheinungsjahr: 2009, Altersempfehlung: Ab 12 Jahren

Isabel – Ein Straßenkind in Rio, Mecka Lind

Nach dem Tod ihres Vaters muss die zwölfjährige Isabel sich ihren eigenen Lebensunterhalt verdienen und macht sich auf den Weg nach Rio in der Hoffnung auf Arbeit. Der Alltag auf der Straße ist hart und ein kurzer Hoffnungsschimmer wird schnell zerschlagen.
Erscheinungsjahr: 1995, Altersempfehlung: Ab 14 Jahren

Meine Oma lebt in Afrika, Annelies Schwarz

Eines Tages macht Eric sich zusammen mit seinem besten Freund Flo und seinem Vater von Bremen auf den Weg, seine Oma in ihrem kleinen Dorf in Ghana zu besuchen. Vor Ort stürmen viele neue und spannende Eindrücke auf Eric und Flo ein: echte Krokodile, angehende Schlangenbeschwörerinnen und plötzlich ist es Flo, der mit seiner weißen Haut unter den anderen Kindern auffällt. Mit Begleitheft.
Erscheinungsjahr: 1998, Altersempfehlung: Ab 8 Jahren

Mbongis Weg zur Schule, Lutz van Dijk

Mbongi will zur Schule wie auch seine beiden besten Freunde Thandi und Thobile, aber zwei Herausforderungen stehen im Weg. Der Weg zur Schule ist sehr weit und Mbongi hat seit seiner Geburt nur ein Bein. Gut, dass seine Freunde zusammen mit ihm eine Lösung suchen.
Erscheinungsjahr: 2018, Altersempfehlung: Ab 6 Jahren

Neben mir ist noch Platz, Paul Maar

Die Freundschaft zwischen Steffi und Aischa, einem libanesischen Mädchen, wird auf der Geburtstagsfeier von Steffi auf die Probe gestellt. Die beiden schaffen es, Missverständnisse aus dem Weg zu räumen und ihre Freundschaft zu erhalten. Doch schon taucht die nächste Herausforderung auf, die Familie von Aischa will zurück in den Libanon.
Erscheinungsjahr: 1993, Altersempfehlung: Ab 8 Jahren

Papa, was ist ein Fremder?, Tahar Ben Jelloun

In einem Dialog mit seiner zehnjährigen Tochter greift der Autor das Entstehen von Fremdenfeindlichkeit und Rassismus und deren Folgen auf, stellt sich den Fragen nach Vorurteilen und der daraus resultierenden Diskriminierung und landet im Gespräch bei Rassismus und Kolonialismus und deren Folgen wie Sklaverei und Völkermord. Ein Versuch, sich schweren Themen in einfacher Sprache zu nähern.
Erscheinungsjahr: 2001, Altersempfehlung: Ab 10 Jahren

Pie und Queso, KICK FORWARD (Hrsg.)

Ihr Dasein als Glückssocken eines Fußballspielers nimmt für die beiden Socken Pie (Fuß) und Queso (Käse) ein jähes Ende, als sie große Löcher aufweisen. Es beginnt eine spannende Reise von Pie und Quesco durch Argentinien, die in der Mülltonne startet und im Bett eines Jungen in einem kleinen Dorf endet, wo den beiden Socken neues Leben eingehaucht wird.
Erscheinungsjahr: 2005, Altersempfehlung: Ab 8 Jahren

Shirin, Nasrin Siege

Die elfjährige Shirin ist von Teheran mit ihrer Familie nach Hamburg gezogen. Sie vermisst die gemeinsamen Besuche mit ihrer Großmutter auf dem Basar und ihre

Freunde. Langsam lebt sie sich ein und lernt neue Freunde kennen. Aber ihre Eltern werden ihr immer fremder und sie steht plötzlich zwischen zwei Welten.
Erscheinungsjahr: 2000, Altersempfehlung: Ab 11 Jahren

Tommy Mütze, Jenny Robson
Als Neuer steht Tommy besonders im Fokus in der neuen Klasse. Dazu kommt noch, dass er eine Wollmütze trägt, die ihm über das ganze Gesicht reicht und er sie nie abnimmt. Doogal, Dumisani und ihre Klassenkameraden lassen sich eine Menge einfallen, um hinter das Geheimnis mit der Mütze zu kommen. Mit Begleitheft.
Erscheinungsjahr: 2017, Altersempfehlung: Ab 8 Jahren

„Tommy Mütze" von Jenny Robson (Julius Beltz Verlag)

Township Blues, Lutz van Dijk
Die 14-jährige Thinasonke ist in Guguletu, einem schwarzen Township am Rande Kapstadts, mit Hass, Gewalt und Kriminalität konfrontiert. Sie wird vergewaltigt und muss einen Weg für sich finden, damit emotional umzugehen und sich den Ergebnissen eines AIDS-Tests zu stellen.
Erscheinungsjahr: 2000, Altersempfehlung: Ab 12 Jahren

Weltreise China – Lilli und die Drachenräuber, Marc Hermann
Ihre Mutter möchte mit Lilli durch das Riesenreich China reisen und die Sehenswürdigkeiten des Landes besuchen. Heimlich begleitet wird Lilli von einem kleinen Drachen, den sie durch einen Zauberspiegel im Reich der Drachen und Fabelwesen kennengelernt hat. Es könnte eine schöne Reise werden, aber eine Bande Drachenräuber ist hinter ihrem Drachen her und Landschaftsbilder, der Buddha oder die Chinesische Mauer werden plötzlich lebendig.
Erscheinungsjahr: 2009, Altersempfehlung: Ab 8 Jahren

„Mbongis Weg zur Schule" von Lutz van Dijk (S. Fischer Verlag)

Die Reihe „Wir leben in …", drei Kinder, drei unterschiedliche Lebensumstände, ein Land.
In jedem der Bände erzählen drei Kinder aus verschiedenen Regionen und Kulturbereichen eines Landes in Momentaufnahmen aus ihrem Leben, das ihrer Familien und deren Geschichten und sprechen über ihre Träume für die Zukunft. Eine Ausnahme bildet das Buch „Rahel lebt in Israel - Nasser im Westjordanland", darin werden zwei Kinder vorgestellt.
Jedes Buch beinhaltet im Vorfeld eine kurze Einleitung in die Geschichte und Kultur des Landes mit Fotos und Illustrationen.
Altersempfehlung: Ab 10 Jahren

- Wir leben in Brasilien, 2006
- Wir leben in China, 2006
- Wir leben in Indien, 2006
- Wir leben in Indonesien, 2006
- Rahel lebt in Israel – Nasser im Westjordanland, 2007
- Wir leben in Südafrika, 2007
- Wir leben im Iran, 2008
- Wir leben im Libanon, 2008
- Wir leben in Marokko, 2009
- Wir leben in der Türkei, 2010

Die Reihe „Wir leben in …", drei Kinder, drei unterschiedliche Lebensumstände, ein Land. (Knesebeck Verlag)

Das Geschichtenrad

Mit Lesen und Büchern mal auf spielerische Art und Weise umgehen: Unser Geschichtenrad soll Schülerinnen und Schüler animieren, Gelesenes kritisch zu hinterfragen und zu kommentieren. Und mit der Klasse zu diskutieren.

Und so sollte das Rad nach dem Einsatz aussehen.

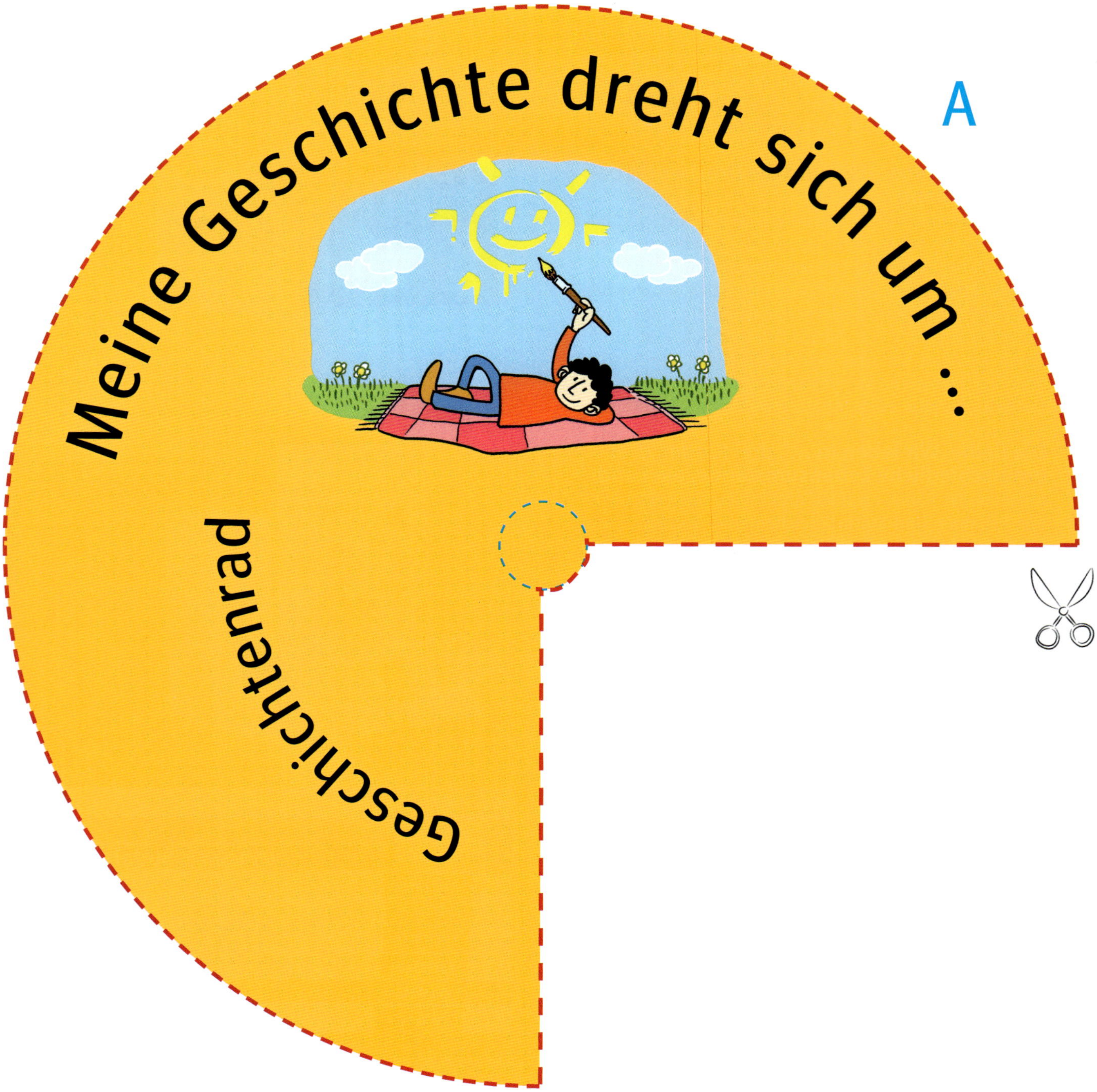

Meine Geschichtensammlung

1. Schneide Scheibe **A** entlang der roten Linie aus.
2. Schneide Scheibe **B** entlang der roten Linie aus.
3. Beschrifte Scheibe **B** mit Informationen zu einem deiner Lieblingsbücher.
4. Stecke eine Klammer durch die Mitte von Scheibe **A** und dann durch die Mitte von Scheibe **B**.
5. Für deine Geschichtensammlung kannst du noch mehr Scheiben **B** ausschneiden und beschriften.

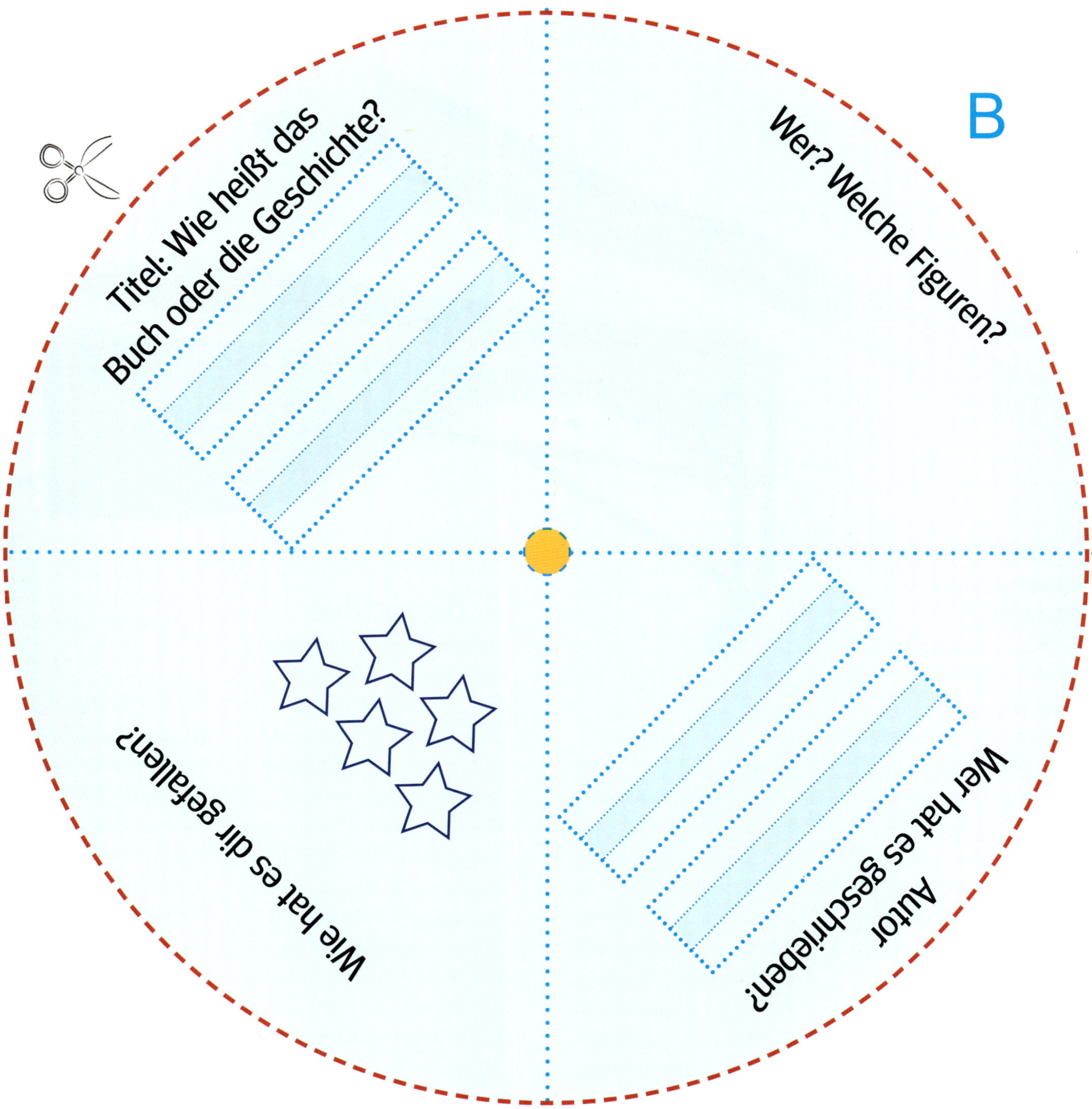

FOTO/GRAFIKEN: SVENJA JESSEN

Wer weiß was: Instrumente aus aller Welt

c

Musikinstrumente gibt es schon seit vielen Jahrtausenden. Einige Instrumente sind für uns ganz alltäglich. Viele Kinder lernen sie früh kennen und spielen, so zum Beispiel die Flöte oder die Gitarre. Auf der ganzen Welt gibt es aber viele unterschiedliche Instrumente. Manche davon sind uns ganz fremd, manche sehen so ähnlich aus wie Instrumente, die wir kennen, oder haben einen ähnlichen Klang. Hier lernst du einige Instrumente kennen.

Aufgabe:
Ordne die Texte dem richtigen Foto (Buchstaben) zu!

a

b

1. Cajón

(Schlaginstrument, Südamerika)

Die Cajón stammt ursprünglich aus Peru, wird heute aber auf der ganzen Welt gespielt. Sie sieht aus wie eine Holzkiste, deswegen sagt man im Deutschen meistens »die« Cajón. Früher benutzten afrikanische Sklaven in Peru Transportkisten zum Musikmachen, weil sie keine Instrumente hatten. So entstand die Cajón. Entweder man klemmt sie sich zwischen die Beine oder setzt sich direkt auf sie drauf. Der Klang wird dadurch erzeugt, dass man mit den Händen auf der Holzoberfläche einen Rhythmus anschlägt.

2. Zurna

(Blasinstrument, Asien)

Die Zurna (sprich: Surna) gehört zur Familie der Oboen. Um einen Ton zu erzeugen, bläst man in die Spitze hinein. Die Zurna besteht aus Holz und hat einen kräftigen und hohen Klang. Sie stammt aus Asien und kommt besonders oft in der Türkei vor. Ähnliche Instrumente findet man aber auch in Ostafrika.

3. Didgeridoo

(Blasinstrument, Australien)

Ähnlich wie die Zurna gehört auch das Didgeridoo zu den Blasinstrumenten, klingt jedoch ganz anders. Indem man seine Mundbewegungen wechselt und die Stimme mit hinzunimmt, kann man unterschiedliche Töne erzeugen. Das Didgeridoo ist ein traditionelles Musikinstrument der Ureinwohner Australiens (der Aborigines), die ausgehöhlte Stämme eines Eukalyptusbaums benutzt haben, in die man hineinbläst. Heute wird es aber nicht mehr nur von ihnen gespielt.

4. Lamellofon

(Zupfinstrument, Afrika)

Lamellofone werden traditionell in dem Teil von Afrika benutzt, der südlich der Sahara liegt. Je nach Region unterscheiden sie sich etwas und haben unterschiedliche Namen. Auf einem Holzkörper sind zwischen 7 und 28 Metallzungen angebracht, die man Lamellen nennt. Man hält den Holzkörper mit beiden Händen fest und zupft mit Daumen oder Zeigefinger an den Lamellen.

d

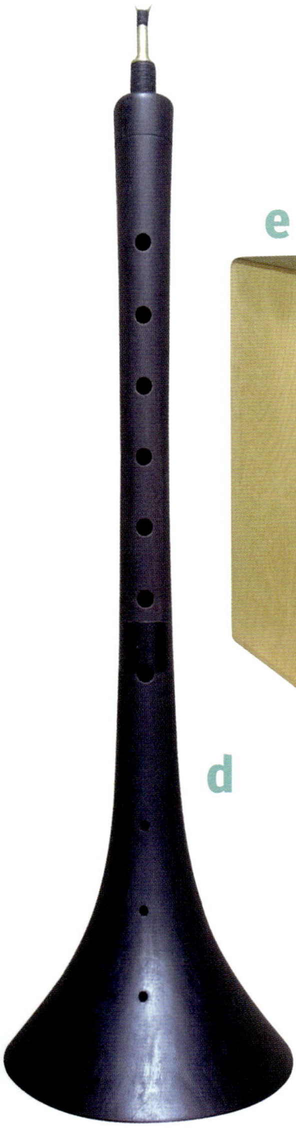

e

f

g

h

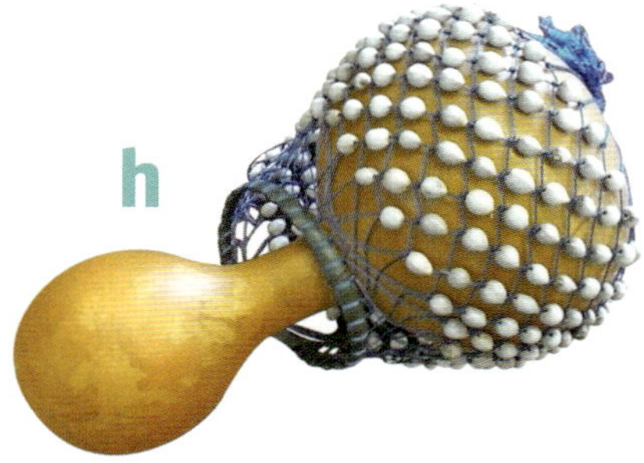

5. Banjo

(Zupfinstrument, Nordamerika)

Das Banjo wurde in Nordamerika von westafrikanischen Sklaven entwickelt. Es sieht ein bisschen aus wie eine Gitarre, weil es auch einen langen Hals aus Holz hat, über den vier oder fünf Saiten laufen. Diese werden mit den Händen angeschlagen oder gezupft. Der Körper besteht aber nicht aus Holz, sondern aus einem runden Rahmen, über den ein Fell gespannt ist – fast wie bei einem Schlagzeug. Banjos werden heute in den USA, zum Beispiel in der Countrymusik, benutzt.

6. Kontrabass

(Streichinstrument, Europa)

Der Kontrabass stammt unter anderem aus Deutschland und Italien. Er gehört zu der Familie der Geigen und ist hier das tiefste Instrument, außerdem ist er über einen Meter groß. So wie eine Gitarre oder das Banjo hat er einen langen Hals und einen Klangkörper, über den vier bis fünf Saiten laufen. Man kann ihn im Sitzen oder im Stehen spielen. Die Seiten kann man zupfen oder mit einem langen Holzbogen, an dem Saiten befestigt sind, streichen.

7. Marimba

(Schlaginstrument, Zentralamerika, Asien)

Die Marimba sieht ein bisschen aus wie ein Xylofon und gehört zu den Schlagstabspielen. Nebeneinander sind viele Klangstäbe angeordnet, unter denen sich jeweils ein Resonanzrohr befindet. Wenn man mit den Schlägeln auf die Klangstäbe schlägt, wird so der Ton in das Rohr geleitet und verstärkt. Die verschiedenen Töne entstehen dadurch, dass die Klangstäbe unterschiedlich groß und die Resonanzrohre unterschiedlich lang sind. Die Marimba klingt tiefer und voller als ein Xylofon. Sie wurde in Guatemala entwickelt und ist neben anderen Ländern in Mittel- und Südamerika auch in Japan verbreitet.

8. Axatse

(Gefässrassel, Westafrika)

Diese Rassel ist in Ghana weit verbreitet. Sie besteht aus einer leeren, getrockneten und geformten Kürbisschale – diese bildet den Klangkörper. Oberhalb wird um sie herum ein Netz mit Perlen, Samen oder kleinen Schneckenhäusern gespannt, die gegen den Körper schlagen und so Töne erzeugen. Die Rassel wird mit der rechten Hand gehalten. Je nachdem, ob man sie unten gegen das Bein oder oben gegen die linke Hand schlägt, wird ein tiefer oder hoher Ton erzeugt. Die Axatse wird zum Beispiel bei Tänzen genutzt, um den Rhythmus vorzugeben.

›› **LÖSUNGEN:** 1=e; 2=d; 3=a; 4=c; 5=f; 6=g; 7=b; 8=h

Was ist für dich Kinderarbeit?

Putzen, Zeitungen austragen oder Steine schleppen? Auf den Fotos siehst du Kinder aus aller Welt bei der Arbeit. Schau dir die Bilder an. Auf der nächsten Seite stehen ein paar Aufgaben und Fragen zu den Bildern. Deine Antworten sind bestimmt ganz spannend.

1.

2.

3.

4.

5.

6.

7.

8.

9.

10.

Aufgabe:
Löse die Aufgaben und beantworte die Fragen.

1. Erfinde für jedes Foto eine Bildunterschrift.

Beispiel

Ein Junge näht

2. Was denkst du, sind die Kinder glücklich? Male neben jedes Foto einen freundlichen oder traurigen Smiley.

Beispiel

3. Welche Arbeiten würdest du auch verrichten wollen? Mache einen Haken hinter den Fotonummern.

1 ☐ 2 ☐ 3 ☐ 4 ☐ 5 ☐

6 ☐ 7 ☐ 8 ☐ 9 ☐ 10 ☐

4. Welche Arbeiten sollten von Kindern auf keinen Fall verrichtet werden? Mache einen Haken hinter den Fotonummern.

1 ☐ 2 ☐ 3 ☐ 4 ☐ 5 ☐

6 ☐ 7 ☐ 8 ☐ 9 ☐ 10 ☐

5. Worin liegt der Unterschied zwischen den Arbeiten, die Kinder verrichten können, und denen, die Kinder nicht machen sollten? Begründe deine Antwort.

____

____

____

____

Immer Obst?

In den Geschäften in Deutschland finden wir das ganze Jahr über Obst wie z.B. Äpfel und Bananen. Für Orangen müssen wir im Jahr mal mehr, mal weniger Geld bezahlen. Manche Obstsorten, wie zum Beispiel Himbeeren, gibt es nur zu bestimmten Zeiten im Jahr. Warum das so unterschiedlich ist, hat mit den verschiedenen Erntezeiten zu tun. Manche Obstsorten gibt es nur zu bestimmten Zeiten im Jahr und wenn viele Früchte auf einmal reif werden, sinkt der Preis.
Die Früchte, für die Deutschland zu kalt ist, wachsen in anderen wärmeren Ländern. Sie müssen mit Schiffen und Flugzeugen nach Deutschland gebracht werden.
In der unteren Tabelle findet Ihr die Monate, in denen die einzelnen Früchte reif werden.

	Jan	Feb	Mär	Apr	Mai	Jun	Jul	Aug	Sep	Okt	Nov	Dez
Apfel								●	●	●	●	
Ananas									●	●	●	●
Apfelsine	●	●	●	●	●	●					●	●
Aprikose						●	●	●				
Birne								●	●	●		
Brombeere								●	●			
Clementine	●	●									●	●
Erdbeere					●	●	●					
Haselnuss									●	●		
Heidelbeere							●	●				
Himbeere							●	●				
Johannisbeere							●	●				
Kirsche							●	●				
Kiwi	●	●	●				●	●	●	●	●	●
Marone									●	●	●	
Melone						●	●	●	●			
Pfirsich						●	●	●	●			
Pflaume							●	●	●			
Preiselbeere									●			
Stachelbeere						●	●	●				
Weintraube							●	●	●	●		
Zitrone	●	●	●	●	●	●	●	●	●	●	●	●

Quelle: Schlumberger, A./Fellehner, Ch.: 33 einfache Dinge, die du tun kannst, um die Welt zu retten. Frankfurt/M. 2005, S. 34

Aufgabe:
Lest euch die Aufgaben zuerst aufmerksam durch!

1. *Welche Obstsorten kennst du? Mache ein Kreuz hinter dem Obstnamen.*
2. *Was ist dein Lieblingsobst? Male ein Smiley vor dem Namen.*
3. *Bereitet mit eurer Gruppe ein Obstsalat zu. Sucht dafür ein Rezept. Kauft gemeinsam für einen Obstsalat ein. Notiert, woher die einzelnen Früchte kommen.*

Die Welt in meinem Obstsalat

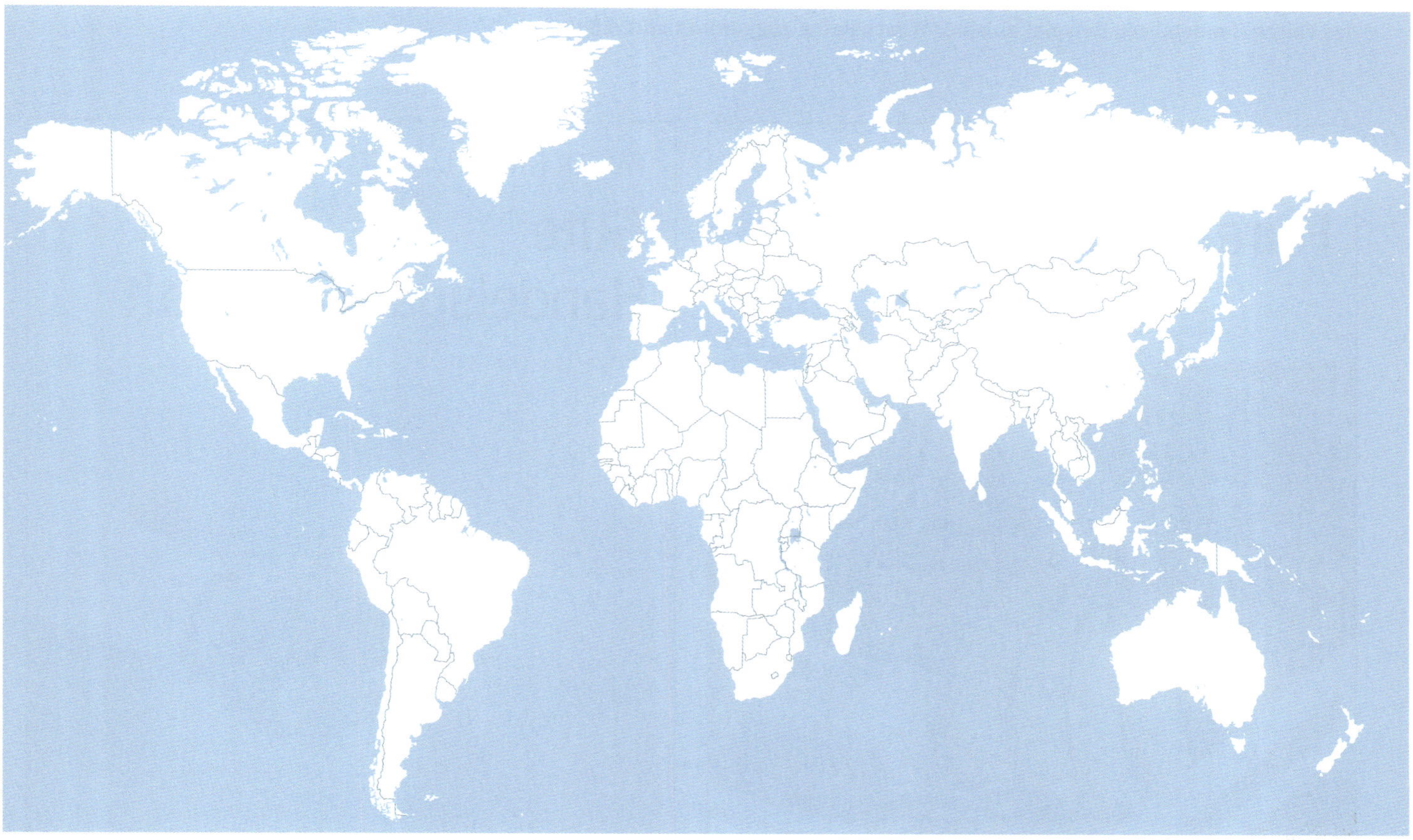

Aufgabe:
Tragt auf der Weltkarte ein, aus welchen Ländern das Obst für euren Obstsalat kommt.

Grundsätze des Fairen Handels

Arbeitsauftrag: In vier Arbeitsgruppen besprechen die Schülerinnen und Schüler, was für sie ein fairer Tausch, eine gute Freundschaft, die Kinderrechte oder gute Lernbedingungen bedeuten. Zu jedem Thema stellen sie in den Gruppen drei Regeln auf. Im Anschluss werden die Regeln vorgestellt. Die Begriffe werden gemeinsam in der Gruppe den Grundsätzen des Fairen Handels zum Beispiel an einer Wäscheleine zugeordnet und reflektiert.

FAIRER HANDEL

Fairer Preis

FAIRER HANDEL

Gute Handelspartnerschaft

FAIRER HANDEL

Keine Kinderarbeit

FAIRER HANDEL

Menschenwürdige Arbeitsbedingungen

FOTOS: SHUTTERSTOCK (7), FAIRTRADE

Fairer Tausch

Was ist für euch wichtig, wenn ihr mit Freunden Dinge tauscht? Wann ist ein Tausch gerecht und fair, wann ist er ungerecht? **Schreibt 3 Regeln für einen fairen Tausch auf die Rückseite**

Gute Freundschaft

Was ist in einer Freundschaft für euch wichtig? Was darf in einer guten Freundschaft nicht passieren? **Schreibt 3 Regeln für eine gute Freundschaft auf die Rückseite**

Kinderrechte

Nicht nur Erwachsene haben Rechte! Kennt ihr Kinderrechte? Oder welche Rechte wünscht ihr euch für Kinder? Wie geht es euch, wenn die Rechte nicht eingehalten werden? **Schreibt 3 Kinderrechte auf die Rückseite**

Gute Lernbedingungen

Was braucht ihr, um gut lernen zu können? Was passiert, wenn ihr nicht das bekommt, was ihr zum guten Lernen braucht? **Schreibt 3 Regeln für gute Lernbedingungen auf die Rückseite**

Das O-Saft-Rätsel

80 Liter Wasser???

200 Liter Wasser???

???

Notizen von:

______________________ ...inha

______________________ ...inho

Orangenplantage in Brasilien

1. Wasser wird hier benutzt bei/für...

2. Probleme, die ich beobachtet habe:

Saftfabrik in Brasilien

1. Wasser wird hier benutzt bei/für...

2. Probleme, die ich beobachtet habe:

Abfüllfabrik in Deutschland

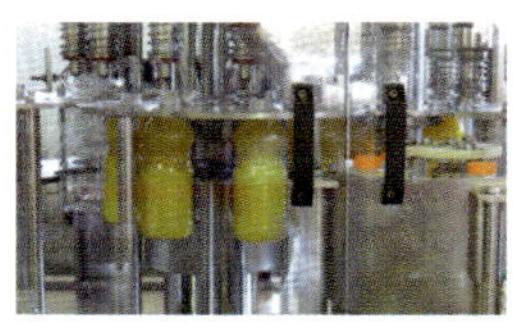

1. Wasser wird hier benutzt bei/für...

Wie viel „virtuelles Wasser“ steckt in …?

Wenn ein Glas Orangensaft vor dir auf dem Tisch steht, siehst du ihm nicht an, wie viel Wasser zur Produktion des Safts gebraucht wurde. Der Orangenbaum musste bewässert werden, das ist klar! Bevor der Saft aber vor dir steht, musste der Baum gepflegt, die Orangen geerntet und gewaschen und dann zu uns gebracht werden. Für all diese Schritte wird Wasser benötigt. Da man dieses Wasser nicht sieht, wird es „virtuelles Wasser“ genannt. Für sämtliche Produkte, egal ob es ein Hamburger oder ein Auto ist, muss „virtuelles Wasser“ aufgewendet werden.

Arbeitsauftrag

→ Lies das ganze Arbeitsblatt sorgfältig durch!
→ Schneide die Produkte und die Literangabe aus.
→ Schätze, wie viel „virtuelles Wasser“ die Produkte enthalten, und ordne jedem Produkt eine Literangabe zu.
→ Bespreche deine Ergebnisse mit deinem Tischnachbarn.

5.000 Liter	**1.700 Liter**	**2.700 Liter**	**20.000 Liter**
400.000 Liter	**2.400 Liter**	**200 Liter**	**70 Liter**

Die Zahlen stammen von virtuelles-wasser.de, waterfootprint.org

Vergleich

- In einen Putzeimer im Haushalt passen meist 10 Liter.
- In ein großes Aquarium (150 cm lang, 68 cm breit, 55 cm hoch) passen etwa 500 Liter.
- In ein Schwimmbecken (20 m lang, 10 m breit, 2 m tief) passen 400.000 Liter.

Ein Lösungsblatt mit weiteren Hinweisen finden Sie auf unserer Website unter: https://www.weltinderschule.uni-bremen.de/mat1_18.htm

Mach den Kleiderschrank-Check!

Wie sieht es eigentlich in deinem Kleiderschrank aus? Was versteckt sich da alles – an neuen und alten Stücken? Und wie viel Plastik stecken in deinen Jeans & Co.? Spannende Fragen, die du mit unserem Kleiderschrank-Check beantworten kannst.

Der Schrank ist …

☐ ordentlich ☐ naja, geht so ☐ unordentlich

Im Schrank sind …

☐ Hosen ☐ Pullover ☐ T-Shirts

☐ Paar Schuhe ☐ .... ☐ .... ☐ ....

In trage Sachen	häufig	nur zu besonderen Anlässen	manchmal	selten	nie
Anzahl					

Länder in meinem Schrank:

____

Farben in meinem Schrank:

____

Materialien in meinem Schrank (kreuze an):

☐ Baumwolle ☐ Polyester ☐ Viskose ☐ Wolle

☐ Elasthan ☐ Hanf ☐ .... ☐ ....

Mein ältestes Kleidungsstück ist .... Tage/Monate/Jahre alt.

Mein neuestes Kleidungsstück ist .... Tage/Monate/Jahre alt.

In meinem Schrank sind Sachen	wie neu	in einem guten Zustand	geflickt/ repariert	leicht beschädigt (kleine Löcher, Flecken)	nicht tragbar
Anzahl					

Mikroplastik – Von der Kleidung in die Nahrung

Plastik in Kleidung, wie kann das denn angehen? Plastikteilchen, die kleiner als 5 mm sind, werden als Mikroplastik bezeichnet. Meist sind die Teilchen so klein, dass sie mit bloßem Auge kaum zu erkennen sind. Oft stammen diese Teilchen aus Kosmetikprodukten oder gelangen beim Waschen von Kleidung ins Abwasser, denn bei jedem Waschgang verliert unsere Kleidung kleinste Fasern.

Bei Naturfasern wie z. B. Baumwolle ist das kein Problem, denn die Fasern bauen sich natürlich wieder ab. Doch ein großer Teil unserer Kleidungsstoffe besteht mittlerweile aus künstlichen (synthetischen) Fasern. Beim Waschen werden kleinste Fasern (Mikroplastik) aus der Kleidung heraus gespült und gelangen ins Abwasser. Kläranlagen können dieses Mikroplastik nicht herausfiltern. Es findet seinen Weg in offene Gewässer und irgendwann ins Meer. Dort gelangt es in die Körper von Meerestieren (z. B. Fische und Muscheln). Wenn wir diese Tiere essen, nehmen wir das Plastik auf. Und wer isst schon gerne Plastik?

Arbeitsaufgabe

1. Schau dir das Etikett deiner Jacke an. Aus welchen Fasern ist deine Jacke hergestellt?
2. Aus welchen Fasern besteht dein Lieblingskleidungsstück?

Faser

Naturfasern (wie Baumwolle/Cotton, Wolle, Seide, Leinen, Hanf)	**Sehr gut biologisch abbaubar**
Halbsynthetische Fasern (wie Viskose, Modal, Lyocell, Tencel)	**Biologisch abbaubar**
Polyester (wie Trevira, Diolen, Polartec, Polarguard, Thermolite) **Polyacryl** (wie Orlon, Dralon, Dolan) **Polyamid** (wie Nylon, Perlon, Antron, Tactel, Grilon, Dederon) **Elasthan** (wie Lycra, Dorlastan, Spandex) **Acetat** (wie Kunstseide)	**Schlecht biologisch abbaubar**

Quelle: www.smarticular.net

Wo das Glück zu Hause ist

Jedes Jahr werden die Länder mit den glücklichsten Menschen gesucht.

Was ist eigentlich Glück? Und lässt Glück sich so einfach messen? Forscherinnen und Forscher aus vielen Ländern arbeiten jedes Jahr für den World Happiness Report zusammen. Dort versuchen sie, aus 150 Ländern der Erde die glücklichsten Menschen ausfindig zu machen. Dabei spielt zum Beispiel eine Rolle, wie alt Menschen werden und ob sie mit ihrer Regierung einverstanden sind.

Und auch über die Menschen in Deutschland gibt es einen eigenen Glücksatlas. Was glaubst du: Wo leben die glücklichsten Menschen?

Aufgabe:
Beantworte die folgenden Fragen

1. In welchen drei Ländern leben die glücklichsten Menschen?

___

___

___

2. Auf welchem Platz liegt Deutschland? Es gibt ca. 150 Länder.

___

___

___

3. Wo leben die glücklichsten Menschen in Deutschland?

___

___

___

Lösungen: Frage 1: Finnland, Dänemark, Norwegen. Frage 2: Deutschland liegt auf Platz 17
Frage 3: Schleswig-Holstein, Hamburg, Hessen. (Quelle: https://worldhappiness.report/ed/2019/#read)

Was ist wichtig, um glücklich zu sein?

Was fällt dir dazu ein? Jeder sammelt zuerst seine Ideen, dann besprecht ihr sie mit den anderen. Sammelt eure Ideen unter verschiedenen Überschriften. Dann schreibt ihr die Ideen auf. Ihr könnt sie natürlich auch malen oder zeichnen.

Alle Ideen sind erst mal gut.

Es gibt nicht richtig oder falsch.

Zuhören und ausreden lassen!

Phantasie ist gefragt!

FOTO: SHUTTERSTOCK

Basismaterial

Auf der Website des Projekts „Eine Welt in der Schule" wird umfangreiches Basismaterial wie Karten und Länderinformationen angeboten.
Dort können die Materialien als PDF- und zum Teil als editierbare Word-Datei für den Unterrichtseinsatz kostenlos heruntergeladen werden.
Eine kleine Auswahl stellen wir hier vor.

Interaktive Madagaskarkarte
(farbig) mit Ebenen
https://www.weltinderschule.uni-bremen.de/mat_basi/EWKart16_mitEbenen.pdf

Weltkarte (Umrisskarte)
https://www.weltinderschule.uni-bremen.de/mat_basi/EW061Kart01.pdf

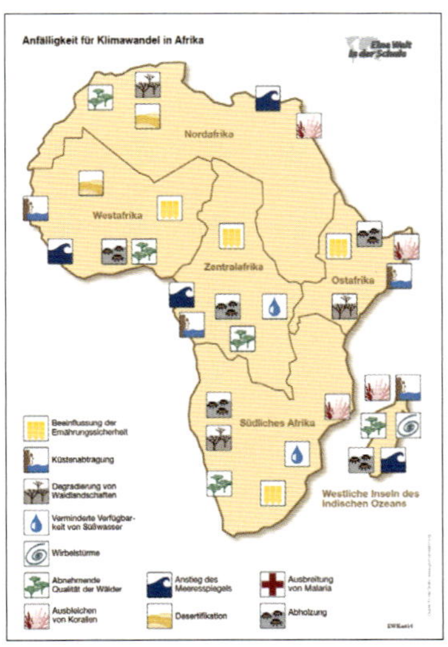

Interaktive Afrikakarte zum Klimawandel
als pdf unter
https://www.weltinderschule.uni-bremen.de/mat_basi/EWKart14.pdf

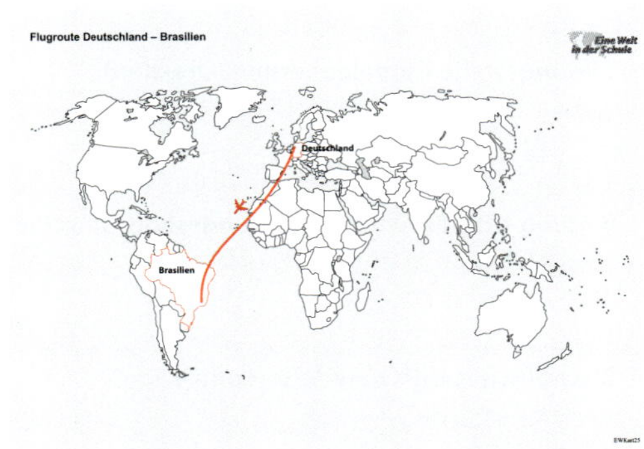

Flugroute Brasilien – Deutschland
https://www.weltinderschule.uni-bremen.de/mat_basi/EWKart25.pdf

Weitere Karten finden sich unter
www.weltinderschule.uni-bremen.de/mat_bas.htm

Service-Adressen

Hier finden Sie eine Auswahl an Einrichtungen und Organisationen, die sich mit Inhalten aus dem Lernbereich Globale Entwicklung beschäftigen.

Besonders erwähnenswert ist das **Portal *Globales Lernen*.**

Es handelt sich um die Website der „Eine Welt Internet Konferenz" (EWIK). Die in diesem Zusammenschluss kooperierenden Institutionen und Organisationen machen es sich zum Ziel, entwicklungsbezogene Bildung, Eine Welt Erziehung und Globales Lernen zu fördern. Hier finden Sie (fast) alles zum Globalen Lernen!

www.globaleslernen.de
Telefon: 0611/9 44 61 70

Eine Auswahl weiterer Adressen ist in alphabetischer Reihenfolge aufgeführt:

Aktion 3. Welt Saar – Bildung und Globales Lernen
www.a3wsaar.de/themen/bildung-globales-lernen
06872 / 99 30 56

Angebote zum Globalen Lernen (Sachsen-Anhalt)
www.globales-lernen-lsa.de
0340 / 2 30 11 22

Arche Nova, Dresden – Fachstelle für Globales Lernen
www.arche-nova.org/thema/bildung
0351 / 4 81 98 40

Bildungsstelle Globales Lernen (Dresden)
www.aha-bildung.de
0351 / 492 33 70

Bildung trifft Entwicklung – Bundeskoordination
www.bildung-trifft-entwicklung.de
0228 / 20 71 73 60

Bischöfliches Hilfswerk Misereor e.V.
www.misereor.de
02 41 / 44 20

BNE und GL in der Schule
www.nachhaltigkeit.bildung-rp.de

Bramfelder Laterne – Infozentrum für Globales Lernen (Hamburg)
www.bramfelderlaterne.de/Infozentrum_Globales_Lernen.html
040 / 6 41 50 23

Bremer Informationszentrum für Menschenrechte und Entwicklung
www.bizme.de
04 21 / 17 19 10

Brot für die Welt
www.brot-fuer-die-welt.de
0711 / 2 15 90

Bundesministerium für wirtschaftliche Zusammenarbeit und Entwicklung (BMZ)
www.bmz.de
01888 / 53 50

Deutsche Lepra- und Tuberkulosehilfe e.V.
www.dahw.de
0931 / 7 94 80

Deutsches Komitee für UNICEF
www.unicef.de
02 21 / 93 65 00

Deutsche Welthungerhilfe e.V.
www.welthungerhilfe.de
0228 / 2 28 80

Eine-Welt-Netzwerk, Thüringen
www.ewnt.de
03641 / 2 24 99 50

Engagement Global - Service für Entwicklungsinitiativen
www.engagement-global.de
0228 / 20 71 70

Entwicklungspädagogisches Informationszentrum (EPIZ), Reutlingen
www.epiz.de
07121 / 49 10 60

Entwicklungspolitisches Informationszentrum (EPIZ), Berlin
www.epiz-berlin.de
030 / 6 92 64 18

Gesellschaft für solidarische Entwicklungszusammenarbeit, Rostock – Landesstelle für Globales Lernen
www.gse-mv.de/angebote_schule.html
0381 / 4 90 24 10

Globales Lernen in Hamburg
www.globales-lernen.de

GSE Berlin-Brandenburg
www.gse-ev.de (Projekte – Globales Lernen)
030 / 29 00 64 71

Hessischer Bildungsserver – BNE/GL
lernarchiv.bildung.hessen.de/globlern/index.html

Karl Kübel Stiftung
www.kkstiftung.de
06251 /70 05 68

Kindernothilfe e.V.
www.kindernothilfe.de
0203 / 7 78 90

Netzwerk Globales Lernen in Niedersachsen und Bremen
www.globolog.net
0511 / 1 64 03 43

Open School 21 (Hamburg)
www.openschool21.de
040 / 39 80 76 90

Projekt „Eine Welt in der Schule"
www.weltinderschule.uni-bremen.de
0421 / 21 86 97 75

terre des hommes
www.tdh.de
0541 / 7 10 10

Welthaus Bielefeld, Bereich Bildung
www.welthaus.de
05 21 / 986 48 -0

Zukunftsschule SH (Schleswig Holstein)
www.zukunftsschule.sh
0431 / 5 40 32 46

ÖSTERREICH:
Südwind-Agentur
www.suedwind-agentur.at
0043 / 1 / 40 55 51 50

BAOBAB, Entwicklungspolitische Bildungs- und Schulstelle
www.baobab.at
0043 / 1 / 3 19 30 73

Schweiz:
Stiftung Education21 – Fachstelle für BNE und Globales Lernen
www.education21.ch/de
0041 / 3 13 21 00 22

Prof. Dr. Dr. Rudolf Schmitt

Professor für Psychologie und Grundschulpädagogik (em.) an der Universität Bremen. Studium der Philosophie, Theologie, Pädagogik und Psychologie.

Promotion an der Universität Konstanz, Habilitation an der Universität Göttingen. Schwerpunkte der Lehre und Forschung: Lern- und Entwicklungspsychologie, Grundschuldidaktik unter besonderer Berücksichtigung des Sachunterrichts.

Heute noch aktiv im Lernbereich Globale Entwicklung u. a. als Gründer und Leiter des Projektes „Eine Welt in der Schule" und Herausgeber der gleichnamigen Zeitschrift. Vierzehn Jahre Geschäftsführender Vorsitzender des Grundschulverbandes e.V.

Verheiratet, drei Kinder, sieben Enkel.

Mein Dank gilt dem Team des Projekts „Eine Welt in der Schule" Wolfgang Brünjes und Ulrike Oltmanns, die sich besonders um den Teil C des vorliegenden Bandes gekümmert haben.
Profitiert habe ich vor allem vom redaktionellen Knowhow von Wolfgang Brünjes, der auch für die Redaktion und Gestaltung der Zeitschrift „Eine Welt in der Schule" verantwortlich ist.

R. Schmitt

Ich bin dabei!

- Für meine **Ausbildung** finde ich zu vielen Themen nachhaltige Informationen, Ideen und Praxisbeispiele.

- **Als Ausbildner/in** bekomme ich Materialien und Informationen, die mir helfen, die Inhalte der Aus- und Weiterbildung zukunftsorientiert zu gestalten.

- Für meine **tägliche Arbeit** und für fachliche Diskussionen erhalte ich durch die Veröffentlichungen des Grundschulverbands praxiserprobte Unterrichtsvorschläge und Praxishilfen.

- Meine Schule findet für ihre **Schulentwicklung** Impulse, Bestärkung, Austauschforen und Bündnispartner.

- Für das **Gespräch mit Eltern** bekomme ich fundierte Argumentationshilfen zu Schulpraxis und Bildungspolitik, die meine Wirksamkeit in der Zusammenarbeit mit Eltern stärken.

- Ich erhalte **Argumente** zu bildungspolitischen, schulpraktischen und forschungsbezogenen Entwicklungen und bin stets gut informiert für fachliche Diskussionen.

- In der **Landesgruppe** meines Bundeslandes komme ich mit Gleichgesinnten, mit Experten aus Wissenschaft und Praxis in einen **anregenden Austausch**.

- Über einen **mitgliederstarken Verband** kann ich meine Ideen weitergeben und meine Anliegen finden mehr Gehör.

- Durch **meine Mitgliedschaft** kann ich dazu beitragen, dass die Bildungsansprüche ALLER Kinder in der politischen Diskussion überparteilich und bundesweit mehr Gewicht bekommen.

Machen auch Sie mit!

Sie können sich per Post an
Grundschulverband e. V., Niddastr. 52,
60329 Frankfurt / Main
oder Fax (0 69 / 7 07 47 80) anmelden oder auch
auf unserer Homepage www.grundschulverband.de

Ich beantrage die Mitgliedschaft im Grundschulverband e. V.
Als Mitglied erhalte ich jährlich zwei neue Mitgliedsbände aus der Reihe »Beiträge zur Reform der Grundschule« sowie viermal im Jahr die Zeitschrift »Grundschule aktuell« jeweils nach Fertigstellung kostenfrei zugesandt.

Den angekreuzten Jahresbeitrag

☐ **Mitgliedsbeitrag Einzelmitglied** **75,– €**
☐ **Probemitgliedschaft für 1 Kalenderjahr** **75,– €**

☐ **Ermäßigter Beitrag** **39,– €**
(während Studium oder Referendariat / bitte belegen)
☐ **Probemitgliedschaft für 1 Kalenderjahr** **25,– €**
(während Studium oder Referendariat / bitte belegen)

☐ **Mitgliedsbeitrag Schulen** **75,– €**
☐ **Probemitgliedschaft für 1 Kalenderjahr** **75,– €**

☐ **Förderbeitrag** **mindestens 39,– €**
(z. B. für Pensionäre, die weiterhin aktuell informiert werden wollen und andere Förderer, die die Arbeit des Grundschulverbandes unterstützen möchten)

☐ zahle ich nach Erhalt der Jahresrechnung
☐ zahle ich per Einzug im SEPA-Lastschriftverfahren:

Kreditinstut (Name und BIC) ______________________

IBAN ______________________

____
Vor- und Nachname

____
Straße und Hausnummer

____
PLZ und Ort

____
E-Mail Tel.

☐ Ja, ich möchte den kostenlosen Newsletter erhalten.

____
Datum und Unterschrift

Als neues Mitglied im Grundschulverband e. V. erhalten Sie kostenfrei einen Band aus der Reihe »Beiträge zur Reform der Grundschule« als Aufnahmegeschenk *(gilt nicht für Probemitgliedschaft)*:

☐ Als neues Mitglied im Grundschulverband wünsche ich mir den Band ________ als Aufnahmegeschenk.

Lieferbare Bücher des Grundschulverbandes

Herausgeber: Der Vorstand des Grundschulverbandes e.V.

Mitgliederbände

148/149 Auf dem Weg zur kindergerechten Grundschule. 50 Jahre Grundschulreform. 50 Jahre Grundschulverband (Sept. 2019)

147 Bildung für nachhaltige Entwicklung. Eine Aufgabe für alle Fächer und Lernbereiche

146 Sprachen und Kulturen

145 Kinder beim Übergang begleiten. Von der Anschlussfähigkeit zur gemeinsamen Veranwortung

144 Gemeinsam Mathematik lernen – mit allen Kindern rechnen

143 Forschung für die Praxis

142 Grundschrift – Kinder entwickeln ihre Handschrift

141 Neue Medien in der Grundschule 2.0

140 Rechtschreiben in der Diskussion – Schriftspracherwerb und Rechtschreib-unterricht

139 Erzählen, vorlesen, zum Schmökern anregen

138 Gemeinsam unterwegs zur inklusiven Schule

137 Lernwerkstätten – Potenziale für Schulen von morgen

136 Sachunterricht in der Grundschule entwickeln – gestalten – reflektieren

135 Individuell fördern – Kompetenzen stärken (ab Kl. 3)

134 Individuell fördern – Kompetenzen stärken in der Eingangsstufe (Kl. 1 und 2)

133 Schreibkompetenz und Schriftkultur

132 Grundschrift. Damit Kinder besser schreiben lernen

131 Grundschule entwickeln – Gestaltungsspielräume nutzen

130 Kinder in Gesellschaft – Was wissen wir über aktuelle Kindheiten?

129 Allen Kindern gerecht werden. Aufgabe und Wege

127/128 Kursbuch Grundschule (als Download)

126 Fremdsprachen in der Grundschule. Auf dem Weg zu einer neuen Lern- und Leistungskultur

125 Schule außerhalb der Schule. Lehren und Lernen an außerschulischen Orten

124 Pädagogische Leistungskultur: Ästhetik, Sport, Englisch, Arbeits-/Sozialverhalten

123 Lehren und Lernen in jahrgangsgemischten Klassen

121 Pädagogische Leistungskultur: Materialien für Klasse 3 und 4

120 Deutsch als Zweitsprache lernen

119 Pädagogische Leistungskultur: Materialien für Klasse 1 und 2

118 Leistungen der Kinder wahrnehmen – würdigen – fördern

116 Kinder beteiligen – Demokratie lernen?

114 Freiarbeit in der Grundschule – offener Unterricht in Theorie und Praxis

113 Schatzkiste Sprache 2

109 Rechtschreiben lernen in den Klassen 1–6 (als Download)

104 Schatzkiste Sprache 1

»Eine Welt in der Schule«

Sammelband (grün): Eine Welt in der Schule

Aminatas Entdeckung (Kinderbuch)

Material-CD zu Aminatas Entdeckung

Wissenschaftliche Expertisen

Jahrgangsübergreifendes Lernen

Sind Noten nützlich und nötig?

Inklusive Bildung in der Primarstufe

Extras

Grundschrift-Kartei zum Lernen und Üben
Teil I und II

Faktencheck Grundschule
Populäre Vorurteile und ihre Widerlegung

GrundschulEltern
Ein Elternratgeber

Lesekompetenz – Ein Lese- und Arbeitsbuch
(als Download)

Bestellungen über unseren Shop auf **www.grundschulverband.de** oder telefonisch unter 069/776006